教育部人才培养模式改革和开放教育试点教材

社交礼仪概论

金正昆 编著

图书在版编目（CIP）数据

社交礼仪概论/金正昆编著. —北京：北京大学出版社，2006.7
（教育部人才培养模式改革和开放教育试点教材·现代礼仪系列）
ISBN 978-7-301-10784-3

Ⅰ. 社… Ⅱ. 金… Ⅲ. 人间交往—礼仪—概论 Ⅳ. C912.1

中国版本图书馆 CIP 数据核字（2006）第 058624 号

书　　　名：社交礼仪概论
　　　　　　SHEJIAO LIYI GAILUN
著作责任者：金正昆　编著
责 任 编 辑：张晓蕾　李　燕
标 准 书 号：ISBN 978-7-301-10784-3
出 版 发 行：北京大学出版社
地　　　址：北京市海淀区成府路 205 号　100871
网　　　址：http://www.pup.cn
电 子 邮 箱：zpup@pup.pku.edu.cn
电　　　话：邮购部 010-62752015　发行部 010-62750672　编辑部 010-62752032
印 　刷　者：人卫印务（北京）有限公司
经 　销　者：新华书店
　　　　　　787 毫米×980 毫米　16 开本　14.5 印张　273 千字
　　　　　　2006 年 7 月第 1 版　2024 年 4 月第 31 次印刷
定　　　价：35.00 元

未经许可，不得以任何方式复制或抄袭本书之部分或全部内容。
版权所有，侵权必究
举报电话：010-62752024　　电子邮箱：fd@pup.pku.edu.cn
图书如有印装质量问题，请与出版部联系，电话：010-62756370

前　言

　　人生一世，必须交际。任何一个正常人如果打算完全回避人际交往，都是绝对不可能的。

　　进行交际，需要规则。没有规则，人际交往便会自行其是，难以沟通，难以修成正果。

　　所谓礼仪，即人际交往的基本规则。

　　"礼"的含义是尊重。孔子云："礼者，敬人也。"从本质上讲，"礼"是一项做人的基本道德标准。"礼"所规范的是一个人对待自己、对待别人、对待社会的基本态度。"礼"的基本要求是：每一个人都必须尊重自己、尊重别人，并尊重社会。

　　每一位现代人都应该尊重自己。一个人不尊重自己，就不会获得别人的尊重。尊重自己的具体要求是：首先，要尊重自身；其次，要尊重自己所从事的职业；最后，则要尊重自己所在的单位。

　　每一位现代人都应该尊重别人，因为"来而不往，非礼也"。一个人不尊重别人，就难以得到对方的尊重。尊重别人，具体要求往往有所不同：尊重上级，是一种天职；尊重同事，是一种本分；尊重下级，是一种美德；尊重客户，是一种常识；尊重对手，是一种风度；尊重所有人，是一种做人所应具备的基本教养。

　　每一位现代人都应该尊重社会。马克思说过：人是社会关系的总和。每一个人都生活于社会。尊重社会，将美化人类自身的生存环境，并有助于人类的最优化发展。尊重社会的具体要求是：首先，要讲究公德；其次，要维护秩序；再次，要保护环境；最后，要爱国守法。"仪"的含义则是规范的表达形式。任何"礼"的基本道德要求，都必须借助于规范的、具有可操作特征的"仪"，才能恰到好处地得以表现。就礼仪而言，没有"礼"，便不需要"仪"；没有"仪"，则又难以见识何者为"礼"。

　　简而言之，所谓礼仪，就是人们用于表现尊重的各种规范的、可操作的具体形式，它普遍适用于各种各样的人际交往，亦是人际交往的基本规则。

　　在现代生活中，人们所讲究的自然是现代礼仪。一般而论，现代礼仪通常具有以下四个基本特征：

　　其一，普遍性。在任何国家、任何场合、任何人际交往中，人们都必须自觉地遵守礼仪。

其二，规范性。讲究礼仪，必须采用标准化的表现形式，才会获得广泛认可。

其三，对象性。在面对各自不同的交往对象，或在不同领域内进行不同类型的人际交往时，往往需要讲究不同类型的礼仪。

其四，操作性。在具体运用礼仪时，"有所为"与"有所不为"都有各自具体的、明确的、可操作的方式与方法。

孔子尝言："不学礼，无以立。"在现代生活中，礼仪依旧是每一位现代人不可或缺的基本素养。

学习现代礼仪，首先可以内强素质。在人际交往中，有道德才能高尚，讲礼仪方算文明。学习礼仪，讲究礼仪，无疑会使人们提高自己的内在素质。

学习现代礼仪，其次可以外塑形象。现代礼仪讲究尊重，强调沟通，重视认知，力求互动。得法地运用礼仪，不仅会令自己更易于被他人接受，而且还会有助于维护自身乃至所在单位的良好形象。

学习现代礼仪，最后还可以增进交往。目前，人们已经普遍意识到：在现代社会中要成功、要发展，不但需要智商，而且需要情商。所谓情商，外在表现为一个人的心态如何，内在的本质则是一个人与其他人进行合作的能力。掌握现代礼仪，自然有助于使自己更好地与他人进行合作，并且进而令自己成为受欢迎的人。

作为一名现代人，不学礼，则不知礼。不知礼，则必失礼。

作为一名现代人，不守礼，则会被他人视为不讲礼。在现代社会中，一个人若被他人视为不讲礼，则往往无人理！

现代生活已经告诫人们：有礼走遍天下，无礼寸步难行。

现代生活已经提醒人们：必须学礼、知礼、守礼、讲礼，必须时时处处彬彬有礼。

目 录

第一章 交往礼仪 ……………………………………（1）

第一节 称呼 ………………………………………（2）
第二节 介绍 ………………………………………（9）
第三节 握手 ………………………………………（18）
第四节 名片 ………………………………………（24）
第五节 交谈 ………………………………………（35）
练习题 ……………………………………………（42）

第二章 通联礼仪 ……………………………………（44）

第一节 电话 ………………………………………（45）
第二节 网络 ………………………………………（54）
第三节 书信 ………………………………………（58）
第四节 题字 ………………………………………（69）
第五节 馈赠 ………………………………………（76）
第六节 送花 ………………………………………（82）
练习题 ……………………………………………（89）

第三章 聚会礼仪 ……………………………………（91）

第一节 集会 ………………………………………（92）
第二节 拜会 ………………………………………（99）
第三节 晚会 ………………………………………（106）
第四节 舞会 ………………………………………（113）

第五节　赛会 …………………………………………（121）
　　　练习题 ……………………………………………………（128）

第四章　餐饮礼仪 ……………………………………（129）

　　　第一节　中餐 ……………………………………………（130）
　　　第二节　西餐 ……………………………………………（143）
　　　第三节　茶艺 ……………………………………………（155）
　　　第四节　咖啡 ……………………………………………（162）
　　　第五节　酒水 ……………………………………………（167）
　　　练习题 ……………………………………………………（178）

第五章　公共礼仪 ……………………………………（179）

　　　第一节　行路 ……………………………………………（180）
　　　第二节　行车 ……………………………………………（186）
　　　第三节　乘船 ……………………………………………（199）
　　　第四节　乘机 ……………………………………………（204）
　　　第五节　宾馆 ……………………………………………（210）
　　　练习题 ……………………………………………………（219）

参考书目 …………………………………………………（221）
后　　记 …………………………………………………（222）

第一章　交往礼仪

内容简要

交往礼仪，在此是指人际交往中最基本的行为规范。对人际交往，不仅应当积极参加，而且还必须遵守基本的交往礼仪。本章所讲授的内容包括有关称呼、介绍、握手、名片、交谈的礼仪等。

学习目标

1. 重视人际交往。
2. 以正确的态度积极地投入人际交往。
3. 掌握基本的交往礼仪。
4. 在人际交往中表现得体。
5. 避免在人际交往中失礼于人。

人际交往，有其一定之规可循。这种一定之规，指的就是交往礼仪。对人际交往，正确的态度一是要积极参加，并及时总结经验；二是要学习基本的交往礼仪，并在实践中正确地加以运用。有了这两条，在人际交往中通常就可以应付自如，表现得体。

第一节 称 呼

称呼，在此指的是人们在日常交往中所采用的称谓语。在人际交往中，选择正确、适当的称呼，反映着自身的教养、对对方尊敬的程度，并体现着双方关系发展所达到的程度。因此，对它绝不能疏忽大意，随便乱用。

根据社交礼仪的规范，选择正确、适当的称呼，以下三点务必应当注意：

其一，要合乎常规。

其二，要照顾习惯。

其三，要入乡随俗。

与此同时，还应对生活中的称呼、工作中的称呼、外交中的称呼、称呼的禁忌等细心掌握，并认真区别。

一、生活中的称呼

在日常生活中，称呼应当亲切、自然、准确、合理，切不可肆意为之。

（一）亲属的称呼

人们对亲属的称呼，往往有着常规与特例之分。

1. 常规

亲属，即与本人直接或间接存在血缘关系者。在日常生活中，对亲属的称呼早已约定俗成，并人所共知。例如，父亲的父亲应称为"祖父"，父亲的祖父应称为"曾祖父"，姑、舅之子应称为"表兄""表弟"，叔、伯之子则应称为"堂兄""堂弟"，对此都不能搞错。

对亲属的称呼，有时讲究亲切，却不一定非常标准。例如，儿媳对公公、婆婆，女婿对岳父、岳母，皆可以"爸爸""妈妈"相称。这样做，主要意在表示自己与对方完全"不见外"。

2. 特例

面对外人，对亲属可根据不同情况采取谦称或敬称。对本人的亲属，应采用谦称。称辈分或年龄高于自己的亲属，可在其称呼前加"家"字，如"家父"。称辈分或年龄低于自己的亲属，可在其称呼前加"舍"字，如"舍弟"。称自己的子女，则可在其称呼前加"小"字，如"小婿"。

对他人的亲属，应采用敬称。对其长辈，宜在称呼之前加"尊"字，如"尊亲"。对其平辈或晚辈，宜在称呼之前加"贤"字，如"贤侄"。若在其亲属的称呼前加"令"字，则一般可不分辈分与长幼，如"令堂""令郎"。

对待比自己辈分低、年纪小的亲属，可直呼其名，使用其爱称、小名，或是在其名字之前加上"小"字相称，如"阿勇""文文""小伟"等。但对比自己辈分高、年纪大的亲属，则不宜如此。

（二）朋友、熟人的称呼

对朋友、熟人的称呼，既要亲切、友好，又要不失敬意。以下几种称呼皆可采用。

1. 敬称

对任何朋友、熟人，都可以人称代词相称。对长辈、平辈，可称其为"您"；对待晚辈，则可称为"你"。以"您"称呼他人，是为了表示自己的恭敬之意。

对有身份者、年长者，可以"先生"相称。其前还可以冠以姓氏，如"高先生"。

对文艺界、教育界人士，以及有成就者、有身份者，均可称之为"老师"。在其前，也可加上姓氏，如"于老师"。

对德高望重的年长者、资深者，可称之为"公"或"老"。其具体做法是：将姓氏冠于"公"之前，如"夏公"。将姓氏冠于"老"之前，如"陈老"。若被尊称者名字为双音，则还可将其双名中的头一个字加在"老"之前，如可称马叙伦先生为"叙老"。

2. 姓名类称呼

平辈的朋友、熟人，均可彼此之间以其姓名相称。例如，"郝鑫""杨俊美"。长辈对晚辈也可以这么做，但晚辈对长辈却不宜如此。

为了表示亲切，可以在被称呼者的姓前分别加上"老""大"或"小"字相称，而免称其名。例如，对年长于己者，可称"老王""大李"；对年幼于己者，可称"小冯"。

对同性的朋友、熟人，若关系极为亲密，可不称其姓，而直呼其名，如"亚军""阿梦"。对于异性，则一般不可这样称呼。例如，称"李美玲"为"美玲"者，如不是其家人，便是其恋人或配偶了。

3. 亲密性称呼

对邻居、至交，有时可采用"大妈""大叔""阿姨"等类似血缘关系的称呼，此种称呼通常令人感到信任与亲切。

在此类称呼前，也可以加上姓氏，如"何大哥""吴大姐"等。

（三）普通人的称呼

在现实生活中，对一面之交、关系普通的交往对象，可酌情采取下列方法称呼。

第一，以"同志"相称。

第二，以"先生""女士""小姐""夫人""太太"相称。

第三，以其职务、职称相称，如"张局长""吴教授"等。

第四，入乡随俗，采用对方能理解并接受的称呼相称。

二、工作中的称呼

在工作岗位上，人们彼此之间的称呼具有其特殊性。它总的要求是：庄重、正式、规范。

（一）职务性称呼

在工作中，以交往对象的职务相称，以示身份有别、敬意有加，是一种最常见的称呼方法。

以职务相称，具体来说又分为三种情况：

第一，仅称职务。例如："局长""经理"等。

第二，在职务之前加上姓氏。例如："温总理""谢处长"等。

第三，在职务之前加上姓名，仅适用极其正式的场合。例如："胡锦涛主席""李肇星部长"等。

（二）职称性称呼

对具有技术职称者，尤其是具有高级、中级职称者，可在工作中直接以其职称相称。

以职称相称，下列三种情况较为常见：

第一，仅称职称。例如："教授""工程师"等。

第二，职称前加上姓氏。例如："赵律师""叶研究员"。有时，此种称呼也可加以约定俗成的简化，例如：可将"郑工程师"简称为"郑工"。但使用简称时应以不发生误会、歧义为限。

第三，职称前加上姓名，适用于十分正式的场合。例如："李楠教授""杜易主任医师"等。

（三）学衔性称呼

在工作中，以学衔作为称呼，可增加被称呼者的权威性，有助于增强现场的学术气氛。

称呼学衔，通常有以下四种具体情况：

第一，仅称学衔。例如："博士"。

第二，在学衔前加上姓氏。例如："张博士"。

第三，在学衔前加上姓名。例如："张平博士"。

第四，将学衔具体化，说明其所属学科，并在其后加上姓名。例如："哲学博士周舟""法学硕士彭晓""文学学士李雪"等。相比之下，此种称呼最为正式。

（四）行业性称呼

在工作中，有时可按行业进行称呼。具体又分为以下两种情况。

1. 称呼职业

称呼职业，即直接以被称呼者的职业作为称呼。例如：将教员称为"老师"，将教练员称为"教练"，将警察称为"警官"，将医师称为"医生"或"大夫"，等等。

在一般情况下，在此类称呼前，均可加上姓氏或姓名。

2. 称呼"小姐""女士""先生"

对商界、服务业的从业人员，一般约定俗成地按其性别的不同可分别称之为"小姐""女士"或"先生"。其中，"小姐"与"女士"的区别在于：未婚者称"小姐"，已婚者或不明确其婚否者则称"女士"。在公司、外企、银行、宾馆、商店、餐馆、歌厅、酒吧以及交通行业，此种称呼极其通行。在此种称呼前，亦可加上姓氏或姓名。

（五）姓名类称呼

在工作岗位上称呼姓名，一般限于同事、熟人之间。其具体方法有下述三种：

第一，直呼姓名。

第二，只呼其姓，不称其名。但要在它前面加上"老""大""小"。

第三，只称其名，不呼其姓。它通常限于同性之间，尤其是上司称呼下级、长辈称呼晚辈之时。在亲友、同学、邻里之间，也可使用此种称呼。

三、外交中的称呼

在国际交往中，称呼的问题由于国情、民族、宗教、文化背景的不同而显得千差万别，因此值得认真地区别对待。

在国际交往中，对待称呼问题，有两点必须切记：其一，要掌握一般性规律，即国际上通行的做法。其二，要注意国别差异，并加以区别对待。

（一）一般性规律

在国际交往中，称呼方面的一般性规律包括以下几点。

第一，对任何成年人，均可以将男性称为"先生"，将女性称为"小姐""女士"或"夫人"。

对女性，已婚者应称为"夫人"，戴结婚戒指者也可称为"夫人"。对未婚者及不了解其婚否者，可称之为"小姐"。对已婚者或不了解其婚否者，亦可称为"女士"。

上述称呼，均可冠以姓名、职务、职称、学衔或军衔。例如："彼德先生""玛丽小姐""市长先生""少校先生"等。

第二，在商务交往中，一般应以"先生""小姐""女士"称呼交往对象。

在国际商务交往中，一般不称呼交往对象的行政职务，此点与我国极为不同。

"夫人"这一称呼，亦较少使用于商务活动之中。

第三，在政务交往中，常见的称呼除"先生""小姐""女士"外，还有两种做法，一是称其职务，二是对地位较高者称"阁下"。

在称呼职务或"阁下"时，还可加上"先生"这一称呼。其组成顺序为：先职务，次"先生"，最后"阁下"；或为职务在先，"先生"在后。例如，"总理先生阁下""大使阁下"或"市长先生"等。在美国、德国、墨西哥等国，则没有称"阁下"之习。

第四，对军界人士，可以其军衔相称。

称军衔而不称职务，是国外对军界人士称呼最通用的做法。在进行称呼时，具体有下述四种做法：

一是只称军衔。例如，"将军""上校""中士"。

二是军衔之后加上"先生"。例如，"上尉先生""上校先生"。

三是先姓名后军衔。例如，"朱可夫元帅""麦克阿瑟将军"。

四是先姓名、次军衔、后"先生"。例如，"布莱尔上校先生""卡尔松下士先生"。

第五，对宗教界人士，一般可称呼其神职。

称呼神职时，具体做法有三类：一是仅称神职，如"牧师"；二是称呼姓名加神职，如"亚当神父"；三是神职加"先生"，如"传教士先生"。

第六，对君主制国家的王公贵族，称呼上应尊重对方的具体习惯。

对国王、皇后，通常应称"陛下"。对王子、公主、亲王等，应称之为"殿下"。对有封号、爵位者，则应以其封号、爵位相称，如"爵士""公爵""大公"等。

有时，可在国王、皇后、王子、公主、亲王等头衔之前加上姓名相称。例如："西哈努克国王""莫尼列公主""拉那烈王子"等。

对拥有爵位者，可称"阁下"，也可称"先生"。

第七，教授、法官、律师、医生、博士，因其社会地位较高，颇受尊重，故可直接以此作为称呼。此类称呼的具体做法有以下四种：

一是直接称"教授""法官""律师""医生""博士"。

二是在其前加上姓名，如"亨特教授"。

三是在其后加上"先生"，如"律师先生"。

四是在其前加姓名，并在其后加上"先生"，如"施马尔博士先生"。

第八，对社会主义国家或兄弟党的人士，可称之为"同志"。

除此之外，对方若称我方为"同志"，我方即可对对方以"同志"相称。不过，"同志"这种称呼，在对外交往中切勿乱用。

（二）国别性差异

以下，分别介绍一些主要国家姓名称呼方面的特点。

1. 英、美等国

在英国、美国、加拿大、澳大利亚、新西兰等讲英语的国家里，人们的姓名一般由两个部分构成：通常名字在前，姓氏在后。例如，在"乔治·布什"这一姓名之中，"乔治"是名字，"布什"才是姓氏。

在英、美诸国，女性结婚前一般都有自己的姓名。但在结婚之后，通常姓名由本名与夫姓所组成。例如，在"玛格丽特·撒切尔"这一姓名中，"玛格丽特"为其本名，"撒切尔"则为其夫姓。

有些英、美人士的姓名前会冠以"小"字，例如："小乔治·史密斯"。这个"小"字，与其年龄无关，而是表明他沿用了父名或父辈之名。

跟英、美人士交往，一般应称其姓氏，并加上"先生""小姐""女士"或"夫人"。例如："罗斯福先生"。在十分正式的场合，应称呼其姓名全称，并加上"先生""小姐""女士"或"夫人"。例如，"约翰·福特先生"。

对关系密切的人士，往往可直接称呼其名，不称其姓，而且可以不论辈分，如"乔治""约翰""玛丽"等。在家人与亲友之间，还可称呼爱称。例如："威利""比尔"等。但在与人初次交往时，却不可这样称呼。

2. 俄罗斯

俄罗斯人的姓名，通常由三个部分构成。首为本名，次为父名，末为姓氏。例如，在列宁的原名"弗拉基米尔·伊里奇·乌里扬诺夫"这一姓名中，"弗拉基米尔"为本名，"伊里奇"为父名，"乌里扬诺夫"则为姓氏。

俄罗斯女性的姓名，同样也由三个部分组成。其本名与父名通常一成不变，但其姓氏结婚前后却有所变化：婚前使用父姓，婚后则使用夫姓。对姓名为"尼娜·伊万诺夫娜·乌里扬诺娃"的女士而言,其姓氏"乌里扬诺娃"与其婚否关系甚大。

在俄罗斯,人们口头称呼中一般只采用姓氏或本名。比如:对"米哈伊尔·谢尔盖耶维奇·戈尔巴乔夫",可称"戈尔巴乔夫"或"米哈伊尔"。在特意表示客气与尊敬时,可同时称其本名与父名,如称前者为"米哈伊尔·谢尔盖耶维奇",这是一种尊称。对长者表达敬意时,方可仅称其父名,如称前者为"谢尔盖耶维奇"。

俄罗斯人在与亲友、家人交往时,习惯使用由对方本名化来的爱称。例如,称"伊万"为"万尼亚"。

在俄罗斯,"先生""小姐""女士""夫人"等,亦可与姓名或姓氏连在一起使用。

3．日本

日本人的姓名均用汉字书写,而且其姓名的排列与中国人的做法完全一样,即姓氏在前,名字居后。所不同的是,日本人的姓名往往字数较多,虽多为汉字组成,但其读音与汉字却大相径庭。

为避免差错,与日本人交往时,一定要了解在其姓名之中,哪一部分为姓,哪一部分为名。进行书写时,最好将其姓与名隔开一格,例如,"竹下　登""小泽　一郎""二阶堂　进""桥本　龙太郎"等。

日本女性婚前使用父姓,婚后使用夫姓,其本名则一直不变。

在日本,人们进行日常交往时,往往只称其姓。只有在正式场合,才使用其全称。

称呼日本人,"先生""小姐""女士""夫人"皆可采用。一般可与其姓氏或全称合并使用。例如,"海部先生""山口百惠小姐"等。

四、称呼的禁忌

在人际交往中使用称呼时,一定要规避下列几种错误的做法。其共同的特征,便是失敬于人。

(一)错误性称呼

使用错误性称呼,主要在于粗心大意、用心不专。常见的错误性称呼,主要有如下两种。

1．误读

误读,一般表现为念错被称呼者的姓名。比如,"郇(huán)""查(zhā)""翟(zhái)""盖(gě)"这些姓氏就极易被误读。要避免犯此类错误,就一定要做好先期准备,必要时不耻下问。

2. 误会

误会，在此主要指对被称呼者的年纪、辈分、婚否以及与其他人的关系做出了错误判断。比如，将未婚女性称为"夫人"，就属于典型的误会。

（二）过时性称呼

有些称呼，往往具有一定的时效性，一旦时过境迁，若再采用，便难免会贻笑大方。比如，法国大革命时期人民彼此之间互称"公民"。在我国古代，对官员称为"老爷""大人"。若将它们全盘照搬进现代生活里，就会显得不伦不类。

（三）不通行的称呼

有些称呼，具有一定的地域性，比如，北京人爱称他人为"师傅"，山东人爱称熟人为"伙计"，中国人把配偶、孩子经常称为"爱人""小鬼"。但是，在南方人听来，"师傅"等于"出家人"，"伙计"肯定是"打工仔"。而外国人则将"爱人"理解为搞"婚外恋"的"第三者"，将"小鬼"理解为"鬼怪""精灵"。由此可见，二者之间"南辕北辙"，误会大了。

（四）不恰当的行业称呼

平时，学生喜欢互称"同学"，军人经常互称"战友"，工人可以称为"师傅"，和尚可以称为"出家人"，这无可厚非。但以此去称呼"界外"人士，并不表示亲近，却有可能令对方产生被贬低的感觉。

（五）庸俗低级的称呼

在人际交往中，有些称呼在正式场合切勿使用。例如，"兄弟""朋友""死党""铁哥们儿"等一类的称呼，就显得庸俗低级，档次不高。它们听起来令人感到肉麻，甚至带有明显的黑社会人员的风格。逢人便称"老板"，往往也显得不伦不类。

（六）绰号类的称呼

对关系一般者，切勿自作主张给对方起绰号，更不能随意以道听途说来的对方的绰号去称呼对方。至于一些对对方具有侮辱性质的绰号，例如，"北佬""阿乡""鬼妹""罗锅""四眼""青蛙""菜鸟""恐龙""傻大个""柴禾妞""北极熊""黑哥们""麻秆儿"等，更应当免开尊口。此外，还应注意，不要随便拿别人的姓名开玩笑。要尊重一个人，必须首先学会去尊重他的姓名。每一个正常人，都极为看重自己的姓名，而绝不容许他人对此进行任何形式的轻视。对此，在人际交往中，一定要予以牢记。

第二节 介 绍

在日常生活与工作中，人们需要与其他人进行必要的沟通，以寻求理解、帮助和支持。介绍，就是人际交往中与他人进行沟通、增进了解、建立联系的一种最基本的方式。它是经过自己主动沟通或者通过第三者从中沟通，从而使交往双方相互认识、建立联系的一种常规的交际方法。换言之，介绍是人与人之间进行相互沟通的出发点。

在社交场合，如能正确地进行介绍，不仅可以扩大自己的交际圈，广交朋友，而且还有助于自己进行必要的自我展示、自我宣传，甚至会替自己在人际交往中消除误会、减少麻烦。

根据介绍者的不同，介绍可以分为介绍自我、介绍他人、介绍集体三大基本类型。以下，分别加以说明。

一、介绍自我

介绍自我，亦称"自我介绍"。简言之，它指的是在必要的社交场合，由自己担任介绍的主角，将自己介绍给其他人，以达到使对方认识自己的目的。

根据社交礼仪的具体规范进行自我介绍时，应注意自我介绍的时机、内容、分才诸方面的问题。

（一）自我介绍的时机

何时进行自我介绍为佳？这一问题比较复杂。它涉及时间、地点、当事人、旁观者、现场气氛等多种因素。一般认为，在下述时机有必要进行适当的自我介绍。

第一，与不相识者相处时。

第二，不相识者表现出有结识自己的兴趣时。

第三，不相识者请求自己作介绍时。

第四，与身边的陌生人共处时。

第五，打算介入陌生人所组成的交际圈时。

第六，有求于人，而对方对自己不甚了解，或一无所知时。

第七，交往对象因健忘而记不清自己，或担心此种情况有可能出现时。

第八，在出差、旅行途中，与他人不期而遇，并有必要与之临时接触时。

第九，初次前往他人居所、办公室，进行登门拜访时。

第十，拜访熟人遇到不相识者挡驾，或是对方不在，而需要请不相识者代为转告时。

第十一，初次利用大众传媒，如报纸、杂志、广播、电视、网络等，向社会公众进行自我推介、自我宣传时。

第十二，利用社交媒介，如信函、电话、电报、传真、电子信函，与其他不相识者进行联络时。

第十三，能往陌生单位接洽业务时。

第十四，因业务需要，在公共场合进行业务推广时。

第十五，应聘求职或求学面试时。

凡此以上种种，又可归纳为下列三种情况：一是本人希望结识他人；二是他人希望结识本人；三是本人认为有必要令他人了解或认识本人。

（二）自我介绍的内容

鉴于需要进行自我介绍的时机多有不同，因而进行自我介绍时的具体表述方法也有所不同。自我介绍的内容，指的是自我介绍时所表述的主体部分，即在自我介绍时表述的具体情况。

确定自我介绍的具体内容，应兼顾实际需要、所处场景，并应具有鲜明的针对性。

依照自我介绍时所表述的内容的不同，可将其区分为下述五种具体形式。

1. 应酬式

应酬式自我介绍，主要适用于某些公共场合和一般性的社交场合，如旅行途中、宴会厅里、舞场之上、通电话时。它的对象，主要是进行一般性接触的交往对象。对介绍者而言，对方属于泛泛之交，或者早已熟悉，进行此种自我介绍只不过是为了确认自己的身份而已，故此种介绍内容宜少而精。

应酬式自我介绍的内容最为简洁，它往往只包括姓名一项即可。例如：

> 您好！我的名字叫张芸
> 我是刘云飞。

2. 公务式

公务式自我介绍，主要适用于日常工作之中。它是以工作为自我介绍的中心，因工作而交际，因工作而交友。

公务式自我介绍的内容，应包括本人姓名、供职单位及部门、担负的职务或从事的具体工作等三项。它们被称为公务式自我介绍内容的三要素，缺一不可。其中，第一项姓名应一口报出，不可有姓无名，或有名无姓。第二项供职的单位及其部门，最好全部报出，具体工作部门有时也可暂不报出。第三项担负的职务或从事的具体工作，有职务者最好报出职务，职务较低者或无职务者，则可报出目前所从事的具体工作。例如：

> 你好！我叫毕麦，是厦门市政府外事办公室的礼宾处处长。
> 我名叫卞颖，现在在北京大学哲学系教哲学。

3. 交流式

交流式自我介绍，主要适用于在社交活动中。它是一种刻意寻求与交往对象进一步交流与沟通，希望对方认识自己、了解自己、与自己建立联系的自我介绍。有时，它也叫社交式自我介绍或沟通式自我介绍。

交流式自我介绍的内容，大体上应包括介绍者的姓名、工作、籍贯、学历、兴趣，以及与交往对象的某些熟人之间的关系，等等。它们不一定非要面面俱到，但应依照具体情况而定。例如：

> 我叫邓霞，现在在天马公司当人事总监，我和您太太郑丽丽是大学同学。

4. 礼仪式

礼仪式自我介绍，适用于讲座、报告、演出、庆典、仪式等一些正规而隆重的场合。它是一种意在表示对交往对象友好、敬意的自我介绍。

礼仪式自我介绍的内容，亦包含姓名、单位、职务等项，但还应酌情加入一些适宜的谦辞、敬语，以示自己礼待交往对象。例如：

> 各位来宾好！我叫马维正，是大通公司的总经理。现在，由我代表本公司热烈欢迎大家光临我们的开业仪式，谢谢大家的支持。

5. 问答式

问答式自我介绍，一般适用于应试、应聘和公务交往。在普通性交际应酬场合，它也时有所见。

问答式自我介绍的内容，讲究问什么答什么，有问必答。例如：

> 甲问："这位小姐，您好！不知您应该怎么称呼？"
> 乙答："先生您好！我叫何娟。"

（三）自我介绍的分寸

自我介绍之时，必须对下述几方面的问题予以正视，方能使自我介绍进行得恰到好处。

1. 时间

在进行自我介绍时，一定要关注时间。它在此具有双重含义。

第一，进行自我介绍时一定要力求简洁，并尽可能地节省时间。虽说各种形式的自我介绍所用的时间长度不可笼统地等量齐观，但总的原则还是所用时间愈短愈好，并以半分钟左右为佳。如无特殊情况，最好不要长于一分钟。

为了节省时间，在作自我介绍前，还可以递上本人的名片或介绍信加以辅助。若使用了名片或介绍信，则上列各项内容应尽量不予重复。

第二，自我介绍，应在适当的时间进行。进行自我介绍的适当时间为：一是对方有兴趣时；二是对方有空闲时；三是对方情绪好时；四是对方干扰少时；五是对方有此要求时。

进行自我介绍的不适当时间，则是指对方无兴趣、无要求、工作忙、干扰大、心情坏、休息用餐或正忙于其他私人交往之时。

2．态度

进行自我介绍时，态度务必要自然、友善、随和。届时，应显得落落大方，面带笑容。既不要小里小气、畏首畏尾、瞻前顾后，也不要虚张声势、轻浮夸张、矫揉造作。

在作自我介绍时，要充满信心和勇气。千万不要妄自菲薄，心怀怯意，导致临场发挥失常。进行自我介绍时，一定要敢于正视对方的双眼，显得自己胸有成竹、不慌不忙。这样做将有助于自我放松，并使对方对自己产生好感。

在自我介绍的过程之中，语气要自然，语速要正常，语音要清晰，这些具体做法对自我介绍的成功将大有好处。一定要力戒语气生硬冷漠、语速过快或过慢、语音含糊不清，这些其实都是缺少经验、缺乏自信的表现。

3．真实

进行自我介绍时，所表述的各项内容一定要实事求是、真实可信。没有必要过分谦虚，一味贬低自己去讨好别人，但也不可自吹自擂、吹嘘弄假、夸大其词，否则得不偿失。

二、介绍他人

介绍他人，又称第三者介绍，是第三者为彼此不相识的双方进行引见的一种介绍方式。

在介绍他人时，为他人作介绍的第三者系介绍者，而被第三者所介绍的双方则是被介绍者。

介绍他人，通常都是双向的，即将被介绍者双方各自均作一番介绍。有时，也可进行单向的他人介绍，即只将被介绍者中的某一方介绍给另一方。其前提是前者了解后者，而后者不了解前者。

（一）介绍者

在介绍他人中，介绍者的身份确定是有规律的。通常，具有下列身份者，理应在他人介绍中充当介绍者。

第一，社交活动中的东道主。

第二，交际场合的长者。

第三，家庭性聚会中的女主人。

第四，公务交往中的专职人员，如公关人员、礼宾人员、文秘人员、办公室工作人员、接待人员等。

第五，正式活动中地位、身份较高者，或主要负责人员。

第六，熟悉被介绍者双方的人。

第七，应被介绍者一方或双方要求者。

第八，在交际应酬中，被指定的介绍者。

决定为他人作介绍时，要审时度势，熟悉双方情况。如有可能，在作介绍之前，最好首先征求一下双方的意见，以免为原本相识者或关系恶劣者盲目进行介绍。

（二）介绍的时机

遇到下述情况，通常必须要为他人介绍。

第一，在家中，接待彼此不相识的客人。

第二，在办公地点，接待彼此不相识的来访者。

第三，与家人外出，路遇家人不相识的同事或朋友。

第四，陪同亲友前去拜会亲友所不相识的人。

第五，本人的接待对象遇见了其不相识的人士，而对方又跟自己打了招呼。

第六，陪同上司、长者、来宾时，遇见了其不相识者，而对方又跟自己打了招呼。

第七，打算推介某人加入某一交际圈。

第八，受到为他人作介绍的邀请。

（三）介绍的顺序

在为他人作介绍时，先介绍谁？后介绍谁？向来都是一个十分敏感的礼仪问题。根据社交礼仪的规范，处理这一问题时必须遵守"尊者优先了解情况的法则"。其含义是：在为他人作介绍前，首先要确定双方地位的尊卑，然后先介绍位卑者，后介绍位尊者。这样做，可以使位尊者优先了解位卑者的情况，以便见机行事，在交际应酬中掌握主动权。应确保位尊之人拥有"优先知情权"。这一法则，有时又称"后来居上法则"。它所指的是后被介绍者，应较之先被介绍者地位为上。二者从不同角度阐明了同一问题。

根据以上法则，为他人作介绍时的顺序大致有如下几种：

第一，介绍年长者与年幼者认识时，应先介绍年幼者，后介绍年长者。

第二，介绍长辈与晚辈认识时，应先介绍晚辈，后介绍长辈。

第三，介绍老师与学生认识时，应先介绍学生，后介绍老师。

第四，介绍女士与男士认识时，应先介绍男士，后介绍女士。

第五，介绍已婚者与未婚者认识时，应先介绍未婚者，后介绍已婚者。

第六，介绍同事、朋友与家人认识时，应先介绍家人，后介绍同事、朋友。

第七，介绍来宾与主人认识时，应先介绍主人，后介绍来宾。

第八，介绍社交场合的先至者与后来者认识时，应先介绍后来者，后介绍先至者。

第九，介绍上级与下级认识时，先介绍下级，后介绍上级。

第十，介绍职位、身份高者与职位、身份低者认识时，应先介绍职位、身份低者，后介绍职位、身份高者。

（四）介绍的内容

在为他人介绍时，介绍者对介绍的内容应字斟句酌，慎之又慎。倘若对此掉以轻心，词不达意，敷衍了事，很容易给被介绍者留下不良的印象。

根据实际需要的不同，为他人作介绍时的具体内容也有所不同。通常，有以下六种形式可供借鉴。

1. 标准式

它适用于正式场合，内容以双方的姓名、单位、职务等为主。例如："我来给两位介绍一下。这位是大江公司公关主任秦文小姐，这位是四海集团总经理于丽丽小姐。"

2. 简介式

它适用于一般的社交场合，其内容往往仅有双方姓名一项，甚至可以只提到双方姓氏为止。接下来，则要由被介绍者彼此见机行事。例如："我来介绍一下，这位是小易，这位是大刘，你们彼此认识一下吧。"

3. 强调式

它适用于各种交际场合，其内容除被介绍者的姓名外，往往还会刻意强调一下自己与其中某位被介绍者之间的特殊关系，以便引起另一位被介绍者的重视。例如：

这位是飞马公司的销售经理吕宏中先生。这位是姜黎，她在市药监局工作，是我的侄女，请吕经理多多关照。

4. 引见式

它适用于普通的社交场合。作此种介绍时，介绍者所要做的，就是将被介绍者双方引导到一起，而不需要表达任何具有实质性的内容。例如：

两位认识一下如何？大家其实都是校友，只不过以前不认识，现在请你们自己介绍吧。

5. 推荐式

它适用于比较正规的场合，多是介绍者有备而来，有意要将某人举荐给另一人。因此，在内容方面，介绍者通常会对前者的优点加以重点介绍。例如：

这位是靳云龙先生，这位是我们公司的黎立总经理。靳先生不仅是一位管理方面的专业人士，而且还是一位经济学博士。黎总，我相信您一定会很高兴认识他吧？！

6. 礼仪式

它适用于正式场合，是一种最为正规的他人介绍。其内容略同于标准式，但语气、表达、称呼上都更为礼貌、谦恭。例如：

卢小姐，你好！请允许我把珠海工贸集团的销售部经理董斌先生介绍给你。董先生，这位就是苏州力达公司的业务部经理卢小姐。

（五）介绍的应对

在进行他人介绍时，介绍者与被介绍者都要注意自己的表达、态度与反应，即他人介绍的应对问题。

介绍者为被介绍者作介绍之前，不仅要尽量征求一下被介绍者双方的意见，而且在开始介绍时还应再打一下招呼，切勿上去开口即讲，显得突如其来，让被介绍者措手不及。

被介绍者在介绍者询问是否有意认识某人时，一般不应加以拒绝或扭扭捏捏，而应欣然表示接受。实在不愿意时，则应说明缘由。

当介绍者走上前来，开始为被介绍者进行介绍时，被介绍者双方均应起身站立，面含微笑，大方地目视介绍者或对方，神态庄重、专注。

当介绍者介绍完毕后，被介绍者双方应依照合乎礼仪的顺序进行握手，并且彼此问候对方。此时的常用语有："你好""很高兴认识你""久仰大名""认识你非常荣幸""幸会，幸会"等。必要时，还可作进一步的自我介绍。

不要在此时有意拿腔拿调，或是心不在焉。更不要奴颜婢膝，低三下四，阿谀奉承，成心讨好对方。

三、介绍集体

介绍集体，系他人介绍的一种特殊形式，它是指介绍者在为他人介绍时，被介绍者其中一方或者双方不止一人，甚至是许多人。由此可见，集体介绍大体可分成两种：其一，为一人和多人作介绍；其二，为多人和多人作介绍。

介绍集体时,应主要关注时机、顺序与内容等三方面的具体问题。

(一) 介绍的时机

遇到如下几种具体情况,应进行集体介绍。

第一,大型的公务活动。其参加者不止一方,而且各方不止一人。

第二,涉外交往活动。参加活动的宾主双方皆不止一人。

第三,规模较大的社交聚会。它由多方参加,各方均可能不止一人。

第四,家庭性私人交往。主人的家人与来访者双方均可能不止一人。

第五,正式的大型宴会。主方人员与来宾均不止一人。

第六,婚礼、生日晚会。当事人与来宾双方均不止一人。

第七,举行会议。应邀前来的与会者往往不止一人。

第八,演讲、报告、比赛。参加者不止一人。

第九,会见、会谈。各方参加者不止一人。

第十,接待参观、访问者。来宾不止一人。

(二) 介绍的顺序

若有可能,进行集体介绍的顺序,应比照他人介绍的顺序进行。若实难参照,则可酌情参考下达顺序。应当强调的一点是,越是正式、大型的交际活动,对集体介绍的顺序就越是要重视规范化。

1. "少数服从多数"

它的含义是:当被介绍者双方地位、身份大致相似,或者难以确定时,应使人数较少的一方礼让人数较多的一方,一个人礼让多数人。首先介绍人数较少的一方或个人,然后再介绍人数较多的一方或多数人。

2. 强调地位、身份

若被介绍者双方地位、身份之间存在明显差异,特别是当这些差异表现为年龄、性别、婚否、师生以及职务有别时,则地位、身份为尊的一方即使人数较少,甚至仅为一人,仍然应被置于尊贵的位置,最后加以介绍,而须先介绍另一方人员。

3. 单向介绍

在演讲、报告、比赛、会议、会见时,往往只需要将主角介绍给广大参加者,而没有必要一一介绍广大参加者,因为此种可能性实际上并不存在。

4. 人数较多一方的介绍

若需要介绍的一方人数不止一人,可采取笼统的方法进行介绍,例如,可以说:"这是我的家人""他们都是我的同事"等。但最好还是要对其一一进行介绍。进行此种介绍时,可比照他人介绍时位次尊卑的顺序,由尊而卑,如先长后幼,先女后男,等等。只是这一顺序的标尺一定要正规、单一,并为众人所认可。

5．人数较多双方的介绍

若被介绍双方皆不止一人，则可依照礼规，先介绍位卑的一方，后介绍位尊的一方。在介绍某一方的人员时，则须由尊而卑地依次进行。

6．人数较多各方的介绍

有时，被介绍的往往不止两方，此时则需要对被介绍的各方进行位次排列。排列的具体方法：一是以其负责人身份为准；二是以其单位规模为准；三是以单位名称的英文字母或汉语拼音字母顺序为准；四是以抵达时间的先后顺序为准；五是以座次顺序为准；六是以距离介绍者的远近为准。进行多方介绍，应由尊而卑地进行。如时间允许，应在介绍各方时按由尊而卑的顺序一一介绍其各个成员。若时间不允许，则不必介绍其具体成员。

（三）介绍的内容

集体介绍的内容，与介绍他人的内容基本上无异，但它要求更认真、更准确、更清晰。以下两点，应尤为注意。

1．不使用易生歧义的简称

进行集体介绍时，应慎用简称。例如，不要讲"人大""消协"，而应使用其全称"中国人民大学""消费者协会"，或"上海市人大常委会""保护消费者协会"。至少，要在首次介绍时使用准确的全称，然后再采用简称。

2．不借机开玩笑、捉弄人

进行介绍时，要庄重、亲切，切勿随意拿被介绍者开玩笑，或是成心出对方的洋相，否则是很不文明的。

第三节　握　手

在交际应酬中，相识者之间与不相识者之间往往都需要在适当的时刻向交往对象行礼，以示自己的尊重、友好、关心与敬意。此种礼仪，即所谓的会面礼节，也就是人们会面时约定俗成互行的礼仪。有时，它又称相见礼节。

在不同的历史时期、不同的文化背景之下，人们所采用的会面礼节往往千差万别。其常见的，就是点头礼、举手礼、致意礼、脱帽礼、拥抱礼、亲吻礼、鞠躬礼、合十礼、吻手礼、吻足礼、碰鼻礼、拱手礼、叩头礼、跪拜礼、屈膝礼等。但目前在我国乃至世界各国最通行的会面礼节却只有一种，就是人们在日常生活中所经常采用的握手礼。

在一般情况下，握手礼简称握手。学习握手礼时，应掌握的重要问题有行礼的时机、伸手的次序、相握的方式、握手的禁忌等。

一、行礼的时机

何时宜行握手礼？这是一个非常复杂而微妙的问题，它通常取决于交往双方的关系，现场的气氛，以及当事人个人的心情等多种因素，所以不好一概而论。

（一）握手的场合

在以下几种具体场合，人们往往需要彼此握手。

第一，遇到较长时间未曾谋面的熟人，应与其握手，以示为久别重逢而万分欣喜。

第二，在比较正式的场合同相识之人道别，应与之握手，以示自己的惜别之意和希望对方珍重之心。

第三，在家中、办公室里以及其他一切以本人为东道主的社交场合，迎接或送别来访者之时，应与对方握手，以示欢迎或欢送。

第四，拜访他人，在辞行之时，应与对方握手，以示"再会"。

第五，被介绍给不相识者时，应与之握手，以示自己乐于结识对方，并为此深感荣幸。

第六，在社交性场合，偶然遇上了同事、同学、朋友、邻居、长辈或上司时，应与之握手，以示高兴与问候。

第七，他人给予了自己一定的支持、鼓励或帮助时，应与之握手，以示衷心感谢。

第八，向他人表示恭喜、祝贺之时，如祝贺生日、结婚、生子、晋升、升学、乔迁、事业成功或获得荣誉、嘉奖时，应与之握手，以示贺喜之诚意。

第九，他人向自己表示恭喜、祝贺之时，应与之握手，以示谢意。

第十，向他人表示理解、支持、肯定时，应与之握手，以示真心实意，全心全意。

第十一，应邀参与社交活动，如宴会、舞会之后，应与主人握手，以示谢意。

第十二，在重要的社交活动，如宴会、舞会、沙龙、生日晚会开始前与结束时，主人应与来宾握手，以示欢迎与道别。

第十三，得悉他人患病、失恋、失业、降职、遭受其他挫折或家人过世时，应与之握手，以示慰问。

第十四，他人向自己赠送礼品或颁发奖品时，应与之握手，以示感谢。

第十五，向他人赠送礼品或颁发奖品时，应与之握手，以示郑重其事。

（二）不必握手的场合

在下述一些场合，因种种原因，人们不宜同交往对象握手为礼。

第一，对方手部负伤。

第二，对方手部负重。

第三，对方手中忙于其他事。例如，打电话、用餐、喝饮料、主持会议、与他人交谈等。

第四，对方与自己距离较远。

第五，对方所处的环境不适合握手。

二、伸手的次序

在比较正式的场合，行握手礼时最重要的礼仪问题是：握手的双方应由哪一方首先伸出手来"发起"握手？倘若对此一无所知，在与他人握手时轻率地抢先伸出手去而得不到对方的回应，则一定非常尴尬。

（一）"尊者决定法则"

根据礼仪规范，握手时双方伸手的先后次序，应在遵守"尊者决定法则"的前提下，具体情况具体对待。

"尊者决定法则"的含义是：在两人握手时，各自应首先确定握手双方彼此身份的尊卑，然后以此而决定伸手的先后。通常应由位尊者首先伸出手来，即尊者先行。位卑者则只能在此后予以响应，而决不可贸然抢先伸手，不然就是违反礼仪的举动。

在握手时，之所以要遵守"尊者决定法则"，既是为了恰到好处地体现对位尊者的尊重，也是为维护在握手之后的寒暄应酬中位尊者的尊严。因为握手往往意味着进一步交往的开始，如果位尊者不想与位卑者深交，那么他是大可不必伸手与之相握的。

（二）具体涉及的情况

具体而言，握手时双方伸手的先后次序大体上包括如下几种情况。

第一，年长者与年幼者握手，应由年长者首先伸出手来。

第二，长辈与晚辈握手，应由长辈首先伸出手来。

第三，老师与学生握手，应由老师首先伸出手来。

第四，女士与男士握手，应由女士首先伸出手来。

第五，已婚者与未婚者握手，应由已婚者首先伸出手来。

第六，社交场合的先至者与后来者握手，应由先至者首先伸出手来。

第七，上级与下级握手，应由上级首先伸出手来。

第八，职位、身份高者与职位、身份低者握手，应由职位、身份高者首先伸出手来。

（三）某些特殊的情况

若是一个人需要与多人握手，则握手时亦应讲究先后次序，由尊而卑，即先年长者后年幼者，先长辈后晚辈，先老师后学生，先女士后男士，先已婚者后未婚者，先上级后下级，先职位、身份高者后职位、身份低者。

在公务场合，握手时伸手的先后次序主要取决于双方的具体职位、身份。而在社交、休闲场合，它则主要取决于双方的具体年纪、性别与婚否。

在接待来访者时，这一问题变得较为特殊。当客人抵达时，通常应由主人首先伸出手来与客人相握。而在客人告辞时，则应由客人首先伸出手来与主人相握。前者意在表示"欢迎"，后者则表示"再见"。若这一次序颠倒，则极易令人发生误解。

应强调的是：上述握手时的先后次序可用以律己，却不必处处苛求于人。若自己处于尊者之位，而且位卑者抢先伸手要来相握时，最得体的做法是要积极与之配合，立即伸出手去。若过分拘泥于礼仪，对其视若不见、置之不理，会使其进退两难，当场出丑。

三、相握的方式

握手的标准方式，是行礼时行至距握手对象约1米处，双腿立正，上身略向前倾，伸出右手，四指并拢，拇指张开与对方相握。握手时，应目视对方，用力适度，上下稍许晃动三四次，随后松开手来恢复原状。

具体来说，握手时应加以注意的问题有以下几点。

（一）神态

与人握手时，理当神态专注，热情、友好、自然。在通常情况下，与人握手时应面含笑意，目视对方双眼，并口道问候。

在握手时，切勿显得自己三心二意、敷衍了事、漫不经心、傲慢冷淡。如果在此时迟迟不握他人早已伸出的手，或是一边握手，一边东张西望，甚至忙于同其他人打招呼，都是极不应该的。

（二）姿势

向他人行握手礼时，只要有可能，就应起身站立。除非长辈或女士，坐着与他人握手是不合适的。

握手之时，双方彼此之间的最佳距离为1米左右，因此握手时双方均应主动向对方靠拢。若双方距离过大，显得像是一方有意讨好或冷落一方。若双方握手时距离过小,则手臂难以伸直,也不大好看。

最佳做法是:双方将要相握的右手各向侧下方伸出,伸直相握后形成一个直角。

(三)手位

在握手时,手的具体位置至关重要。常见的手位有以下两种。

1. 单手相握

以右手单手与他人相握,是最常用的握手方式。进而言之,单手与他人相握时,手掌垂直于地面最为适当。它称为"平等式握手",表示自己不卑不亢。

与人握手时掌心向上,表示自己谦恭、谨慎。此方式叫作"友善式握手"。

与人握手时掌心向下,则表示自己感觉甚佳,自高自大。这一方式叫作"控制式握手"。

2. 双手相握

双手相握,即用右手握住对方右手后,再以左手握住对方右手的手背。此种方式,适用于亲朋故旧之间,可用以表达自己的深厚情意。

一般而言,此种方式的握手不适用于初识者或异性,因为它有可能被理解为讨好或失态。它有时亦称"手套式握手"。

双手相握时,除左手握住对方右手手背外,还有人习惯于握住对方右手手腕、再握住对方右手手臂,按住或拥住对方右肩。但这些做法若非面对至交,则最好不要滥用。

(四)力度

握手时,为了向交往对象表示热情友好,应稍许用力,大致上握力以在两公斤左右为宜。与亲朋故旧握手时,所用的力量可以稍微大一些。而在与异性以及初次相识者握手时,则千万不可用力过猛。

总之,在与人握手时,不可以毫不用力,否则就会使对方感到缺乏热忱与朝气,但也不宜矫枉过正。若握手时拼命用力,则难免有示威或挑衅之嫌。

(五)时间

在普通情况下,与他人握手的时间不宜过短或过长。大体上来讲,握手的全部时间应控制在 3 秒钟以内,即握上片刻即可。

握手时若时间过短,好似在走过场,又像是对对方怀有戒意。而与他人握手时间过久,尤其是拉住异性或初次见面者的手长久不放,则又会显得虚情假意,甚至会有"占便宜"之嫌。

四、握手的禁忌

在人际交往中，握手虽看似寻常，但由于它可被用来传递多种信息，因此在行握手礼时应努力避免违犯下述失礼的禁忌。

第一，不要用左手与他人握手。尤其是在与阿拉伯人、印度人打交道时，一定要牢记此点，因为在他们看来左手是不洁的。

第二，不要在握手时争先恐后。握手时，应当遵守秩序，依次而行。特别要记住：与基督教信徒交往时，要避免两人握手时与另外两人相握的手形成交叉状。此种形状类似十字架，在基督教信徒眼中是很不吉利的。

第三，不要在握手时戴着手套。只有女士在社交场合戴着薄纱手套与人握手，才是被允许的。

第四，不要在握手时戴着墨镜。只有患有眼疾或眼部有缺陷者方可例外。

第五，不要在握手时将另外一只手插在衣袋里。

第六，不要在握手时另外一只手拿着东西不肯放下。例如，仍然拿着香烟、报刊、公文包等。

第七，不要在握手时面无表情。切莫与人握手时不置一词，好像根本无视对方的存在，而纯粹是为了应付。

第八，不要在握手时长篇大论。切莫与人握手时点头哈腰，显得过分客套。过分客套不会令对方受宠若惊，而只会让其感到不自在、不舒服。

第九，不要在握手时仅仅握住对方的手指尖。正确的做法，是要握住整个手掌。即使对异性，也要这么做。

第十，不要在握手时只递给对方一截冷冰冰的手指尖。此种握手方式在国外叫作"死鱼式握手"，被公认是失礼的做法。

第十一，不要在握手时把对方的手拉过来、推过去，或者上下左右抖个没完。还须谨记，切勿在握手后拉着对方的手长时间不放。

第十二，不要以肮脏不洁或患有传染性疾病的手与他人相握。

第十三，不要在与人握手之后立即揩拭自己的手掌。那么做，有担心自己受到"污染"之嫌。

第十四，不要拒绝与他人握手。在任何情况下，都不允许这么做。

第四节 名 片

名片，是当代人际交往中一种最常用的介绍性媒介。由于它印制规范、文字简洁、便于携带、易于保存，而且不讲尊卑、不分职业、不论男女老幼均可使用，因此它用途广泛，颇受社会各界人士的欢迎。

在人际交往中，如欲正确使用名片，就有必要对名片的制作、名片的分类、名片的用途、名片的交换以及名片的存放五个方面的具体问题有所了解。

一、名片的制作

目前，在国内印制名片，一般均可委托名片制作商承办，所以并不费力。然而，欲使自己的名片规范而实用，还是需要细心斟酌的。

（一）规格

目前，国内最通用的名片规格为 9×5.5，即长 9 厘米，宽 5.5 厘米。这是制作名片时应当首选的规格。此外，名片还有两种常见的规格：10×6 和 8×4.5。前者多为境外人士使用，后者则为女士所专用。

如无特殊需要，不应将名片制作过大，免得给人以标新立异、虚张声势之感。

（二）质材

印制名片，最好选用纸张，并以耐折、耐磨、美观、大方的白卡纸、再生纸、合成纸、布纹纸、麻点纸、香片纸等为佳。至于高贵典雅、质地挺括的刚古纸、皮纹纸，则可量力而行，酌情选用。必要时，还可为名片覆膜。

在一般情况下，没有必要选用布料、塑料、皮革、光纤、钢材、木材、黄金、白银等其他质材印制名片。它们或价格昂贵，或不甚实用。

（三）色彩

印制名片的纸张，宜选庄重朴素的白色、米色、淡蓝色、淡黄色、淡灰色等色彩，并且以一枚名片上一种颜色为好。

最好不要印制过于色杂的名片，令人看得眼花缭乱。也不要使用黑色、红色、粉色、紫色、绿色印制名片，它们均会给人以失之于庄重的感觉。

（四）图案

在名片上，允许出现的图案除纸张自身的纹路外，还有企业标志、企业方位、企业主导产品简介等，但以少为佳。

不提倡在名片上印人像、漫画、花卉、宠物。那些东西出现于名片上并无实用价值，却会给人以华而不实的印象。

（五）文字

在国内使用的名片，宜采用汉语简体字，而不要故弄玄虚地使用繁体汉字。在国内少数民族聚居区、外资企业以及境外使用的名片，则可酌情使用繁体汉字、少数民族文字或外文。

最佳的做法是：在一枚名片的两面，分别以简体汉字和另外一种少数民族文字或外文印制相同的内容。切勿在一枚名片上采用两种以上的文字，也不要将两种文字交错印在同一面上。

（六）字体

不论使用何种文字印制名片，均以采用标准、清晰、易识的印刷体为好。

尽量不要采用行书、草书、篆书或花体字印制名片，更不要亲自手写。要记住：只有他人看清楚、看明白了自己的名片，它才会真正地发挥作用。

（七）印法

制作名片，最好不要手书自制，也不要以复印、油印、影印的方法制作名片，它们都不够正规。

（八）版式

印制名片，通常有两种版式可以选择。其一，横式。它的行序由上而下，字序由左而右（见图 1.1）。其二，竖式。它的行序由右而左，字序由上而下（见图 1.2）。

图 1.1　横式名片

图 1.2 竖式名片

一般认为,中文名片以采用横式为佳,因为它易辨识,易收藏。竖式名片虽风格古朴,却不具备这些优点。若以两种文字印制同一枚名片,则采用横式为佳。

二、名片的分类

因为内容、用途各有不同,日常生活中所使用的名片可分为应酬式名片、社交式名片、公务式名片、单位式名片四类。前三种又称为个人名片。

在正式的场合,讲究面对不同的交往对象使用不同的名片。希望给人以不同的印象,应使用不同的名片。因此,一个人同时制作并携带多种名片不足为怪,而不分对象、不讲目的地滥用同一种名片则是失当的。

(一)应酬式名片

应酬式名片,又称本名式名片。顾名思义,其内容通常只有个人姓名一项(见图 1.3)。此外,至多还可加上本人的籍贯与字号(见图 1.4)。

应酬式名片,主要适合在社交场合应付泛泛之交,拜会他人时说明身份,馈赠时替代礼单,以及用作便条或短信。

图 1.3　应酬式名片 1

图 1.4　应酬式名片 2

（二）社交式名片

社交式名片，特指主要适用于社交场合，用以进行自我介绍与保持联络之用的个人名片。其基本内容有二：一是个人姓名，应以大号字体印于名片中央；二是联络方式，则应以较小字体印于名片右下方（见图 1.5）。

其联络方式一项，主要包括家庭住址、邮政编码等内容。必要时，还可加印住宅电话号码。它一般不包括办公地址，以示"公私分明"。若不喜欢打扰，还可只印住宅电话号码，而不印家庭住址与邮政编码。

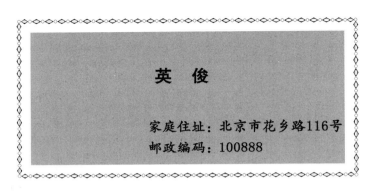

图1.5 社交式名片

(三) 公务式名片

公务式名片，在此所指的是在政务、商务、学术、服务等正式的业务交往中所使用的个人名片。它是目前最为常见的一种个人名片。

一枚标准的公务式名片，应由归属单位、本人称呼、联络方式三项具体内容所构成（见图1.6）。

图1.6 公务式名片

1. 归属单位

此项内容，通常由企业标志、供职单位、所在部门三个部分组成，并可酌情加减。但供职单位与所在部门均不宜多于两个，免得给人以用心不专的印象。必要时，可多印几种名片。此外，供职单位与所在部门均应采用全称。

2. 本人称呼

本人称呼通常由本人姓名、所任职务以及学术头衔等三个具体部分组成，后两项可有可无，但不宜过多。在本人姓名之后加注"先生""小姐""夫人"，则是完全没有必要的。

3. 联络方式

本项内容由单位地址、办公电话、邮政编码三个部分组成，因其均不可或缺，故又称"联络方式三要素"。在此，不宜提供家庭住址与住宅电话。至于手机号码、传真号码、电传挂号、语音信箱号码与电子信箱地址是否需要列出，则应根据自己的实际情况而定。

本人称呼，通常应以大号字体印在名片正中央。归属单位与联络方式，则应分别以小号字体印在名片的左上角与右下角。

如有必要，可在名片的背面印上本单位的经营范围或所在方位图（见图1.7），而不必非印有外文不可。

图1.7 公务式名片的背面

（四）单位式名片

单位式名片，因其多为公司企业所用，故此又称企业名片。它主要适用于单位的对外宣传与业务推广。它的具体内容分为两项：一是单位的全称及其标志；二是单位的联络方式。后者通常由单位地址、邮政编码、单位电话号码或公关部电话号码等构成（见图1.8）。

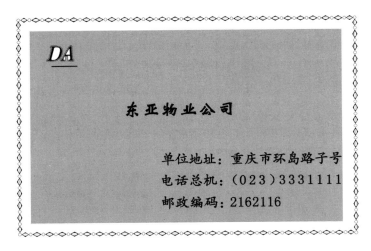

图1.8 单位式名片

三、名片的用途

对现代人而言,名片绝非是一种自欺欺人的招牌,而是一种物有所值的实用型交际工具。在人际交往中,名片的用途通常有如下十种。

(一)自我介绍

初次会见他人时,以名片进行辅助性自我介绍效果最好。它不但可以说明自己的身份,强化效果,使对方难以忘怀,而且还可以节省时间,避免含糊不清。

(二)结交朋友

没有必要每逢遇见陌生人便上前递送自己的名片。换言之,主动把名片递给别人,便意味着对对方的友好、信任和希望深交之意。也就是说,巧用名片,可以为自己结交朋友"铺路架桥"。

(三)维持联系

名片犹如"袖珍通讯录",利用它所提供的资料,即可与名片的提供者保持正常联系。正因为有了名片上所提供的各种联络方式,人们的"常来常往"才变得更加现实和便利。

(四)业务介绍

公务式名片上列有归属单位等项内容,因此利用名片亦可为本人及所在单位进行业务宣传,扩大交际面,争取潜在的合作伙伴。

(五)通知变更

利用名片,可以及时地向老朋友通报本人的最新情况。例如,晋升职务、乔迁新居、变换单位、电话改号之后，可以印有上述变更的新名片向老朋友打招呼，以使彼此联系畅通无阻，对方对自己的有关情况了解得更为及时、更加充分。

（六）拜会他人

初次前往他人居所或工作单位进行拜访时，可将本人名片交由对方的门卫、秘书或家人，转交给被拜访者，以便对方确认"来系何人"，并酌情决定见与不见。此种做法比较正规，可避免冒昧的造访。

（七）简短留言

拜访他人不遇，或需要请人转达某件事情时，可在名片上写下几行字，或一字不写，然后将它留下或托人转交。那样做，通常会令对方"如闻其声，如见其人"，不至于误事。

（八）用作短信

按惯例，在名片的左下角，以铅笔写下几行字或短语，寄交或转交他人，便如同一封长信一样正式。若其内容较多，也可写在名片背面。在国外，流行将法文缩略语写在名片左下角，以慰问、鼓励、感谢、祝贺他人的做法（见图1.9）。

n.b.	意即"提请注意"
p.f.	意即"祝贺"
p.r.	意即"感谢"
p.c.	意即"谨唁"
p.p.	意即"介绍"
p.p.c.	意即"辞行"
p.f.n.a.	意即"贺年"

图1.9　名片信件一则

（九）用作礼单

向他人赠送礼品时，可将本人名片放入其中，或装入一个不封口的信封中，然后再将该信封固定于礼品外包装的上方。后者是说明"此乃何人所赠"的标准做法。

（十）替人介绍

介绍某人去见另外一人时，可用回形针将本人名片（居上）与被介绍人名片（居下）固定在一起，必要时还可在本人名片左下角写上意即"介绍"的法文短语缩写"p. p."，然后将其装入信封，再交予被介绍人。在社交中，它被视为一封非常正规的介绍信，会受到高度的重视。

四、名片的交换

欲使名片在人际交往中正常地发挥作用，尚需在交换名片时表现得法。交换名片时，需要注意以下问题。

（一）交换名片的时机

对交换名片的具体时机，不可不慎。

1. 宜换名片之时

遇到以下几种情况时，需要将本人名片递交他人，或主动与对方交换名片。

第一，希望认识对方。

第二，表示自己重视对方。

第三，被介绍给对方。

第四，对方提议交换名片。

第五，对方向自己索取名片。

第六，初次登门拜访对方。

第七，通知对方自己的变更情况。

第八，打算获得对方的名片。

2. 不必交换名片之时

碰上以下几种情况，则不必把自己的名片递给对方，或与对方交换名片。

第一，对方是陌生人。

第二，不想认识对方。

第三，不愿与对方深交。

第四，对方对结识自己并无兴趣。

第五，经常与对方见面。

第六，双方之间地位、身份、年龄相差悬殊。

（二）交换名片的方法

交换名片时，每一个人均必须重视其具体的方式、方法。

1. 递上自己的名片

递名片给他人时，应郑重其事。最好是起身站立，走上前去，使用双手或者右手，将名片正面面朝对方，之后，再恭恭敬敬地交予对方。切勿以左手递交名片，不要将名片背面面对对方或是颠倒着面对对方，不要将名片举得高于胸部，不要以手指夹着名片递交他人。若对方是少数民族或外宾，则最好将名片上印有对方所认得的文字的那一面面朝对方。

将名片递给他人时，口头应首先有所表示。可以说："请多指教""多多关照""今后保持联系""我们认识一下吧"，或首先略作自我介绍。

与多人交换名片时，应讲究先后次序。或由近而远，或由尊而卑，一定要依次进行。切勿挑三拣四，采用"跳跃式"。当然，也没有必要滥发自己的名片。双方交换名片时，最正规的做法是：位卑者应首先把名片递给位尊者。但在一般情况下，也不必过分拘泥于这一规定。

2. 接受他人的名片

当他人表示要递赠名片给自己或交换名片时，应立即停止手中所做一切事情，起身站立，面含微笑，目视对方。接受名片时，宜双手捧接，或以右手接过，切勿仅用左手去接。

"接过名片，首先要看"，此点至为重要。具体而言，接过名片后，应当即使用半分钟左右的时间，从头到尾将其认真默读一遍。若有疑问，则可当场向对方请教。此举意在表示重视对方。若接过他人名片后看也不看，或手头把玩，或弃之桌上，或装入衣袋，或交予他人，则均为失礼。

接受他人名片时，应口头道谢，或重复对方所使用的谦辞敬语，如"请您多关照"，"请您多指教"，不可一言不发。与此同时，须将自己的名片回敬对方，以示有来有往。

若需要当场将自己的名片递过去，最好在收好对方名片后再递，切记不要左右开弓，一来一往地同时进行。

（三）索取他人的名片

如果没有必要，最好不要强索他人的名片。若欲索取他人名片，则不宜直言相告，而应采用以下几种方法之一。

第一，向对方提议交换名片。

第二，主动递上本人名片。此所谓"将欲取之，必先予之"。

第三，询问对方："今后如何向您请教？"此法则适用于向尊长索取名片。

第四，询问对方："以后怎样与您联系？"此法则适用于向平辈或晚辈索要名片。

（四）婉拒他人索取名片

当他人索取本人名片，而你自己不想给对方时，不宜直截了当，而应以委婉的方法表达此意。可以说："对不起，我忘了带名片"，或者"抱歉，我的名片用完了"。若手中正拿着自己的名片，而又被对方看见了，则这样讲显然并不合适。

若本人没有名片，而又不想明言此点时，也可以以上述方法委婉地表述。

如果自己名片真的没有带或是用完了，自然也可以这么说，但不要忘了加上一句"改日一定补上"，并一定要言出必行，付诸行动。否则会被对方理解为自己没有名片，或成心不想给对方名片。

五、名片的存放

要使名片的交换合乎礼仪，并使其在人际交往中充分发挥作用，则还应注意如下三个具体问题。

（一）名片的放置

在参加交际应酬之前，要像准备服饰、化妆一样，提前准备好名片，并进行必要的检查。

随身所带的名片，最好应放在专用的名片包、名片夹里。此外，也可以放在上衣口袋之内。不要把它放在裤袋、裙兜、提包、钱夹里，那样做既不正式，又显得杂乱无章。在自己的公文包以及办公桌抽屉里，也应经常备有名片，以便随时随地使用。

在交际场合抛头露面之前，应将名片预备充足，不要在使用时再去四处乱找。

接过他人的名片看过之后，应将其精心放入自己的名片包、名片夹或上衣口袋内，切勿放在其他地方。

（二）名片的收藏

参加过交际应酬以后，应立即对所收到的名片进行整理收藏，以便其今后使用方便。不要将它们随意夹在书刊、材料里，压在玻璃板下，或是扔在抽屉里面。

存放名片的方法大体上有四种，它们还可以交叉使用。

第一，按姓名的外文字母或汉语拼音字母的顺序分类。

第二，按姓名的汉字笔画的多少分类。

第三，按专业或部门分类。

第四，按国别或地区分类。

若收藏的名片甚多，还可以编一个索引，那么用起来就更加方便了。

（三）名片的利用

随着人际交往的不断深入，还可在收藏的他人名片上随手记下可供本人参考的资料，使其充当社交的记事簿。在本人收藏的他人名片上，可记的有利于人际交往的资料有：

(1) 收到名片时的具体情况。包括收到名片的地点、时间，以及是否与对方亲自交换，等等。在国外有一种做法，即把名片的右上角向下折，然后再使其恢复原状，它表示该名片是对方亲自与自己交换的。

(2) 交换名片者的个人资料。例如，性别、年龄、籍贯、学历、专长、嗜好、主要社会关系等。这既可备忘，也可令其成为资料。

(3) 交换名片者在交换名片后变化的情况。例如，单位、部门的变化，职业的变动调任，职务、学衔的升降，联络方式的改变，等等。

第五节　交　谈

人际交往，始自交谈。所谓交谈，通常是指两个或两个以上的人所进行的对话。它是人们彼此之间交流思想情感、传递信息、进行交际、开展工作、建立友谊、增进了解的最为重要的一种形式。没有交谈，人与人之间要进行真正的沟通几乎是不可能的。

从总体上讲，交谈是人的知识、阅历、才智、教养和应变能力的综合体现。在中国古代，人们就讲究在人际交往中要对交往对象"听其言，观其行"。这是因为言为心声，只有通过交谈，交往对象彼此之间才能够了解对方，并被对方所了解。交谈在人际交往中的重要位置，是其他任何形式都难以替代的。

社交礼仪对交谈有着一系列详尽的规范。它具体体现在语言、主题和方式三个方面。

一、交谈的语言

在语言方面，基本的要求是：文明、礼貌、准确。语言是组织交谈的载体，交谈者对它理当高度重视、精心斟酌，这是不言而喻的。

（一）语言文明

作为有文化、有知识、有教养的现代人，在交谈中一定要使用文明优雅的语言。下述语言，绝对不宜在交谈之中采用。

1. 粗话

有人为了显示自己为人粗犷，出言必粗。把父亲叫作"老头儿"，把女孩子叫作

"小妞",把名人叫作"大腕",把吃饭叫作"撮一顿"。讲此类粗话,是很失身份的。

2. 脏话

所谓讲脏话,即口带脏字,讲起话来骂骂咧咧,出口成"脏"。讲脏话的人非但不文明,而且属于自我贬低。

3. 黑话

黑话,即流行于黑社会的行话。讲黑话的人,往往自以为见过世面,希望能以此唬人,实际上却显得匪气十足,令人反感厌恶。

4. 荤话

荤话,即说话者时刻把艳事、绯闻、色情、男女关系之事挂在口头上,说话"带色",动辄"贩黄"。爱讲荤话者,只能证明自己品位不高,并对交谈对象缺乏应有的尊重。

5. 怪话

有些人说起话来,怪里怪气,或讥讽嘲弄,或怨天尤人,或黑白颠倒,或耸人听闻,成心要以自己的谈吐之"怪"而令人刮目相看。爱讲怪话的人,往往难以使人产生好感。

6. 气话

气话,即说话时闹意气、泄私愤、图报复、发牢骚、指桑骂槐。在交谈中常说气话,不仅无助于沟通,而且还容易伤害人、得罪人。

(二)语言礼貌

在交谈中使用礼貌用语,是博得他人好感与体谅的最为简单易行的做法。所谓礼貌用语,简称礼貌语,在此是指约定俗成的表示谦虚恭敬的专门用语。

例如,初次见面,要说"久仰";许久不见,要说"久违";客人到来,要说"光临";等待客人,要说"恭候";探望别人,要说"拜访";起身作别,要说"告辞";中途先走,要说"失陪";请人勿送,要说"留步";请人批评,要说"指教";请人指点,要说"赐教";请人帮助,要说"劳驾";托人办事,要说"拜托";麻烦别人,要说"打扰";求人谅解,要说"包涵";等等。

在社交中,人们尤其有必要对下述五句十字的礼貌用语经常性地加以运用,并多多益善。

1. "您好"

"您好",是一句表示问候的礼貌语。遇到相识者与不相识者,不论是深入交谈,还是打个招呼,都应主动向对方先道一声"您好"。若对方先问候了自己,也要及时地以此来进行回应。在有些地方,人们惯以"你吃了饭没有""最近在忙什么""身体怎么样""一向可好"来打招呼或问候他人,但它们都没有"您好"简洁通行。

2."请"

"请",是一句表示请托的礼貌语。在要求他人做某件事情时,居高临下、颐指气使不合适,低声下气、百般乞求也没有必要。在此情况下,多用上一个"请"字,就可以逢山开路、遇水架桥,赢得主动,并得到对方的照应。

3."谢谢"

"谢谢",是一句表示致谢的礼貌语。每逢获得理解、得到帮助、承蒙关照、接受服务、受到礼遇之时,都应当立即向对方道一声"谢谢"。这样做,既是真诚地感激对方,又是对于对方的一种积极肯定。

4."对不起"

"对不起",是一句表示道歉的礼貌语。当打扰、妨碍、影响了别人,或是在人际交往中给他人造成不便,甚至给对方造成某种程度的损失、伤害时,务必要及时向对方说一声"对不起"。这样做将有助于大事化小,小事化了,并有助于修复双方的关系。

5."再见"

"再见",是一句表示道别的礼貌语。在交谈结束、与人作别之际,道上一句"再见",可表达惜别之意与恭敬之心。

（三）语言准确

在交谈中,语言必须准确,否则不利于彼此各方之间的有效沟通。在此需要注意的问题主要有以下几个。

1. 发音准确

在交谈之中,要求发音标准的具体含义有三：其一,发音要标准。不能读错音、念错字,让人见笑或误会。其二,发音要清晰。要让听者听得一清二楚,而不是口齿不清、含含糊糊。其三,音量要适中。音量过大令人震耳欲聋,过小则让人听来费劲,都不合适。

2. 语速适度

语速,即讲话的速度。在讲话时,对其应加以控制,使之保持匀速,快慢适中。在交谈中,语速过快、过慢或忽快忽慢,都会影响沟通的具体效果。

3. 口气谦和

在交谈中,讲话的口气一定要平等待人、亲切谦和。不要端架子、摆派头、以上压下、以大欺小,不要倚老卖老、盛气凌人,不要随便教训、指责别人。

4. 内容简明

在交谈时,应力求言简意赅、简单明白、节省时间、少讲废话。不要没话找话、短话长说、啰里啰唆、废话连篇、节外生枝、任意发挥、不着边际,让人听起来不明不白。常言道："烦言不要，要言不烦。"这是在交谈中不应忘记的重要一点。

5. 少用土语

交谈对象若非家人、乡亲，则最好不要在交谈之中采用对方有可能听不懂的方言、土语。非要那么做，就是对对方的不尊重。在多方交谈中，即便有一个人听不懂，也不要采用方言、土语交谈，以免使其产生被排挤、冷落之感。

6. 慎用外语

在普通性质的交谈中，每一个中国人都应当讲中文，讲普通话。若无外宾在场，则最好慎用外语。与国人交谈时使用外语，并不能证明自己水平有多么高，反而有卖弄之嫌。

二、交谈的主题

交谈的主题，即交谈的话题，所指的是交谈的中心内容。一般而论，交谈的主题通常在某一特定时刻内宜少不宜多，并且最好只是一个。唯有话题少而集中，才有助于交谈的顺利进行。话题过多、过散，将会使交谈者无所适从。

（一）宜选的主题

在交谈之中，以下五类具体的话题都是适宜选择的。

1. 既定的主题

既定的主题，即交谈双方业已约定，或者其中某一方先期准备好的主题。例如，求人帮助、征求意见、传递信息、讨论问题、研究工作一类的交谈，往往都属于主题既定的交谈。选择此类主题，最好双方商定，即使尚未商定，至少也要得到对方的认可。它通常适用于各种比较正式的交谈。

2. 高雅的主题

高雅的主题，即内容文明、优雅或格调高尚、脱俗的话题。例如，文学、艺术、哲学、历史、考古、地理、建筑等，都属于高雅的主题。它适用于各类一般性交谈，但要求面对知音，忌讳不懂装懂或班门弄斧。

3. 轻松的主题

轻松的主题，即谈论起来令人轻松愉快、身心放松、饶有情趣、不觉劳累厌烦的话题。例如，文艺演出、流行时装、美容美发、体育比赛、电影电视、休闲娱乐、旅游观光、名胜古迹、风土人情、名人轶事、烹饪小吃、天气状况等。它适用于非正式交谈，允许各抒己见、任意发挥。

4. 时尚的主题

时尚的主题，即以此时、此刻、此地正在流行的事物作为谈论的中心。此类话题适合于各种交谈,但其变化较快,所以把握上有一定的难度。

5. 擅长的主题

擅长的主题,在此它是指的交谈双方,尤其是交谈对象有研究、有兴趣、有可谈之处的主题。须知:话题选择之道,在于以交谈对象为中心。例如,与医生交谈,宜谈健身祛病;与学者交谈,宜谈治学之道;与作家交谈,宜谈文学创作;等等。它适用于各种交谈,但忌讳以己之长对人之短,否则必定会"话不投机半句多"。交谈是意在交流的谈话,故不可只是一家之言。

(二)忌谈的主题

在各种交谈之中,有下列几类具体的主题理应忌谈。

1. 个人隐私

个人隐私,即个人所不希望他人了解的事情。在交谈中,若双方是初交,则有关对方年龄、收入、婚恋、家庭、健康、经历等此类涉及个人隐私的主题,切勿加以谈论。

2. 捉弄对方

在交谈中,切不可对交谈对象尖酸刻薄、油腔滑调、乱开玩笑、口出无忌。俗话说:"伤人之言,重于刀枪剑戟。"以此类捉弄人的主题为中心展开交谈,定将损害双方的关系。

3. 非议旁人

有人乐于在交谈之中传播闲言碎语、制造是非、无中生有、造谣生事,非议其他不在场的人士。须知:"来说是非者,必是是非人。"非议旁人,并不证明自己待人诚恳,反倒说明自己是拨弄是非之人。

4. 倾向错误

在谈话之中,倾向错误的主题,例如,违背社会伦理道德、生活堕落、思想反动、政治错误、违法乱纪之类的主题,亦应避免。

5. 令人反感

在交谈中令交谈对象感到伤感、不快的话题,以及对方不感兴趣的话题,就是所谓令人反感的主题。万一不慎对此有所涉及,应立即转移话题,必要时要向对方道歉,千万不要将错就错,一意孤行。这类话题,常见的有凶杀、惨案、灾祸、疾病、死亡、挫折、失败等。

三、交谈的方式

进行交谈时,还有必要注意其具体方式。在此,有一些技巧可以被运用。

（一）双向共感

交谈，究其实质乃是一种合作。因此，在交谈中切不可一味宣泄个人的情感，而不去考虑交谈对象的反应。

社交礼仪规定，在交谈中应遵循双向共感法则。这一法则通常具有两重含义。

1. 双向

它要求：人们在交谈中要注意双向交流，并在可能的前提下尽量使交谈围绕交谈对象进行。无论如何都不要妄自尊大，忽略对方的存在。

2. 共感

它要求：谈论的中心内容应使彼此各方共同感兴趣，并能够愉快地接受，积极地参与。不能只顾及自己，而不看对方的反应。遵守此条法则，是使交谈取得成功的关键。

（二）神态专注

在交谈中，各方都希望自己的见解为对方所接受。从某种意义上讲，"说"的一方并不难，往往难就难在"听"的一方。古人曾就此有感而发："愚者善说，智者善听。"

"听"的一方在交谈中若能够表现得神态专注，就是对"说"的一方的最大尊重。要想真正做到这一点，应重视如下三点。

1. 表情认真

在倾听时，要目视对方、全神贯注、聚精会神，切勿用心不专、左顾右盼，显得明显地走神。

2. 动作配合

当对方观点高人一筹，为自己所接受或与自己不谋而合时，应以微笑、点头等动作表示支持、肯定，以暗示自己与之"心有灵犀一点通"。

3. 语言合作

在对方"说"的过程中，不妨以"嗯"声或"是"字表示自己正在认真倾听。在对方需要理解、支持时，应以"对""没错""真是这么一回事""我有同感"，去加以呼应。必要时，还应在自己的讲话中适当引述对方刚刚所发表的见解，或者直接向对方请教高见。这些具体做法，都是以语言同对方进行合作。

（三）措辞委婉

在交谈中，不应直接陈述令对方不快、反感之事，更不能因此而伤害其自尊心。必要时，在说法上应力求含蓄、婉转、动听，并留有余地。这就是所谓措辞委婉。

例如，在用餐期间要去洗手间，不宜直接说"我去方便一下"，而应说"我需要出去一下""出去有点事"，或者"我去打个电话"。若来访者停留时间过长从而影响本人，需要请其离开，不宜直接说"你该走了""你待得太久了"，而应说"我不再占用你宝贵的时间了"等。它们均属委婉语的具体运用。

在交谈中，运用委婉语可采用以下方式：其一，旁敲侧击。其二，比喻暗示。其三，间接提示。其四，先肯定，再否定。其五，多用设问句，而不随便使用祈使句。其六，表达留有余地。

（四）礼让对方

在交谈之中，务必要争取以对方为中心。要处处礼让对方，尊重对方，尤其是要避免出现以下几种失礼于人的情况。

1. 不始终独白

既然交谈讲究双向沟通，那么在交谈中就要目中有人，礼让他人。要多给对方创造发言的机会。不要一人独白、"独霸天下"，只顾自己尽兴，而始终不给他人开口的机会。

2. 不导致冷场

不允许在交谈中从头到尾保持沉默、不置一词，从而使交谈变相冷场，破坏现场的气氛。不论交谈的主题与自己是否有关，自己是否感兴趣，都理应热情投入，积极合作。万一交谈因他人之故"暂停"，切勿"闭嘴"不言，而应努力"救场"。可转移旧话题，积极引出新话题，使交谈继续"畅行无阻"。

3. 不随意插嘴

出于对他人的尊重，当他人讲话时，尽量不要在中途打断，未经允许地上去插上一嘴。此种做法不仅干扰了对方的思绪，破坏了交谈的效果，而且还会给人以自以为是、喧宾夺主之感。确需发表个人意见或进行补充时，应待对方把话讲完，或是在对方首肯之后再讲。不过，插话次数不宜多，时间不宜长，对陌生人的交谈则绝对不允许打断或插话。

4. 不与人抬杠

抬杠，在此是指在交谈中喜爱与人争辩，喜爱固执己见、强词夺理。在一般性的交谈中，应允许各抒己见、言论自由、不作结论，重在集思广益、活跃气氛、取长补短。若以"杠头"自诩，自以为一贯正确，无理辩三分，得理不让人，非要争个面红耳赤、你死我活、大伤和气，自然是有悖交谈主旨的。

5. 不否定他人

在交谈之中，要善于聆听他人的意见，若对方所述无伤大雅，无关大是大非，一般不宜当面予以否定，让对方下不了台。社交礼仪有一条重要的法则，叫作"不得纠正"。它的含义是：对交往对象的所作所为，应当求大同、存小异，若其无关宏旨、不触犯法律、不违反道德、不有辱国格人格、不涉及生命安全，一般没有必要判断其是非曲直,更没有必要当面对其加以否定。在交谈中不去任意否定对方的见解,就是该法则的具体运用。

(五)适可而止

与其他形式的社交活动一样,交谈也必定受制于时间。虽说亲朋好友之间的交谈往往"酒逢知己千杯少",但它仍应适可而止。

普通场合的小规模交谈,以半小时以内结束为宜,最长不要超过1小时。交谈的时间一久,交谈所包含的信息与情趣难免就会被"稀释"。

在交谈中一个人的每次发言,最好不要长于3分钟,至多也不要长于5分钟。

令交谈适可而止,主要有以下四点好处:第一,它可以节省时间,以免耽误正事。第二,它可以使每名参与者都有机会发言,以平示等。第三,它可以使人们在发言时提炼精华,少讲废话。第四,它还可以使大家对交谈意犹未尽,保留美好的印象。

凡此种种,均说明交谈适可而止不仅有其必要,而且必须付诸行动。

本章小结

本章所讲授的是交往礼仪。它在此是指人际交往中最基本的行为规范。掌握交往礼仪,才能在人际交往中表现得得体而自如。

本章第一节讲授的是有关称呼的礼仪。它要求对生活中的称呼、工作中的称呼、外交中的称呼有所区别,并认真规避有关称呼的各种禁忌。

本章第二节讲授的是有关介绍的礼仪。它要求对介绍自我、介绍他人、介绍集体的基本礼仪熟练地加以掌握。

本章第三节讲授的是有关握手的礼仪。它要求关注的重点为行礼的时机、伸手的次序、相握的方式、握手的禁忌等。

本章第四节讲授的是有关名片的礼仪。它要求重视名片的制作、名片的分类、名片的用途、名片的交换、名片的存放等具体环节。

本章第五节讲授的是有关交谈的礼仪。它要求在交谈的语言、交谈的主题、交谈的方式等具体方面表现得体。

练 习 题

一 名词解释

1. 尊称
2. 自我介绍

3. 集体介绍
4. 握手礼
5. 交谈

二　要点简答
1. 称呼有何主要禁忌？
2. 怎样确定介绍他人时的顺序？
3. 握手时双方应由谁先伸手？
4. 握手有何主要禁忌？
5. 如何向他人索取名片？
6. 怎样选择适宜交谈的话题？

第二章 通联礼仪

内容简要

通联礼仪，通常是指人们进行通信、联络时所应遵守的基本行为规范。遵守通联礼仪，是维持良好的人际关系，并进而使其有所发展的重要前提。本章所讲授的内容包括电话礼仪、网络礼仪、书信礼仪、题字礼仪、馈赠礼仪、送花礼仪等。

学习目标

1. 重视以通信联络维持并发展人际关系。
2. 在通信联络中有意识地维护自身形象。
3. 掌握基本的通联礼仪。
4. 在通信联络中彬彬有礼。
5. 克服通信联络中的失礼之举。

通联礼仪，通常是指人们进行通信、联络时所应遵守的基本行为规范。遵守通联礼仪，是维持良好的人际关系，并进而使其有所发展的重要前提。它的主要内容有电话礼仪、网络礼仪、书信礼仪、题字礼仪、馈赠礼仪、送花礼仪等。其共性在于：它们都是关于某种人际交往媒介的操作规范。

第一节 电 话

在日常生活里，被誉为"顺风耳"的电话早已成了现代人不可缺少的交际工具之一。但如何正确地利用电话，并不是每一个会打电话的人都能做得到的。要正确地利用电话，不只是要熟练地掌握使用电话的技巧，更重要的是要自觉维护自己的"电话形象"。

所谓"电话形象"，是电话礼仪的主旨之所在。它的含义是：人们在使用电话时的种种表现，会使通话的对象"如见其人"，能够给对方以及其他在场之人留下完整的、深刻的印象。一般认为，一个人的"电话形象"，主要由他使用电话时的语言、内容、态度、表情、举止以及时间感等几个方面所构成的。它被视为个人形象的重要部分之一。据此，大体上可对通话之人的文明礼貌的修养和为人处世的风格有所了解。

社交礼仪要求：在使用电话时，务必要自身维护电话形象。要做到这一条，就必须在打电话、接电话以及使用移动电话时，自觉自愿地知礼、守礼、待人以礼。

一、拨打电话

使用电话时，总有一方是发起者。在通话双方之中，发起者被称为"发话人"，其通话过程称作"打电话"。被动接听电话的一方，则被称为"受话人"，他的通话过程则称作"接听电话"。在整个通话过程中，发话人通常始终居于主动、支配的地位。作为"先发制人"的一方，若要使自己所打的电话既能正确无误地传递信息、联络感情，又能为自己塑造完美的电话形象，就必须时间适宜、内容简练、表现文明。在以上三个方面稍有"闪失"，都会使自己塑造良好的电话形象的一切努力功亏一篑。

（一）时间适宜

若要打好一次电话，首先就应当明确：通话唯有在适宜之时进行，才会事半功倍。打电话若不考虑时间问题，往往就会无事生非。

考虑通话的具体时间问题，实际上需要注意两个要害之点。其一，何时通话为佳？其二，通话多久为妙？

1. 通话时间

按照惯例，通话的最佳时间有二：一是双方预先约定的时间；二是对方方便的时间。

除有要事必须立即通告外，不要在他人的休息时间内打电话。例如，每日上午7点之前、晚上10点之后以及午休时间、节假日等。在用餐之时打电话，也不合适。

给海外人士打电话，首先要了解一下时差，不要不分昼夜地骚扰他人。

打公务电话，尽量要公事公办，不要在他人的私人时间，尤其是休假期间去麻烦对方。此外，若有意识地避开对方的通话高峰时间、业务繁忙时间、生理厌倦时间，则打电话的效果必定更佳。

2. 通话长度

在一般情况下，每一次通话的具体长度都应有所控制。其基本要求是：以短为佳，宁短勿长。

在电话礼仪里，有一条"通话三分钟法则"。实际上，它就是"以短为佳，宁短勿长"的基本要求的具体体现。它的主要含义是：在打电话时，发话人应当自觉地、有意识地将每次通话的长度限定在3分钟之内，尽量不要超过这一限定。

在日常进行的社交活动中，但凡使用电话，就务必要想方设法，把"通话三分钟法则"付诸实践。身为发话人时，更要特别牢记此点。

3. 体谅对方

发话人在打电话时，应善解人意、将心比心，对受话人多多体谅。不论彼此双方关系如何，对此点都不要疏忽大意。在把握通话时间时，对此尤须关注。

在通话开始后，除要自觉控制通话长度外，必要时还应兼顾受话人的反应。比如，可以在开始通话时，先询问一下对方，现在通话是否方便。倘若对方不方便，可约一个另外的时间，届时再把电话打过去。

倘若通话时间较长，亦应先征求一下对方意见，并在结束时略表歉意。

在对方节假日、用餐、睡觉时，万不得已打电话影响了别人，不仅要讲清楚原因，而且千万不要忘记说一声："对不起。"

在他人上班时间内，原则上不要为了私人事宜去打电话妨碍对方。

（二）内容简练

在通话时，要求发话人内容简练，这不仅仅是礼仪上的规范，而且也是限定通话长度的必要前提。根据社交礼仪规范，发话人要做到内容简练，就必须注意以下几个方面。

1. 事先准备

每次通话之前，发话人理应做好充分准备。最佳的办法是：把受话人的姓名、电话号码、通话要点等通话必不可少的内容列出一张"清单"。这样一来，通话时便可照此办理，就不会再有现说现想、缺少条理、丢三落四的情况了。

此种方法简单易行，只要养成了习惯，就会变成自己的自觉行动。它不仅利己利人，而且容易使通话对象感到自己办事情有板有眼、训练有素。

2. 简明扼要

在通话时，发话人讲话要务实，不务虚。问候完毕，即应开宗明义、直言主题，少讲空话、废话、绝不啰唆，绝不无话找话。

在通话时，最忌讳发话人讲话吞吞吐吐、含糊不清、东拉西扯。至于一厢情愿地逼着通话对象和自己共熬"电话粥"，或者故弄玄虚，在电话上玩"捉迷藏"，则更是令人生厌。

3. 适可而止

作为发话人，应自觉控制通话的长度。要讲的话说完了，即应当机立断地采取行动去终止通话。由通话双方之中地位较高的一方终止通话，是电话礼仪的惯例之一。故此发话人在通话双方中居于地位较高的位置时，务必要注意长话短说，适可而止。

因此，发话人切勿"当断不断，自受其乱"，不要反复铺陈，再三絮叨。那样的话，浪费时间的责任可就在自己不在他人了。

使用公用电话且身后有人排队时，一定要自觉主动地尽快终止通话。切勿"表演欲"顿生，当众发嗲撒娇，或是有意拖延时间，与排队者作对。

（三）表现文明

发话人在通话的过程中，自始至终都要待人以礼，表现得文明大度，尊重自己的通话对象。具体说来，必须注意以下几个重要环节。

1. 语言文明

在通话时，发话人不仅不能使用"脏、乱、差"的语言，而且还须切记有三句话非讲不可。它们被称为"电话基本文明用语"，具体所指的是：

第一，问候语。在通话之初，要向受话人首先恭恭敬敬地问一声："您好！"然后方可再言其他。切勿一上来就"喂"对方，或是开口便说自己的事情。

第二，介绍语。在问候对方后，接下来须自报家门，以便对方明确"来系何人"。在电话里自报家门，通话人有四种模式可以借鉴。其一，报出本人的全名。其二，报出本人所在的单位。其三，报出本人所在的单位和全名。其四，报出本人所在单位、全名和职务。其中第一种模式主要适用于私人交往之中，而后三种模式则通常适用于公务交往中,并以最后一种模式最为正规。

第三,道别语。终止通话前,在预备放下话筒时,应先说一声"再见"若缺少了这句礼貌用语,就会使终止通话显得有些突如其来,并使自己的待人以礼有始无终。

2. 态度文明

发话人在通话时,除语言要"达标"外,在态度方面亦应好自为之。

对受话人,不要厉声呵斥或态度粗暴无理。但低三下四、阿谀奉承,自然也没有必要。

电话若需要总机接转,勿忘对总机的话务员问好,并应加上一声"谢谢"。此外,"请""麻烦""劳驾"之类的词,该用时也一定要用。

若要找的人不在,需要接听电话之人代找,或代为转告、留言时,态度同样要文明而有礼。

通话时电话忽然中断,依礼需由发话人立即再拨,并说明通话中断系线路故障所致。不要不了了之,或等候受话人一方打来电话。

若拨错了电话号码,应对接听者表示歉意。不要一言不发地挂断了事。

3. 举止文明

发话人在通话时,在举止方面应对自己有所要求。当众拨打电话时,对此点更不能掉以轻心。

在打电话时,最好双手持握话筒,并起身站立。无论如何,都不要在通话时把话筒夹在脖子下头,不要抱着电话机随意走动,不要趴着、仰着、坐在桌角上或高架双腿与人通话。拨号时,不要以笔代手。此时边打边吃,亦为失态。

在通话时,不宜发声过高,免得令受话人承受不起。标准的做法是:声音宁小勿大,并应使话筒与口部保持3厘米左右的距离。

终止通话,放下话筒时,应双手轻放,不要用力一摔,令对方震耳欲聋。

通话"半途而废",或拨号时对方一再占线的话,要表现出应有的耐心。不要骂骂咧咧,或是采用粗暴的举动拿电话机撒气。

二、接听电话

在整个通话的过程中,受话人在接听电话时虽处于被动的位置,但也不可因此在礼仪规范方面得过且过。

根据社交礼仪规范,受话人接电话时,由于具体情况有所不同,可分为本人受话、代接电话以及录音电话等,以下对其各自分别而论。

（一）本人受话

所谓本人受话，此处指的是由受话人本人亲自接听他人打给自己的电话。在本人受话时，需要了解的具体礼仪规范问题一共有三个。

1. 接听及时

电话铃声一旦响起，即应立即停止自己所做之事，尽快予以接听。接听电话是否及时，实质上反映着一个人待人接物的真实态度。

如果有可能的话，在电话铃响以后，应亲自接听电话，轻易不要让别人代劳，尤其是不要让小孩子代接电话。不要铃响许久，甚至响过几遍之后，才姗姗来迟地去接电话。那种做法会让对方感觉自己妄自尊大。不过，铃声才响过一次，就立即拿起听筒也显得操之过急。有时，还会令发话人大吃一惊。在正常情况下，不允许不接听他人打来的电话，尤其是"如约而来"的电话。

因特殊原因，致使铃响过较久后才接电话，须在通话之初向发话人表示歉意。

在电话礼仪中，有一个"铃响不过三声法则"。它的含义是：接听电话时，以铃响三次左右拿起话筒接听最为适宜。在日常生活里接听电话时，应尽量遵守这一法则。

2. 应对谦和

接电话时，受话人应努力使自己的所作所为合乎礼仪。特别重要的，是要注意下列四点。

第一，自报家门。拿起话筒后，即应自报家门，并首先向发话人问好。向发话人问好，一是出于礼貌，二是为了说明有人正在接听。当对方首先问好后，应立即问候对方。不要一声不吭、装神弄鬼、故弄玄虚。至于自报家门，则是为了让发话人验证一下，是否拨错了号码或找错了人。自报家门时所说的内容，可参照发话人自报家门时的具体模式酌定。在私人寓所接听电话时，为了自我保护，有时可以用电话号码作为自报家门的内容，或不必自报家门。

第二，聚精会神。在通话时，不论如何都应聚精会神地接听电话。不允许三心二意、心不在焉，或是把话筒置于一旁，任其"自言自语"。在通话过程中，对发话人的态度应谦恭友好。当对方身份较低或有求于己时，更应表现得不卑不亢。不要拿腔拿调，对对方戏弄嘲讽，伤害其自尊心。更不要一言不发，有意冷场。

第三，与人道别。当通话终止时，不要忘记向发话人道"再见"。当通话因故暂时中断后，一定要耐心等候对方再拨进来。既不要扬长而去，也不要为此而责怪对方。

第四，善待错拨。若接听到误拨进来的电话，要耐心向对方细加说明。如有可能，还应主动向对方提供帮助，或者为其代转电话。不要为此勃然大怒、恶语相加，甚至出口伤人。

3. 主次分明

平时，电话铃声一旦响起，即应以此作为自己活动的中心，而绝不应当不明主次、随意分心。

接听他人电话时，不要与其他人交谈、看文件，或者看电视、听广播、用电脑、吃东西。在一般情况下，尽量不要对发话人表示对方的电话"来的不是时候"。

万一会晤重要客人或举行会议期间有人打来电话，而此刻的确不宜与其深谈，可向其说明原因、表示歉意，然后再约一个具体时间，届时由自己主动打电话过去。若对方是长途电话，尤须注意，别让对方再打过来。约好下次通话时间后，即应遵守。在下次通话开始时，勿忘再次向对方致歉。

在接听电话之时，适逢另一个电话打了进来，切忌置之不理。可先对通话对象说明原因，请其勿挂电话、小候片刻，然后立即去接另一个电话。待接通之后，先请对方稍候，或过一会儿再打进来，随后回过去继续刚才正打的电话。

不论自己多么忙，都不要拔下电话线，与外界自我隔绝。也不要把假的电话号码、莫须有的电话号码、别人的电话号码，交给自己所不愿意与之保持联系的人。

（二）代接电话

在日常生活里，经常有机会为其他人代接、代转电话。代接、代转电话时，尤其需要注意礼尚往来、尊重隐私、记忆准确、传达及时四个具体方面的问题。

1. 礼尚往来

接电话时，假如对方所找的人并非自己，不要口出不快，拒绝对方代为接听的请求，尤其是不要对对方所找之人口有微词，或是对方要找的人就在身边，却偏偏告之以"不在"。至于硬要说"没有你找的这个人"，则更属不礼貌之举。

同事、家人之间互相代接电话，本是互利互助之事，所以讲究礼尚往来，有来有往。连电话都懒得为他人代接的人，在现实生活里必然难以取信于人。

2. 尊重隐私

在代接电话时，不要充当"包打听"，向发话人询问对方与其所找之人的关系。当发话人有求于己，要求转达某事给某人时，则要严守口风。切勿随意扩散、广而告之，辜负了他人的信任。

即使发话人所要找的人就在附近，也不要大喊大叫，而闹得人人皆知、四邻不宁。当别人通话时，不要进行"旁听"，更不要插嘴。

3. 记忆准确

若发话人所要找的人不在，可在向其说明情况后，询问一下对方是否需要代为转达。当对方有此请求时，即应相助于人。

对发话人所要求转达的具体内容,最好认真做好笔录。当对方讲完之后,还应重复一遍,以验证自己的记录是否正确无误,免得误事。记录他人电话,应包括通话者单位、姓名、通话时间、通话要点、是否要求回电话、双方约定的回电话的时间等几项内容。

4. 传达及时

接听寻找他人的电话时,先要确认"对方是谁""现在找谁"这两个问题。若对方不愿讲第一个问题,可不必勉强。若对方所要找的人不在,可首先以实相告,然后再去询问对方"来系何人""所为何事"。若将二者先后次序颠倒,则可能使发话人产生疑心。

若发话人所找的人就在附近,应立刻去找,不要拖延。若答应发话人代为传话,则应尽快落实。不要置之脑后,或是存心拖延时间。

不到万不得已之时,不要把自己代人转达的内容再托他人转告。这样一来,一则容易使内容走样,二则可能会耽误时间,三则可能会泄露隐私。

(三) 录音电话

许多时候,为了保证联络的畅通,人们往往会使用录音电话为自己代劳。使用录音电话的要点有以下两个。

1. 制作留言

使用录音电话,少不了要制作一段本人留言。留言的常规内容有:电话机主的单位、姓名、问候语、致歉语、道别语、留言的原因,对发话人的请求,等等。

私人住宅所用的录音电话,不宜由年轻姑娘进行录音,并且不宜自报姓名。以电话号码进行代替,既明哲保身,又不至于误事。

附:私人住宅录音电话内容一则。

> 您好!这里是7654321。对不起,主人现在因事外出。有要事的话,请在提示音之后留言。主人回来后,将立即同您联系。谢谢。再见!

2. 处理来电

在人际交往中,使用录音电话虽属于无形交际,但它与人们面对面的交际完全一样,同样需要讲"言必信,行必果"。在处理录音电话里他人来电时,要注意的具体问题有:

第一,尽量少使用录音电话。尤其是不要人在家中,却以录音电话代替自己"招架"外人。

第二,尽快处理录下的信息。对外人打进来的电话,应立即并行必要的处理或答复。不要一拖再拖，或者根本置之不理。

第三，不能否认录下的电话。不要对自己明明听过的他人电话录音赖账，或显得若无其事。那样做，只会从一个侧面告诉旁人：此人言而无信。

三、移动电话

目前，在各种现代化的通信手段之中，移动通信工具异军突起，而且渐呈后来居上之势。谈及电话礼仪时，若对移动通信工具不予涉及的话，不仅说明自己闭目塞听、观念陈旧，而且也证明自己已落后于时代。在今日个人的电话形象之中，移动通信工具的使用已成为其重要组成部分之一。

就目前而言，人们所使用的移动通信工具主要是移动电话。它又称手机。使用手机的礼仪规范，主要涉及两个具体方面。

（一）使用规则

使用手机，应在方便交际联络的同时，严格地遵守其约定俗成的使用规则。否则，就有可能在无形之中有损自己的电话形象。

具体而言，在使用手机时，需要遵守的礼仪规则主要有以下四条。

1. 令其安守本分

使用手机，自然主要是为了方便个人联络与确保信息交流的畅通无阻。因此，在人际交往中使用手机时，首先要正视其身份、用途，并以令其"安分守己"为主。

不论自己所使用的手机有多么先进、多么昂贵，它毕竟仅仅是为人所用的通信工具而已，而绝非是可以抬升个人身份的"道具"或"饰物"。因此，不论何时何地都不要借此耀武扬威、自欺欺人。

2. 方便他人为先

使用移动通信工具，自然是为了方便自己，但与此同时，不应忘却还要方便他人，并应将这一点放在首位。具体来说，在使用手机时应注意：一定要牢记自己手机的交费日期，并自觉按时交纳使用费用。不要因为忘记交费而被停机，致使他人与自己的联络中断。

改换了手机号码后，应尽早告知自己主要的交往对象，以确保彼此联络的顺畅。当他人利用手机联络自己时，应尽早答复。在约定的联络时间内，不要随便关机。因错码、掉线、无电而有碍联络或暂停联络时，应及时说明，并向联络对象道歉。利用手机向他人发送短信，不仅应当内容健康，而且务必署上本人姓名，免得令人猜疑不止。

利用手机与对方联络，并要求对方按自己指定号码回复时，切勿见缝插针，使自己的手机一忙再忙，而致使对方打不进来。

3. 遵守公共秩序

使用手机时，绝对不允许在有意、无意之间破坏公共秩序。具体来说，此项要求主要是指：

第一，不允许在公共场合，尤其是楼梯、电梯、路口、人行道等人来人往之处，旁若无人地使用手机。

第二，不允许在要求"保持肃静"的公共场所，诸如音乐厅、美术馆、影剧院、歌舞厅以及餐厅、酒吧等，大张旗鼓地使用手机。必要时应关机，或使手机处于静音状态。

第三，不允许在上班期间，尤其是办公室、操作间里，因私使用自己的手机，否则便会显得自己用心不专。

第四，不允许在聚会期间，例如，开会、会见、上课之时使用手机，从而分散他人注意力。此时尤其不应使用手机偷拍、偷摄他人。

4. 自觉维护安全

使用手机时，必须牢记"安全至上"，切勿有章不循、有纪不守、马虎大意、随意犯规。那样做，不但害己，而且害人。使用手机时，特别要重视此点。

第一，不要在驾驶汽车时进行手机通话，以防止发生车祸。

第二，不要在病房、油库等处使用手机，免得它所发出的信号有碍治疗，或引发火灾、爆炸。

第三，不要在飞机飞行期间启用手机，否则极可能会使飞机"迷失航向"。

（二）置放到位

使用手机时，应将其放置在适当的位置。其具体放置位置，既要方便使用，又要合乎礼仪。

1. 常规的位置

在较为正式的场合，尤其是在公务交往中，以及其他一切公共场合，手机在未使用之时，均应暂放于合乎礼仪的常规位置。无论如何，都不要在并未使用时将其执握于手，或是将其挂于上衣口袋之外。那样做，未免有招摇之嫌。

放置移动通信工具的常规位置有二：

第一，随身携带的公文包之内。

第二，上衣口袋之内，尤其是上衣内袋之内。

在二者之中，第一种位置尤显正规。

2. 暂放的位置

有些时候，可将移动通信工具暂放于下列位置：

第一，将其别挂在腰带之上，但最好是在穿外套时放于此处。不穿外套时，则不宜如此。

第二，在参加会议时，为了既不误事又不有碍于人，可将其暂交秘书、会务人员代管。

第三，在与人坐在一起交谈时，可将其暂放于不起眼之处，如手边、身旁等；还可以放在手袋里不取出来。切勿将其立于桌上"以壮军威"。

第二节　网　络

随着信息技术的不断发展与计算机应用的普及，网络在人类的工作、生活中扮演着越来越重要的角色。在我国，网络已逐渐成为人们在人际交往中所使用的一种高效便捷的工具。而在公司、企业、政府部门里，办公现代化与网络化早已是大势所趋。

人们不论是在工作中还是在生活里使用网络，同样都要遵守网络礼仪。一般而言，它指的是人们在使用网络时所应遵守的一系列具体规则。

一、基本的规范

平时，人们在使用网络时，应当遵守如下一些众所周知的基本规范。

（一）公私分明

公司、企业与政府机关的计算机是办公的工具，因此人们在因公使用网络时必须明确自己的上网目的，做到公私分明，不可利用工作之便为个人私利服务。基本要求是：必须遵守"公款公用"和"因公上网"等两项基本原则。

1. 公款公用

在公司、企业与政府机关内，不准利用公款，以公务之名购买个人计算机、软件或支付因私上网的费用。给职员配备手提电脑时，应严格按规定行事，不准侵占、浪费国家或单位的财产。不准借办公条件现代化的机会和提高个人业务水平之名，利用公款参加各种纯属个人目的的计算机知识、技能培训。

2. 因公上网

任何情况下，职员都不准占用公家计算机私人使用，例如，收发私人电子邮件，玩网络游戏，进行"网上约会"等。尤其不准在闲暇时间，利用单位配给自己的手提电脑进行娱乐或做其他任何与公务无关的事情。

（二）控制时间

人们在利用网络执行公务或进行私人活动时，有必要注意时间的把握，努力做到择时上网、适度上网。

1. 择时上网

在某些特殊条件下，不少公司、企业或政府机关使用网络时，往往会占用电话线路，而电话又是它们最常用的对外联络工具，因此，人们必须对上网时机的选择明确把握。如果时机不当，例如，在平时电话联络繁忙的时段上网，就会妨碍本单位的对外交流，不仅是对他人的不敬，而且还会影响公务的正常办理。

2. 适度上网

使用网络本是为了提高工作效率，或增加知识、娱乐休闲，但如果人们长时间使用网络，甚至不分昼夜地上网，就会增加自己的开支，而且还有可能损害个人身体健康。

（三）确保安全

因工作的需要，人们往往掌握一定的国家机密或商业秘密，因此在使用网络这种极易广泛、迅速传递消息的交际工具时，必须谨慎言行，切不可掉以轻心、泄露机密。

1. 严守秘密

在上网时，一定要注意严格保守国家机密或商业秘密，不可把国家机密或商业秘密当成自己可以炫耀的资本加以传播。要尽量避免在网上谈及与自己所知机密相关的话题，更不可借网络这种高效的传播渠道故意泄密。使用手提电脑者应谨慎地保管计算机，不得随意将其借给他人使用，以免其中的机密材料外泄。为防万一，应对重要的资料采取严格的加密措施。

2. 防范"黑客"

使用网络时，一定要防止"黑客"入侵。所谓"黑客"，即采用非法手段侵入网络服务器的人。"黑客"往往凭借其高超的计算机知识和网络操作技术进入重要机构的服务器，或偷窃机密，或擅改程序，造成网络混乱，并借机牟利。

二、具体的要求

人们在使用网络时，亦应对一系列网上漫游的具体要求予以严格遵守。

在这些要求中，有的具体涉及网络使用操作的具体步骤、程序、方法等，属于"必须如何"一类的网络"法律"问题，如不遵守，就无法继续使用网络；有的则涉及"应该如何"一类的网络"道德"问题。此类规则虽不具有强制性的约束力，但仍要求人们严格遵守。对网民来说，对这些规则的遵守，将有助于自身形象的维护。

下面以收发邮件和查阅资讯为例，对使用网络的一般性规则予以阐述。

(一)收发邮件

电子邮件,即通过计算机网络在用户之间传递各种信息。它是迄今为止最为方便、快捷的通信方式之一。

收发电子邮件是人们利用网络办公最常见的内容,也是其最重要的方式。在收发电子邮件时,务必要遵循一定之规。

1. 撰写与发送

电子邮件的撰写与发送,皆有一定之规。

第一,在撰写电子邮件时,尤其是在撰写多个邮件时,应首先在脱机状态下撰写,并将其保存于发件箱中。然后在准备发送时再连接网络,一次性发送。

第二,利用网络办公时所撰写的必须是公务邮件,不可损公肥私,将单位邮箱用作私人联系途径之用,不得将本单位邮箱地址告诉亲朋好友。

第三,在地址板块上撰写时,应准确无误地键入对方的邮箱地址,并应简短地写上邮件主题,以使对方对所收到的信息先有所了解。

第四,在消息板块上撰写时,应遵照普通信件或公文所用的格式与规则。篇幅不可过长,以便收件人阅读。

第五,邮件用语要礼貌规范,以示对对方的尊重。撰写英文邮件时,不可全部采用大写字母,否则就像是发件人对收件人盛气凌人的高声叫喊。

第六,不可随便发送无聊、无用的垃圾邮件,无端增加网络的拥挤程度。

第七,要保守国家机密,不可发送涉及机密内容的邮件,不得将本单位邮箱的密码转告他人。

2. 接收与回复

接收与回复电子邮件时,通常应注意以下几个具体要点。

第一,应定期打开收件箱。最好是每天早上都查看一下有无新邮件,以免遗漏或耽误重要邮件的阅读和回复。

第二,尽快回复重要邮件。凡重要邮件,一般应在收件当天予以回复,以确保信息的及时交流和工作的顺利开展。若涉及较难处理的问题,则可先发一份邮件告知发件人已收到邮件,再择时另发邮件予以具体回复。

第三,若因公出差或其他原因而未能及时打开收件箱查阅和回复他人邮件时,应迅速补办具体事宜,尽快回复,并向对方致歉。

第四,不要未经他人同意向对方发送广告邮件。

第五,发送较大邮件需要先对其进行必要的压缩,以免占用收件人信箱过多的空间。

第六,认真尊重隐私权,不要擅自转发别人的私人邮件。

3. 保存与删除

在正常情况下,应注意电子邮件的保存与删除。

第一,定期整理收件箱,对不同邮件分别予以保存和删除,以免使邮箱过于拥挤。

第二,对需要保存的邮件,应复制成其他形式,以便其更为安全地保留下来。既可复制在硬盘或软盘上,也可打印成稿,与公文归为一类。

第三,及时清理、删除毫无用处的垃圾邮件、没有实际价值的过期邮件,以及已被复制的其他文件。

(二)查阅资讯

出于工作需要,人们往往会上网查阅一些重要的新闻或资料。一般而言,资讯的查阅也有一定之规。

1. 做好准备

在上网前,对自己所要查找的内容和所要登录的网站应有大致了解,并提前做好记录、下载或打印的准备。目标明确后,上网时就能直奔主题,而不至于在网上漫无目标地查找。

2. 提高效率

在网上查阅资料,需要一定的技巧和方法。应熟练地掌握、运用此类技巧和方法,从而提高办公效率,并节约费用。对所需要的资料可及时下载,而不宜在网上长时间游览。

3. 独善其身

在网上经常会遭遇到一些虚假或失实的消息广泛传播,甚至会有黄色、反动等非法的内容混杂于其间。网络使用者要保持清醒的头脑,增强辨识能力,不要轻信他人所言,更不要人云亦云、以讹传讹,甚至主动发布假消息以致谬种流传。转载、复制、应用有版权的文字或图片时,需要首先征得版权人的同意。严禁制造或传播网络病毒。

4. 文明交流

在网上与人交流时,应确保用语的规范和文明,不得使用攻击性、侮辱性语言。此外,网络沟通拥有一整套自身独特的语言符号系统,人们应对其加以了解,并谨慎使用,以免因对方不了解而导致交流受阻。与此同时,还应对此熟练掌握,以便能够理解他人所言。

5. 言语有度

为维护自身形象与本单位的形象,网络使用者切不可以单位或部门的名义在网上任意发表个人对新闻时事的看法,尤其不能发布假消息或泄露国家机密。此外,不得在网上从事不法生意并招揽客户；不要任意链接他人站点的内容；不要随便散发不属于自己的信息。

除了收发邮件和查阅资讯，互联网还能为人们提供其他各种服务，如网上聊天、网上购物、电子公告板等。人们享用这些私人项目虽可以自行其是，但仍须遵守一定之规。例如，进入聊天室前应先打招呼；不要频繁更换别名；不要说话啰唆；不要使用污言秽语；不要骂人；不要嘲笑、讽刺、诋毁、攻击别人；不要说谎骗人；不要传播虚假信息；不要制造危害社会的信息；不要随便进行网络约会；玩网络游戏时不得以各种方式作弊；等等。事实上，人们在社交场合的各种行为准则同样也适用于貌似虚拟的网上交流。总之，每一位当代的"网民"都应自觉成为一位有知识、懂技术、讲道德的文明人。

第三节　书　信

通信，是人际交往中迄今为止最古老、最实用的一种通联方式。在日常工作与生活里，个人与个人、个人与组织、组织与组织之间，都可以利用它来传递信息、互通情报、交流思想、表达情感。

对现代人而言，在人际交往中适当地巧用书信，并不意味着自己落伍、守旧。与此恰恰相反，掌握必要的通信技巧，并在人际交往中尽可能地利用书信与他人保持联系，依旧是人人应做之事。

通信的礼仪规范甚多。简单地讲，应在书信程式与通信技巧、应用信函等具体方面更多地对其予以关注。

一、书信程式

书信程式，又叫书信格式，所指的是书信的写作法则和布局结构。任何一封正式的书信，要想发挥功效，并且以礼敬人，首先就必须使其在程式上中规中矩。

按照正常情况，每封书信皆由信文与封文两大部分所组成。二者在程式上各有各的要求，但均须"照章办事"。

（一）信文

信文，即书写于信笺之上的文字，故此又称笺文。一般来说，信文是一封书信之中的主体，而且也是发信人写作与收信人阅读的重点。

从程式上看，每一封正式书信的信文，大体上都由前段、中段、后段三大部分所构成。三者必须一应俱全，缺一不可。以下，分别介绍一下信文三个组成部分的具体情况。

1. 信文的前段

信文的前段，在此指的是信文的起始部分。具体而言，它又是由下述两个部分所组成的。

第一，对收信人的具体称呼。确定对收信人的称呼时，应兼顾其性别、年龄、职业、身份以及双边关系，千万不要草率从事。准确地讲，该部分叫作谓语。

第二，对收信人所进行的问候。它也叫作问候语。这部分通常不允许省去。

过去，我国民间对信文前段的讲究极多。它被叫作信文的开头，通常要采用专用的文言文，并要选用合乎通信双方具体身份的谦辞与敬语。而今写信时，自然不必仿古，没有必要照抄照搬业已过时的繁文缛节，但是该使用的称呼与问候，依旧不可或缺。

根据惯例，信文前段的第一部分应在信笺第一行上顶格书写，而第二部分则须写在信笺第二行上，并且还要在开头空上两格。

2. 信文的中段

信文的中段，通常又叫信文的正文。实际上，这一部分才是书信的核心内容之所在。

依据常规，正文应紧接着写在问候语后面，并要另起一段书写。头一行要空出头两格，此后转行顶格书写。根据实际需求，正文可分作数段。每段头一行都需要空出前两格，此后转行顶格。在一般情况下，正文中每讲一件事情，原则上都应另起一段，以便层次清晰，使收信人能够一目了然。

3. 信文的后段

信文的后段，又叫信文的结尾。它位于正文之后，属于信文的结束部分。只有写好这一部分才能使"尾声"完美无缺，才会使信文"有头有尾"，有始有终。

在一般情况下，信文的后段应由以下五个部分构成。

第一，结束语。它是专门写在信尾的应酬话和按惯例所使用的谦辞、敬语。其目的是为了呼应正文，宣布"到此为止"。该部分可自成一段书写，也可紧接着正文的最后一段书写，不再独立分段。

第二，祝福语。它是对收信人所表达的良好祝愿，有时亦称祝词。通常它应采用专门的习惯用语，并分成两行书写：写在头一行的部分，须空出前两格。写在后一行的部分，则应顶格而写。

第三，落款语。它一般又分为自称、署名、日期三个部分。自称与署名，可在祝福语之后另起一行书写，并要注意：横写信文时，此项内容需要偏右写；竖写信文时，则须使之偏下。日期的部分，可与署名写在同一行，并位于其后。有时，亦可另起一行，写于自称与署名的正下方。

第四，附问语。所谓附问语，在此指的是发信人顺带问候收信人身边的亲友，或是代替自己身边的亲友问候收信人及其身边的亲友。附问语应另行书写。其具体位置，可处于结束语之前，也可被写在落款语后面。

第五，补述语。它又叫附言，指的是信文写毕之后，还有必要补充的内容。它最好不要出现。有必要写上这一部分时，要以"又及："或"又启："开头，并独立成段，书写在信尾的最后。千万不要将其胡乱穿插，到处乱写。

需要强调的一点是：按照国内现行的惯例，信文均应横写。在没有必要时竖写信文，未免会给人以"舞文弄墨"之感。万一有必要竖写信文，最好选用竖式信封与之相配套，务必不要使二者出现一横一竖的不般配组合。

此外，在书写信文时，务必要令其各组成部分依照程序而行，尽可能地"各就各位"（见图 2.1）。

尊敬的吴云教授：

　　您好！

　　您今年 6 月 5 日的来信已经收到，内言尽知。

　　能够收到您的来信，我非常高兴。多谢您对我的理解和鼓励。

　　您来信索取的那份资料，我将尽快找到，并挂号寄给您。收到希告，以免我担心。

　　我省公关协会拟于今年 8 月 1 日在省会举办一次企业公关理论研讨会。虽尚未定出具体计划，但全体理事一致要求，请您百忙之中来为我们作一场有关现代企业公关理论的主题报告。若蒙应允，我们将深感荣幸。您决定之后，请尽快通知我。

　　知道您日理万机，不多写了。请多多保重。

　　章一凡会长、李乐乐秘书长附问您安好。

　　专此敬复，不尽欲言。

　　敬颂

夏安！

　　　　　　　　　　　　　　　　　　　　　　　　学生　夏之语上

　　　　　　　　　　　　　　　　　　　　　　　　6 月 20 日

　　又及：您所索要的资料已挂号寄出。

图 2.1　程式标准的横写信文一则

（二）封文

封文，即在信封上所写的文字。按照标准书写封文，至少有三大好处：其一，能够保证书信准确无误地到达收信人手中。其二，能够直观地反映发信人的文化素养。其三，能够体现出发信人对传递信件者的尊重。

在一般情况下，国内以中文书写的信封多为横式。在横式信封上所出现的封文，大致上由三个部分组成。除此之外，在信封上再写其他任何内容，都是不合适的

（见图 2.2）。尤其需要注意，不宜在信封背后乱涂、乱写。

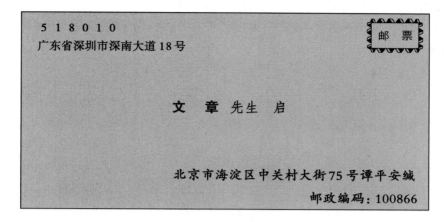

图 2.2　寄交的程式标准的横写封文一则

1. 收信人的地址

收信人的地址，应书写在横式信封的左上方。如有必要，可将其分作两行书写。在其左上角，按规定还应写明收信人所在地址的邮政编码。邮政编码绝对不可缺少。

2. 收信人的称谓

收信人称谓通常应在横式信封的正中央书写。通常，它又可分为三个组成部分：第一，收信人的姓名。第二，供传递信件者对收信人所使用的称呼。第三，专用的启封词。例如，"收""启"等。后两个部分的内容，有时可以省略。

3. 发信人的落款

该部分，一般位于横式信封的右下方。具体而言，它又被分作四个小的组成部分：第一，发信人地址。第二，发信人姓名。第三，用来表示敬意的缄封词。例如，"缄""谨缄"等。第四，发信人所在地址的邮政编码。

在上述四者之中，前三个部分可写成一行，其中第三个部分还可以略去不写。而第四个部分则应独立成行，写在横式信封右侧的最下方。

有的时候，书信可请人带交，而不必通过邮局邮寄。在托人带交的信封上，可以不写双方的地址和邮政编码。但须令其封文之中包括以下内容。

第一，托带语。即为拜托他人而使用的专用词语。在横式信封上，应将其写在左上方。

第二，收信人称谓。通常，该部分应由收信人姓名、供托带人对收信人使用的称呼、收件词等三个部分构成。三者应在横式信封的正中连成一行书写。

第三，写信人自署。它一般应写成一行，并位于横式信封的右下角。除写信人姓名外，若有必要，此部分还可以包括拜托词和托交时间。

委托他人代转信件时，特别是委托通信双方或其中一方关系较为生疏者代转信件时，信封上的封文必须完全符合标准（见图2.3）。

以外文书写信件时，其信文、封文的具体程式必须合乎使用该种文字时所通行的标准。此处不再一一详述。

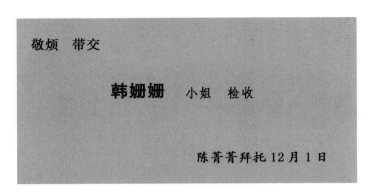

图2.3　带交的程式标准的横写封文一则

二、通信技巧

在通信时，除发信人在写信时需要遵守书信程式外，通信双方在写信、发信以及收信等一系列具体环节上，均有许多技巧应该掌握。

（一）写信

在写信时，写信人所应注意的主要问题是，要尽可能地使书信礼貌、完整、清楚、正确、简洁。因以上这五个单词在英文里均以字母"C"开头，故而它们又被叫作写信的"五C法则"。

1. 礼貌

第一个"C"是"Courteous"，即礼貌。在写信时，写信人要像真正面对收信人一样，以必要的礼貌去向对方表达自己的恭敬之意。其中的一个重要做法，就是多使用谦辞与敬语。

例如，在信文前段称呼收信人时，可使用诸如"尊敬的""敬爱的"一类的提称词。对对方的问候必不可少，对对方亲友亦应依礼致意。在信文后段，还应使用规范的祝福语等。

2. 完整

第二个"C"是"Complete"，即完整。在写信时，为了避免传输错误信息，必须使书信的基本内容"按部就班",完整无缺。

例如,在信文中提到收到对方来信,或是在末尾落款时,均不可一笔带过,而应准确地标明具体日期。一般要求写明几月几日,必要时还须写明何年何月何日何时。

在书写封文时,对方的邮编不可缺少。此外,在书写收信人与发信人地址时,要力求其完整,而不宜采用简称。唯有如此,方能确保书信被及时送达,或是因故被退还时不至于丢失。

3. 清楚

第三个"C"是"Clear",即清楚。书写信函时,必须使之清晰可辨。要做到这一点,必须具体注意以下四条。

第一,字迹清清楚楚。切勿潦草不堪或乱涂乱改。

第二,选择耐折、耐磨、吸墨、不洇、不残、不破的信笺、信封。切勿不加选择地随意乱用。

第三,选用字迹清楚的笔具与墨水。在任何时候,都不要使用铅笔、圆珠笔、水彩笔写信,红色、紫色、绿色、纯蓝色等色彩的墨水也最好别用。

第四,叙事表意时,必须层次分明、条理清晰、有头有尾。切勿天马行空、云山雾罩,令人疑惑丛生、不知所云。

4. 正确

第四个"C"是"Correct",即正确。写信时,不论是称呼、叙事,还是遣词、造句,都必须认真做到正确无误。

在信中,坚决不要出现错字、别字、漏字、代用字或自造字,也不要为了省事,而使用汉语拼音或外文替代不会写的字。

书写收信人姓名、地址、职务以及尊称时,不应出现任何差错。

在封文上,收信人姓名之后所书写的称呼,如"同志""先生"等,是专供邮递员或带信人使用的,而并非发信人对收信人所使用的称呼,因此诸如"爱妻""小弟"之类的私人称呼均不宜出现。

5. 简洁

第五个"C"是"Concise",即简洁。写信如同作文一样,同样讲究言简意赅、适可而止。在一般情况下,写信应"有事言事、言罢即止",切勿洋洋洒洒、无休无止。

同时不应为使书信简洁而矫枉过正,即过分地惜墨如金,而使书信通篇冰冷乏味。

（二）发信

写毕书信之后，写信者在准备寄发信件时，还有一系列的事情要做。在发信之时，下述具体的礼仪规范亦不可不知。

1. 折叠

写好信文，将信笺装入信封时，不可令其过大或过小。在折叠信笺时，既不要随手乱折，也没有必要搞得上缠下绕、边角对插，令其过分神秘。

折叠信笺的常规方法有以下四种。

第一，先将信笺三等分纵向折叠，然后再将其横折，并令其两端一高一低。此法叫作"以低示己法"，意在表示自己谦恭之意。

第二，在折叠信笺时，有意将收信人姓名外露。它叫作"外露姓名法"，可令收信人产生亲切之感。

第三，先将信笺纵向对折，随即在折线处再往里卷折1~2厘米宽，最后再将其横向对折。此法叫作"公函折叠法"，多用于因公通信。

第四，将信笺先横向对折两次，然后再将其纵向折叠到可以装入信封之中的长度。此法称为"随意折叠法"，适用于日常通信之时。

2. 装入

折好信笺，将其正式装入信封时，需要注意的问题是：一定要将其推至信封的顶端，并令其与信封的封口之处留有大约1厘米左右的距离。这样做的好处是：收信人将来拆阅书信时，因发信人早已"留有余地"，信笺便不易被撕坏了。

3. 附件

有些时候，发信人在信封之内往往还装入其他一些附件。在处理这一问题时，应当注意下列三点。

第一，符合有关方面的具体规定。不要违规，不要乱装违禁物品。

第二，保持信封的平整、美观。不要因所装附件过多，而令其膨胀不堪，甚至因此而"开膛破肚"。

第三，向收信人交代明确。在信文之中，要对附件的数量写得一清二楚。必要时，还可要求收信人"收到即告"。

4. 邮资

通过邮局所寄发的信件，应按规定交付足够的邮资，不要缺资、欠资。

需要自己在信封上贴邮票的话，应将其端端正正地贴好，而切勿随便乱贴。只贴一枚邮票时，按惯例应将其贴在信封正面（横式信封）右上角的指定之处。

在一般情况下，最好不要在一枚信封上贴多枚邮票。非得那么做时，则须将其一并贴在信封背面的封口之处。

5. 封闭

对信笺装入信封后信封应否封闭的问题，不可不加任何区别地一概而论。

根据现行的习惯做法，通过邮局寄达的信件，其信封必须一律封口。而托请他人代交的信件，其信封则原则上不宜封闭。之所以如此，前者是为了恪守个人隐私，保障通信秘密；后者则主要是表示对托带者的信任与尊重。

(三) 收信

接到他人来信后，收信人有下列五个需要认真加以注意的具体事项。

1. 守法

《中华人民共和国宪法》第四十条明文规定："中华人民共和国公民的通信自由和通信秘密受法律的保护。"[①]因此，任何扣留、私拆、偷阅他人信件的行为都是触犯法律的。在人际交往中接触书信，尤其是替他人收取书信时，务必要具有良好的法律意识，切勿违法。即使自己扣留、私拆、偷阅他人的信件仅仅是为了跟别人开玩笑，也是绝对不允许的。

2. 拆信

收到他人来信，通常先要拆启，才能进行阅读。拆阅他人信件时，具体做法是否得当，不仅涉及来信能否完整无缺的问题，而且也间接体现着收信人的个人修养。

拆信时，一要确保信笺的完好；二要注意信封拆启后的美观。拆信的最佳之处，当首推信封的封口之处。有可能的话，最好利用刀、剪拆信，而不宜直接下手去撕。无论如何，都不要把信封拆得"犬牙交错""遍体鳞伤"。

3. 保存

收到他人来信后，切勿乱扔、乱塞。未经发信人本人允许，千万不要随便将对方的来信公开发表，或是到处进行传阅。那样做，对对方是非常不尊重的。

需要长期保存的书信，可整理在一起或装订成册，然后妥为收藏。无须保留的书信，则可集中起来，以火焚毁或用碎纸机进行处理。但不宜将其作为垃圾扔掉，或是当成废纸卖掉。

4. 即复

在一般情况下，收到他人来信之后，应立即做的第一件事，就是尽可能快地回复对方的来信。应当说，及时复信，不仅仅是一种对对方表示尊重的礼貌，而且也是做人所应当具备的一种美德。

对他人的来信，只收不复，或者能拖便拖，不但会令写信人担心其来信是否丢失，而且还有可能会延误正事。

---

① 《中华人民共和国宪法》，人民出版社，2018年，第22页。

有人在回复他人来信时，总喜欢说什么"因为太忙，迟复为歉，希望见谅"云云。其实，此种说法根本站不住脚。因为只要牵挂对方，再忙的人也能挤出回一封信的时间来。它并不能成为迟复他人来信的理由。

若对他人来信的回复一拖了事或干脆不作答复，让对方觉得自己书信杳无音信，则是通信之大忌。

5. 回应

对他人的来信，不仅要及时给予回复，而且在复信之中，还应善解人意地对对方来信中所需要回应的问题一一作答。

特别需要注意的是，对他人来信之中提及的问题，应及时在复信中给予答复。对确需延后回答或不能解答的问题，在复信时要说明具体原因，或是将延后回答所需要的大致时间及时告诉对方。不要避而不谈，或是含糊作答。

对他人在来信中求助于自己的问题，能够出手相助的话，最好尽力而为。由于种种原因，难于相助于人的话，亦应及时复信，并在信中申明具体困难，向对方致歉，或请求对方予以谅解。

三、应用信函

在人际交往中，书信应根据实际需要和具体情况加以使用。因其具体用途不同，在日常工作与生活中人们所常用的联络函、通知函、确认函、感谢函、推荐函、拒绝函等，其写作上往往又有一些各自不同的要求。

具体应用不同类型的信函时，既要遵守其共同要求，又要兼顾其各自所独具的特征。

（一）联络函

联络函，又叫作保持接触函，是平时用以培养客户关系、与客户保持联络的一种专用信函。使用联络函的目的，不仅意在证明自己的存在，而且也是为了与客户保持接触，并借此培养对方对自己的好感，加深对方对自己的印象。

书写联络函，有以下五个具体要点应当注意。

1. 寻找适当的去信借口

写联络函的具体借口一旦成立，就不会让对方觉得不可思议。祝贺节日、生日，寄送简报，都是不错的借口。

2. 扼要介绍自己的状况

在联络函里向对方通报自己及所在单位的发展变化，亦可使对方对自己及所在单位加深了解。

3．表达出对对方的关注

在介绍自己的状况之前，可先向对方表达自己诚挚的关心。例如，可告知自己对对方成就的了解，或为此祝贺对方，等等。

4．适度表示合作的意图

在联络函中，不妨大致介绍一下自己欲与对方进行进一步交往、合作的意图。

5．灵活把握友善的分寸

联络函并非直奔主题的业务函，因此其篇幅宜短，语气宜友善，其主题宜放在联络之上。

（二）通知函

通知函，又叫作告知函。它主要用以向外界通报某项事务处理的具体情况，或是某项业务的具体进展。从某种意义上讲，通知函往往可在一定程度上发挥联络函的作用。

写作通知函时，应注意下列五个具体要点。

1．重在介绍客观情况

通知函的主要作用，是向有关方面通报事态的发展、变化，而并非就此展开讨论或进行争论。

2．注意介绍的连续性

在介绍当前状况时，通知函宜注意与此前函件的呼应，以便使自己的介绍有头有尾，并连贯一致。

3．通报己方今后的计划

在介绍客观事态的同时，亦应告知收信者己方的对策以及已经采取的行动。

4．促进彼此之间的合作

通知函的目的之一，就是要推动收信方与寄信方的合作。

5．表达应当含蓄委婉

不论介绍己方举措，还是敦促对方参与，在表达上都要委婉含蓄。要力戒语气生硬、强人所难，或者唠唠叨叨。

（三）确认函

确认函，在此是指专为确认某事而向交往对象所寄送的信函。在公务交往中，确认函是最为常用的信函之一。因确认函意在对某种事实、某种意向进行确定，所以它在写作上具有更高的规范化要求。

写作确认函时，应对下列五个具体要点多加注意。

1．明确应予确认的事项

此项内容是确认函关键内容所在，故应反复核对，以确保不发生任何差错。

2. 列出相应的附加条件

凡对所确认的事项附加各项具体条件的，在确认函里应向收信者予以明确。

3. 陈述己方对此的立场

在确认函之中，确认方应再次承诺自己遵守约定，绝不随意对此反复，或是临场变卦。

4. 要求收信方予以确认

在一般情况下，确认方均会在确认函中要求对方对此进行确认。具体的方式，可以是另行致函，也可以是在此信上签署意见。

5. 在信函末尾正式署名

正规的确认函，均需有关人员或相关单位的负责人在其末尾亲笔签署自己的姓名。有时，往往需要联合署名，或由公司法人代表亲自署名。必要时，还须加盖本单位公章。

（四）感谢函

在人际交往中，感谢函是指专为感谢某人或某单位而写作的信函。一般而言，收到礼品、出席宴会、得到关照之后，均应寄出专门的感谢函。一封恰如其分的感谢函，往往可以显示写作者的教养与善意。

书写感谢函，通常应注意以下四个具体要点。

1. 内容简练

一封感谢函，通常不必长篇宏论、喋喋不休。只要在信中将自己所要表达的感谢之意表达清楚了，即使只写三五句话皆可。

2. 面面俱到

有的时候，在感谢函中应当致谢的对象不止一人，那么则一定要向所有应予感谢的人一一致谢，千万不要有所遗漏。

3. 尽量手写

为了表示自己的真心实意，感谢函要尽量亲自动笔撰写，而不宜打印。有的时候，一封当事人的亲笔信，往往会使人产生亲切感。

4. 尽早寄达

在一般情况下，感谢函的时效性很强。它最好是在有关事件发生后24小时之内寄出，并应尽量使之早日寄达。

（五）推荐函

推荐函，在此是指专为向其他单位推荐某位人士而使用的信函。在求职应聘时，一封有力度的推荐函，往往有助于被推荐者脱颖而出。

写作推荐函，主要需要兼顾下述四个方面。

1. 介绍自身情况

在推荐函的开始部分，写信者应简述一下自己的情况，并对自己与被推荐者之间的关系略加说明。

2. 评价被推荐者

这一部分是推荐信的主要内容，在此应全面而客观地介绍被推荐者的基本情况、尤其是其能力、阅历与业绩。与此同时，还应对被推荐者做出自己的中肯评价。

3. 感谢收信之人

在推荐函中，不应忽略对收信者的问候与感谢。这一部分，绝对不可缺少。

4. 附有背景材料

为便于用人单位及其负责人对被推荐者能有进一步的深入了解，在推荐函之后一般还应附有被推荐者的简历、证书等个人背景材料。

（六）拒绝函

拒绝函，在此是指为拒绝外人或外单位的某项请求而使用的信函。在所有的信函里，拒绝函大概算是最难书写的一种。它的难以把握之处在于：既要正式予以拒绝，又要保证不会因此而损害双方的关系。

书写拒绝函，大致有下列四点注意事项。

1. 当机立断

使用拒绝函，一般非常讲究时效。若无特殊原因，应当机立断，尽早拒绝对方。一拖再拖，会令对方产生其他想法。

2. 具体说明

在拒绝函里，应对拒绝的具体事项予以明确。不要一概而论、含糊不清、模棱两可，那样做弄不好可能会耽误事情。

3. 阐明原因

对拒绝对方的具体原因，最好在拒绝函里认真地进行说明，以便使对方心服口服，不会为此而影响双方的关系。

4. 表达歉意

必要的话，在拒绝函里应向被拒绝者表达己方的歉意。此外，还应恳请对方今后继续与自己保持联络。

第四节 题 字

题字，一般意义上指的是，在人际交往之中，应他人之邀或是出于某种考虑，主动要求为对方亲笔书写一些文字。通常认为，题字是一种与其他人进行交际应酬的高雅的方式。

从具体形式上说，题字可长可短；可以是古文，也可以是白话；可以是中文，也可以是外文；可以是"古已有之"的诗词、成语、名言、典故，也可以是自行创作。在总体上可将其归结为两种类型：一类是签名，另一类则是赠言。

以下，将分别介绍一下签名与赠言具体的礼仪规范，以便加深对题字的认识。

一、签　名

在日常生活里，人们经常有机会到处留下本人的"尊姓大名"。签名，就是"人过留名"的主要方式之一。

在一般情况之下，签名即指在被指定的地方写上本人的姓名。在人际交往中所说的签名，大多是应他人之邀，出于留作纪念的目的，而特意为对方写下本人的姓名。

就礼仪规范而言，尽管签名仅是举手之劳，可以一挥而就，但却不能有违约定俗成的定例。否则，不仅会有损本人的"大名"，而且还有可能会失敬于人。

签名的具体礼仪规范，主要分为签名的字体规范与签名的表现规范等两个部分。

（一）签名的字体

从字数方面来说，签名通常最少。虽然如此，却也不能对签名不加重视，完全自行其是。就签名时所用的字体而言，其礼仪规范就面面俱到，要求严格，丝毫不允许犯规违禁。

在正常情况下，签名就是认真地写下本人的姓名。可见，自己所写下的本人姓名，亦即签名的全部内容。既然人的姓名往往一成不变，那么，在签名中最能体现个人特征的，便莫过于签名时所用的字体了。因此，要使自己的签名"名副其实"，力求尽善尽美，就首先要把关注的重点放在签名的字体之上。

欲使自己签名的字体符合社交礼仪的要求，主要应当在以下五个方面下一些功夫。

1. 清楚

签名的清晰易辨，是排在第一位的要求。在书写签名时，必须要采用规范的文字、规范的写法，不要信笔乱画，让人感到犹如天书一般难以辨识。

2. 完整

书写签名之时，若无特殊考虑，应努力使签名完整无缺。而要做到这一条，一是要使名字完整无缺；二是要使名字的笔画完整无缺。无论如何，都不要丢三落四。

3. 真实

签名时所签的本人姓名,应为本人现用名,或是交往对象所熟知的笔名、艺名、字号。千万不要一时兴起,随手签以本人的化名、假名、小名以及对方一无所知的笔名,更不能以他人的姓名"李代桃僵"。

4. 美观

古人云:"字如其人。"就一个人来说,本人的姓名就是他的个人代表符号。一个人的字写得如何,反映了他的个人素质。一个人的姓名写得如何,更能够间接地展示其个人的修养。因此,签名的字体要力求使之美观、工整、大方,并一丝不苟。一定要将它作为个人的脸面来看待,而切勿自取其辱。

5. 个性

个人的签名字体可以独具特色,与众不同,具有鲜明的个性化特征。做到了这一点,将有助于增强签名的艺术性。为此,平日不可不练习签名,练习签名时不可不努力使之体现出自己的个人特色。

(二)签名的表现

签名之时,除应重视字体外,还有其他一系列的具体问题需要慎而又慎。它们主要涉及以下几方面。

1. 签名的请求

绝大多数签名,均系应邀而为。请求他人为自己签名,要看具体的时间、地点、场合是否合适,对方是否方便,同时还要表现自己的耐心,并要有礼貌地请求、有礼貌地道谢。切勿为了得到签名而死缠硬磨,不顾一切。

他人请求为其签名,对自己无疑是一种尊重,通常应尽可能地满足其要求。不要置之不理,甚至反唇相讥,或敷衍了事。

2. 签名的态度

与做其他事情一样,任何一位有教养并懂得自爱、敬人的人,在替人签名时,都应注意自己的态度,切不可怠慢于人。

替别人签名时,既不要大笔一挥了事,显得过分草率,也不要把自己的名字签得过大或过小。满足他人签名的要求时,应一视同仁,不要挑三拣四,尤其是不要只热衷于为异性签名。

3. 签名的顺序

有的时候,会出现多人同时应邀为某一个人签名的情况,此刻就出现了"孰先孰后"的先后顺序问题。处理这一问题的常规是:尊长优先。也就是说,应首先请长者、上级签名,自己随后而行。

即使身份、地位相差不多的人一同为某一个人签名时,彼此也应相互礼让为佳,切勿争先恐后。

4. 签名的位置

为他人进行签名时，必须选择好适宜的签名位置。一般来说，合乎礼法的常规签名位置有以下三处。

第一，请求者本人所指定的位置。

第二，适宜签名的空白位置。若替人所写的签名有碍其他，如有损文字、画面和他人的题字，则大为不妥。

第三，礼让他人的位置。多人同时于一处签乡时，自己不要所占"地盘"过大，或不自量力地抢先将本人姓名签于正中或抬头等应请尊长落笔的地方。

5. 签名的保存

得到他人的签名后，理当妥善地进行保存、收藏。不要动辄展示于人，企图以其抬高个人身价。不要利用他人的签名进行商业性活动，从中为自己营利。不要对他人的签名说三道四，或将他人的签名乱扔、乱丢、乱放。

二、赠　言

在人际交往中，赠言时常为人们所采用。在题字的具体形式之中，赠言的重要性大大地高于签名。在适当之时赠人以言，对升华个人情感、鞭策激励于人等方面所起的作用，往往是其他任何一种礼仪文字所难于替代的。

赠言，在此主要是指为了惜别留念或者相互勉励，而为别人所题写下来的一段文字。在一般情况下，它主要适用于私人交往的场合，尤其多见于相互关系较为密切的亲朋好友之间。

古人尝言："赠人以言，重于金石珠玉。"要使赠言在人际交往中真正发挥它本应发挥的作用，那么至少有以下四个方面的具体问题是绝对不可轻视的。

（一）赠言的内容

赠言的内容，是其中心之所在。确定其具体内容时，务必要因人、因事、因时而异，尤其要着重考虑拟赠对象的性别、年龄、职业、身份、爱好、阅历以及本人与对方之间关系的现状。唯有如此，方能使赠言"有的放矢"。

具体说来，对赠言的内容，最好思之再三，反复推敲，切莫临阵磨枪，随想随写。一般认为，赠言的内容必须合乎下列三点要求。此外，它既可以引用他人语句，也可自行独创。

1. 品位高雅

撰写赠言，最忌格调低下。切忌内容上低级、庸俗、消沉、颓废，或是又

"黑"、又"黄"、又"脏"。

倘若选择适当的内容，既可令人耳目一新，别致脱俗，又会催人向上，振奋人心。那样做得到位，不仅会使赠言读起来品位高雅，而且也会令题写者让人刮目相看。

2．思想健康

用以送人的赠言，在内容上不但要讲究艺术性，更要讲究思想性。一则好的赠言，应当充满着真情实感。它既反映着题写者的思想水准，也体现着题写者对受赠者思想状况的个人判断。

举例来讲，以"及时行乐"书赠他人者，不但反映着自己的思想境界不高，在受赠对象一方来看，恐怕也会产生被人视作看破红尘之人的不良感受。

3．言之有物

好的赠言，通常都有感而发，真实自然，言之有物。为他人书写赠言时，千万不要无病呻吟，生编滥造。宁肯使之短而又短，耐人寻味，也绝不把它搞成长篇大论，但却空洞无物。从某种意义上讲，浓缩赠言的内容，使其宁短勿长，是写出一则好赠言的先决条件之一。

（二）赠言的形式

从具体形式而言，赠言有多种多样的选择。在为人题写赠言，选择其具体形式时，有以下三点需要一并加以考虑。

第一，意欲以其表达什么内容，二者是否协调。

第二，本人是否擅长此种形式，切勿勉为其难。

第三，此种形式是否适用，即受赠对象对此是否喜欢，书写时有无具体困难，等等。

在一般情况下，常见的赠言形式具体有如下五种。在书写赠言时，可从中择善而行。

1．格言式

格言大多历经千锤百炼，言简意赅。只要引用得当，均可给人以有益的启迪。格言式赠言，即直接书以格言，相赠与人。赠人的格言，可借用于古人，或略作改造，却不宜完全自造。

2．名句式

名句式赠言，指的是直接利用名人名言，或名作里的名句，作为赠言的内容。选择此种形式，既可以诲人不倦，又可令自己免除好为人师之嫌。

3．诗词式

诗词式赠言，就是引用或撰写诗词，并书以赠人。此种形式的赠言通常颇有感染力,但并非人人擅长此道。不懂诗词格律的人,千万不要随便赋诗赠人。

4. 对偶式

对偶式赠言,又叫对联式赠言。显然,它指的是以对偶句作为赠言的具体形式。它对仗工整,朗朗上口,容易记忆,在民间很受欢迎。

5. 公式式

所谓公式式赠言,即将赠言的具体内容,通过类似于公式的形式出现。这一形式较为新颖,而且会给人留下十分深刻的印象。

(三)赠言的格式

从具体内容方面来说,任何一则书写完整的赠言,通常均应包括赠言的主体内容、受赠者姓名、赠言缘由、书赠者姓名、书赠时间等。

受赠者姓名与赠言缘由叫作赠言的上款,书赠者姓名、书赠时间则被称作赠言的下款。二者在书写赠言时可略去其中之一,亦可同时被省略不写。

不论赠言在书写时具体内容是多是少,它都可被分为横式与竖式等两种具体格式。

1. 横式

横式的赠言,即将赠言横写。在具体书写时,通常应在左上方顶格写上受赠者的姓名与赠言缘由,在下一行正中央书写赠言主体,而将书赠者姓名与书赠时间另起一行写在前者的右下方(见图2.4)。

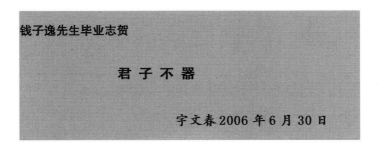

图 2.4 横式赠言一则

在日常交往中,横式的赠言最为常用。

2. 竖式

竖式的赠言,即将赠言竖写。其具体方法是:先于右上方顶格自上而下书写受赠者姓名、赠言缘由,再自上而下、自右而左地书写赠言主体,最后再将书赠者姓名、书赠时间另起一行自上而下地写于前者的左下方(见图2.5)。

在民间交往中,尤其是与长者或海外华人打交道时,此种格式较为适用。在采用诗词式、对偶式赠言时，也以采用竖式为佳。

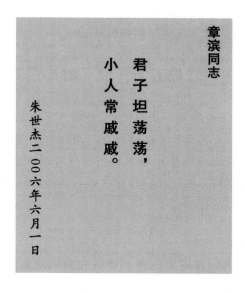

图 2.5　竖式赠言一则

（四）赠言的用具

书写赠言时，所具体使用的工具不可不慎。在力所能及的前提下，应尽量使自己所用的笔具和纸张合乎常规。

1. 笔具

书写赠言时，出于保存字迹的考虑，最好是根据个人的条件，从毛笔、钢笔、签字笔之中选择其一。在正常情况下，最好不要选用铅笔、蜡笔或圆珠笔。此外，还要切记：不要在书写同一条赠言时，使用两种不同类型的笔具，或是使用两种不同色泽的墨水。

倘若擅长书法，最好选用毛笔书写赠言。但不擅此道者，切勿勉为其难。

使用钢笔书写赠言，最好采用黑色或蓝黑色的墨水。不要使用不宜保留字迹的纯蓝墨水，或色泽过分鲜亮的红色、绿色、紫色墨水。

2. 纸张

在一般情况下，赠言均被书写于一定规格的纸张之上。用于书写赠言的纸张，应干净、平整、耐折、吸墨。在肮脏、粗糙、残破的纸张上留言，通常都是不合适的。

在许多时候，赠言亦可写在书籍、影集、日记簿、纪念册、明信片以及照片之上。在受赠者指定要求之处书写，也是可以的。比如，有人就喜欢请人在手帕、丝绢、书画、服装、帽子上书写赠言。

书写赠言，应充分考虑到纸张面积的大小。切勿涂改，或是出现遗漏，或是超出"规划区"。写错字的情况，则更要避免出现。

第五节 馈 赠

在民间交往中,馈赠十分常见。所谓馈赠,即指为了向其他人表达某种个人意愿,而将某件物品不求报偿、毫无代价地送给对方。有时,馈赠也叫作赠送。

社交场合里的馈赠，通常发生于赠送者与受赠者双方之间。具体来说，学习馈赠礼仪不仅要通晓赠送守则，同时还应当对受赠须知一清二楚。

一、赠礼的守则

作为馈赠的发起之人，赠送者选择、准备礼品以及面交受赠者等一系列活动，都应考虑周到、慎而又慎。

在一般情况之下，选赠礼品时，务必兼顾最佳的礼品、禁忌的回避、送礼的常规三大具体问题。下面对这三者将分别予以详述。

（一）最佳的礼品

送礼之人，无人不想赠人之物受到对方的重视。但要真正做到这一点，却并非轻而易举。依照社交礼仪的规范，在人际交往中受到欢迎的礼品，通常必须符合以下几项具体标准。

1. 适应性

送予他人的礼品，首先应符合对方的某种实际需要，或是有助于对方的工作、学习、生活，或是可以满足对方的兴趣、爱好。通俗地讲，就是所赠礼品应投其所好。此即礼品的适应性。比如，宝刀理应赠予猛士，鲜花自当送给佳人。若反其道而行之，使礼品"找错对象"，就很难使其适得其所。

2. 纪念性

在绝大多数情况下，尤其是在普通关系者之间，赠送的礼品务必要着重突出其纪念意义，即一定要讲究"千里送鹅毛，礼轻情意重"，而无须过分强调其价值、价格。这就是所谓礼品的纪念性。不提倡动辄以大额的现金、高档的商品、名贵的珠宝赠送于人。那样做的话，不但会让受赠者处于受之不当、却之不恭的两难境地，而且还会给人以庸俗之感。

3. 独创性

送人礼品，与做其他许多事情一样，是非常忌讳"千人一面"的。选择礼品时，应精心构思、匠心独运、富于创意，力争使之新、奇、特。这就是礼品的独创性。赠送具有独创性的礼品给别人，往往可以令其耳目一新，既兴奋又感动。

4．时尚性

礼品的时尚性，在此指的是送人的礼品一定要注意符合时尚，不可过时或落伍。送人的礼品，因个人能力所限，并不一定要十分前卫，但一定不要脱离时尚。否则等于说明自己"落伍"，而且还有对受赠者轻视或应付之嫌。

（二）禁忌的回避

在选择、准备礼品时，不能单凭个人意愿，"想当然"地自作主张。在努力选择最佳礼品时，应有意识地做到不送受赠者所不欢迎的礼品。也就是说，务必要自觉、主动地回避对方受礼的禁忌。

哪些礼品是受赠者所难以接受的呢？根据一般规律，它们主要是下列七种物品。

1．违法的物品

在现代国家里，法律体现着国民的意志，法律高于一切。在任何时候，选送礼品给别人时，都务必要首先树立法律意识，认真考虑一下，是否与我国现行法律相抵触。比如，具有严重政治问题，泄露国家秘密或本单位商业秘密，涉黄、涉毒、涉枪一类的物品，在任何时候都不可赠送于人。不然的话，就会既害人，又害己。赠送礼品给外国友人时，还应考虑到使之不违反对方所在国家的现行法律。

2．犯规的物品

所谓犯规之物，在此指的是所赠礼品不符合赠送双方，尤其是受赠者一方的有关规定。赠送犯规的物品给他人，是明知故犯，成心让对方为难，甚至有害于对方的。例如，我国规定：国家公务员在执行公务时，不得以任何理由因公收受礼品，或变相收受礼品。否则，即有受贿之疑。

3．败俗的物品

挑选赠礼时，特别是在为交往不深的对象或外地人士、外国友人挑选赠品时，还应有意识地使赠品不与对方所在地的风俗习惯相矛盾、相抵触。在任何情况下，都要坚决避免把对方认为属于伤风败俗的物品作为礼品相赠。这样做，是尊重交往对象的重要表现。众所周知，在我国的绝大部分地区，老年人忌讳发音为"终"的钟，恋人们反感于发音为"散"的伞。在阿拉伯地区，严禁饮酒。在西方，药品不宜送人。倘若非要以此相赠，怎能令受赠者感到愉快呢？

4．犯忌的物品

在日常生活之中，人们由于种种原因，往往会对某些物品敬而远之，或者存在着强烈的反感与抵触情绪。举例来说，糖尿病患者不能吃含高糖的食品，失恋或丧偶之人绝不会喜欢配对使用的"情侣用品"，而把一本畅销的画册送给一位盲人也只能让其"望洋兴叹"。诸如此类的物品，就是所谓犯忌的物品，即受赠者本人所忌讳之物。将犯忌之物送人，不仅有可能令对方难堪，而且更会使自己促进双方关系的良好愿望适得其反。

5. 有害的物品

有些东西，虽然不为法律、规章所禁止，但对人们工作、学习、生活以及身体健康、家庭幸福不但无益，而且有害。这就是属于不宜送人之列的有害物品。平日，最常见的此类物品有：香烟、烈酒、赌具以及庸俗低级的书刊、音像制品。将此类物品送人，有些时候或许恰能投其所好，但却难脱存心害人之嫌。

6. 废弃的物品

赠送给他人的礼品，不一定非得价格高昂，让人叹为观止。但是，除古董、文物外，在一般情况下，绝对不要把自家的旧物、废品、淘汰货，使用不完的东西或是用了一半的东西相赠与人。把过时、无用之物送给别人，不能说明自己与对方"不见外"，反而只能证明自己小瞧于人。不然的话，干吗要将自己的"处理品"处理给人家呢？此外，他人所送之物，一般也不宜再转送于人。

7. 广告类物品

广告，简单地讲，就是支付费用并借助于载体所进行的意在获利的宣传。了解了什么是广告，就应该懂得，在一般情况下，除家人外，轻易不要把带有广告标志或广告语的物品赠送给别人。用广告物品送人，非但等于什么都没有送，而且还会令人产生利用对方替自己免费作宣传的印象。

（三）送礼的常规

现场赠送礼品时，还有一些需要注意的重要事项。做好这些事情，既是社交礼仪的基本要求，又是使整个赠送行为取得成功的必不可少的环节。

1. 精心包装

送给他人的礼品，尤其是在正式场合赠送于人的礼品，在相赠之前，一般均应认真进行包装，即使用专门的纸张包裹礼品，或是把礼品装入特制的盒子、瓶子之内。礼品的包装，通常被看作礼品必不可少的重要组成部分之一。它犹如礼品的"外衣"。穿上了"外衣"的礼品，方才显得正式、高档，而且还会因此使受赠者感到自己备受重视。在国际交往中，此点尤须注意。

包装礼品时，既要量力而行，反对华而不实；又要尽量争取做得好一些。在进行包装时，要讲究其材料、色彩、图案及其捆扎、包裹的具体方式。若是不搞任何包装，或者包装档次过低、马马虎虎，搞不好就会导致礼品本身的价值被"低估"。

2. 表现大方

现场赠送礼品时，有关人士尤其是赠送者一定要神态自然，举止大方。千万不要表现得偷偷摸摸、小里小气、手足无措、态度可疑。

赠送礼品，通常是为了表达自己的心意，所以理当光明正大、泰然自若。将赠品送给受赠者，一般应在见面之后进行。届时，应郑重其事地起身站立，走近受赠者，双手将礼品递给对方。礼品通常应递到对方的手中，而不宜放下后由对方自取。

若礼品过大，可由他人帮助递交，但赠送者本人最好还是要参与其事，并援之以手。

若同时向多人赠送礼品，最好先长辈后晚辈、先女士后男士、先上司后下级、先外宾后内宾，按照次序，依次有条不紊地进行。

千万不要把送给他人的礼品乱掖乱塞在对方的居所之内，或者悄悄放下，而不直言相告。

3. 有所说明

当面亲赠礼品时，一言不发、送上则罢是要不得的。在以礼赠人时，有必要辅以适当的、认真的说明。

赠送礼品时所要进行的说明，大体上可分为如下四类。

第一，因何而送礼。比如，可在说过"祝您生日快乐"之后再送上礼品，这自然等于表明所送的是生日礼物了。

第二，自己的态度。送礼时切勿自我贬低，说什么"没有准备，临时才买的""没有什么好东西，凑合着用吧"，而应当实事求是地说明自己的态度，例如，"这是我为你精心挑选的""相信你一定会喜欢"。

第三，礼品的寓意。在送礼时，介绍礼品的寓意，多讲几句吉祥话，往往必不可少。

第四，礼品的用途。假如礼品较为新颖，则还有必要向受赠者说明其具体特点、用途、用法，让对方明了礼品的独特之处、作何之用以及如何使用。

二、受赠的须知

作为受赠者，在接受礼品时，有一些注意事项必须了然于胸，并认真遵守。不可对他人的礼品漠然无视，也不宜在接受礼品时行为失当。

（一）欣然笑纳

在一般情况下，对他人所诚心相赠的礼品，推却是不恭之举。倘若获赠的礼品并非违法犯规之物，那么最佳的表现应当是恭敬不如从命，大大方方地欣然接受为好。

接受他人赠品之时，下列五个具体的细节问题应予以认真对待。

1. 神态专注

当他人口头上宣布有礼相赠与自己时，不管自己正在做什么事，都应立即中止，起身站立，面向对方，以便有所准备。在对方取出礼品，预备赠送时，不应伸手去抢，开口相询，或者双眼盯住不放，但求"先睹为快"。此时此刻，最应当注意保持风度。神态既要专注、认真，更要显得稳重、大方。

2. 双手捧接

赠送者递上礼品时，要尽可能地用双手前去"迎接"。通常不应只使用一只手去接礼品，特别是不要单用左手去接礼品。在接受礼品时，勿忘面含微笑，双目注视对方的两眼。接过来的若是对方所提供的礼品单，则应立即从头至尾细读一遍。接下来需要继续应酬的话，可将礼品暂时放下。但不要信手乱丢，不到万不得已时不要把礼品直接放在地上。

3. 认真道谢

在双手接过他人赠品的同时，应恭恭敬敬、认认真真地向对方立即道谢。与此同时，有条件的话，还应即刻与对方握一下手，以示感谢之意。不要在对方递上礼品时无所表示，也不要虚情假意、推推躲躲、反复推辞。

4. 当面启封

如果现场条件许可，在接过他人相赠的礼品之后，应尽可能地当着对方的面，将礼品包装当场拆封。此种做法，在国际社会里是非常通行的。它表示自己看重对方，同时也很看重所获赠的礼品。它比接受礼品后扔在一边的做法确有所长。若当面启封礼品比较麻烦或容易产生误会的话，也可以不那样做。在启封时，动作要舒缓、文明，不要乱扯、乱撕、乱丢包装用品。

5. 表示欣赏

当面拆开包装之后，如果有时间的话，勿忘采用适当的动作和语言，以显示自己对礼品的欣赏之意。例如，可将他人所送的鲜花捧在身前闻闻花香，随后再将其装入花瓶，并置于醒目之处。要是别人送了一条围巾给自己，则可以马上把它围上，照一照镜子，并告诉赠送者及其他在场者"我很喜欢它的花色与式样"，或是"这条围巾真漂亮"。切不可再三声明获赠之物不适合自己，或对其吹毛求疵。

（二）拒绝有方

出于种种原因，有的时候不能够接受他人所赠送的礼品。拒绝他人礼品时，一定要讲究方式、方法，处处依礼而行，要给对方留有退路，使其有台阶可下，而切忌令人难堪。

符合社交礼仪的拒收礼品方法有以下三种，在操作中可以酌情选择，并见机行事。

1. 婉言相告法

婉言相告法，即采用委婉的、不失礼貌的语言，向赠送者暗示自己难以接受对方的好意。例如，当对方向自己赠送手机时可告之："我已经有一部手机了。"当一位男士送舞票给一位小姐，而对方打算回绝时，则可以说："我男朋友也要请我跳舞，而且我们已经有约在先了。"

2. 直言缘由法

直言缘由法，即直截了当而又所言不虚地向赠送者说明自己之所以难以接受礼品的原因。在公务交往中拒绝礼品时，此法尤其适用。例如，拒绝他人所赠的大额现金时，可以讲："我们单位有规定，接受现金要按受贿处理。"拒绝他人所赠的贵重礼品时，则可以说："按照有关规定，你送我的这件东西，必须登记上缴。"

3. 事后退还法

拒绝他人所送的礼品，若在大庭广众之前进行，往往会使受赠者有口难张，使赠送者尴尬异常。遇到此种情况，可采用事后退还法加以处理，即当时接受礼品，但不拆启其包装。事后，尽快单独将其物归原主。需要强调的是，采取此种方法时，退还礼品的时间不宜拖延过久，最好应自接受礼品起的24小时之内付诸行动。此外，切勿将退还之物私下拆封，尤其是不宜用过之后才去退还。

（三）依礼还礼

古人常言："来而不往，非礼也。"在人际交往中，礼尚往来，互赠礼品，也是人之常情。在许多时候，接受他人礼品之后，即应铭记在心，并在适当的时刻，以适当的方式，向对方回赠礼品。这就是人们所常说的还礼。

依照社交礼仪的规范，在人际交往中选择还礼时，重点需要注意还礼的时间与还礼的形式两个方面的具体问题。

1. 还礼的时间

就还礼而言，在具体的时间上必须慎重思量。若是还礼过早，好似"等价交换"，又好比"划清界限"，会使自己显得浅薄庸俗。但若拖延过久，遥遥无期，则又跟无此打算没有什么不同。

选择还礼的时间，讲究的是"后会有期"。其最佳选择有以下三个。

第一，适逢与对方馈赠自己相同的机会还礼。

第二，在对方及其家人的某一喜庆活动中还礼。

第三，此后登门之时还礼。

需要强调的是：还礼并非"还债"，而是讲究自觉自愿。通常，还礼次数不必过多，完全没有必要再三再四地还礼，以致使其成为一种负担。

2. 还礼的形式

还礼，通常是很讲究具体形式的选择的。还礼的形式要是不符合礼仪，"还"则不如不"还"。

在考虑还礼时，下述几种具体形式都是合乎礼仪，可以优先选择其一的。

第一，可以对方相赠之物的同类物品作为还礼。此处所说的"同类"，指的是大的种类。例如，你送我书刊，我可还之以影碟，因为它们均为文艺类礼品。但要注意，在具体品种上，还礼不要与赠礼完全相同。

第二，可以与对方相赠之物价格大体类似的物品作为还礼。一般来讲，还礼与赠礼的价格相仿即可，没有必要有过之而无不及。即使还礼在价格上较赠礼差一些，也未见得不可。

第三，可以某种意在向对方表示尊重的方式来代替还礼。实际上，受礼以后，不必非要还礼不可。代之以其他形式，例如，在受礼之后，在口头上或书面上向对方致谢；或是在再见对方之时，使用对方的赠礼，以示不忘；等等，同样都是可行的好办法。

第六节 送 花

在社交活动中赠送鲜花，是馈赠的一种特殊的形式，而且是人们最为欢迎的一种馈赠形式。送人以鲜花，既可以向其表达感情、歌颂友谊，也可以提升整个馈赠行为的品位与境界。因此，在人际交往中以花为赠品，是最保险而又最易于皆大欢喜的一种馈赠选择。

以花为礼时，既要遵守基本的馈赠礼仪，同时也要掌握其自身相沿成习的一系列独特做法。一般来说，学习送花礼仪时，需要明确的具体问题有：送花的形式、送花的时机、鲜花的寓意等。

一、送花的形式

送花的形式，即应如何将鲜花送人的问题。具体而言，送花的形式既可以以人来区分，也可以以花来区分。

（一）以人区分

若以人来区分送花的形式，通常可将其区分为本人亲送、亲友转送、雇人代送三种。它们又分别适用于不同的情况与场合。

1. 本人亲送

本人亲送鲜花，是送花的最基本形式。它可使赠送者在身临其境时见机行事。

不但可以与受赠者一同分享当时的喜悦，而且还可以亲临现场解说自己送花的缘由与其含义，不致使送花的行为"词不达意"。

2. 亲友转送

由亲友转送鲜花，一般是赠送人本人因故不能到场时所做的一种选择。在大多数情况下，它是不得已而为之的。尽管如此，由亲友转送鲜花有时也有其独到的好处。比如，由于代送鲜花的亲友通常与受赠者并不陌生，所以他可一身二任，同时担任赠送者的最佳信使，细致周详地向受赠者传递有关信息，有时甚至能言赠送者所难言之事。

3. 雇人代送

有时，自己难以分身，或是为了刻意制造一种气氛，可按有关标准支付费用，委托鲜花店的"花仙子""花仙女"或邮政局的"礼仪小姐""礼仪先生"，代替自己上门送花。此种送花的形式，目前正越来越受到人们的欢迎。

(二) 以花区分

依照送人的鲜花或者其组合形式的不同，送花又可以分为送束花、篮花、盆花、插花、饰花、花环、花圈等。

需要强调的是，在绝大多数情况下，送人之花以鲜花为佳，尽可能不要将凋零、衰败、发蔫的鲜花送人。

1. 束花

束花，又叫作花束。它是以新鲜的数枝切花捆扎成束，精心修剪或包装而成的一种鲜花组合。在以花区分的送花的具体形式中，它是适用面最广、应用最多的一种。

2. 篮花

篮花，又叫花篮。它是以形状各异的精编草篮，按一定的要求，盛放一定数量的花大色艳的新鲜切花。与赠送束花相比较，赠送篮花显得更隆重、更高档。其最适宜的场合，有开业、开展、演出、祝寿等。

3. 盆花

盆花，即栽种在专门的花盆里，主要用作观赏的花草。送人的盆花，可以是自养的心爱之物，也可以是特意买来的珍稀或时尚品种。送盆花的最佳时机，有登门拜年、祝贺乔迁、至交互访等。赠送的对象，最好是老年人、爱花人以及兼具时空条件者。

4. 插花

插花，指的是采用一定的技巧，将各种专供观赏的鲜花精心修剪之后，经过认真搭配，插放在花瓶、花篮、花插之中。将插花放置于室内案头，可使花香弥漫、花色宜人、春色满眼。插花主要适用于装饰居室，布置客厅、会议室，同时也可以赠予亲朋好友。

5．饰花

在日常生活里，往往可以单枝鲜花进行装饰，这就是饰花。按其装饰部位的不同，最常见的饰花有襟花、头花等。在二者之中，襟花可使用于各类社交场合，而头花则仅限于非正式场合使用。除亲朋好友外，饰花一般不宜送人。但是，襟花在某些庆典、仪式中，则可以统一发放。

6．花环

花环，此处所指的是用新鲜的切花编扎而成的环状物，可以手持，也可以佩戴于脖颈、头顶或手腕上。它多用于自我装饰、表演舞蹈、迎送贵宾，有时亦可以之赠人。其受赠对象，通常是贵宾或友好人士。

7．花圈

花圈，此处指的是用鲜花所扎成的固定的圆状祭奠物。它仅能用在悼念、缅怀逝者的场合，例如，参加追悼会、扫墓、谒陵等。

二、送花的时机

在人际交往中，适合以花相赠的机会甚多。在下述时机赠人以鲜花，或许更容易大见成效。

（一）例行的时机

在人际交往中，人们通常习惯于在以下场合以花赠人。

1．喜礼

碰上亲朋好友结婚、生子、做寿、乔迁、升学、晋职、出国等诸般喜事，自可赠送鲜花作为喜礼，去恭喜对方。

2．贺礼

参与某些应表祝贺之意的活动，例如，企业开张、展览开幕、大厦奠基、新船下水、周年庆典、演出成功等，可赠送鲜花作为贺礼。

3．节庆礼

逢年过节，每到诸如春节、中秋节、国庆节、老人节、母亲节、父亲节、妇女节、情人节、教师节、护士节、青年节之类的节日，均可向亲友赠送鲜花。

4．嘉奖礼

对先进、模范、英雄、义士以及在各类比赛中的获胜者，或者为国家、为单位赢得荣誉者，可赠送鲜花表示嘉奖鼓励。

5. 慰问礼

当亲友、邻里、同事、同学、同乡或其家人碰到不幸、挫折时，例如，失学、失业、失恋、生病，或是遭到其他一些天灾人祸时，应前去慰问，并赠以鲜花。

6. 丧葬礼

当关系密切者，或者其家人亲属举办丧事、葬仪时，可送以鲜花，以寄哀思。

7. 祭奠礼

当自己为他人祭祀、扫墓时，可以花为礼，追思、缅怀故人，或表示自己的一番敬意。

（二）巧用的时机

在如下一些情况下，用鲜花赠送于人，不仅独出心裁、富有创意，可令人耳目一新，而且往往还会有助于赠送者与受赠者双方之间关系的发展或改善。

1. 做客

前往他人居所做客时，选择何种礼品经常让人颇费思量。其实，此时假若以鲜花为礼，既脱俗，又不至于让对方为难或产生猜忌。

2. 迎送

当关系密切者即将远行，或者远道归来之际，向其赠送一束鲜花，可巧妙地向对方表达自己的亲情、友情、爱情，而又不会令其无所适从。

3. 纪念

每逢至亲至爱重要的私人纪念日，例如，与恋人初识之时，与配偶定情之日，对方生辰或双方结婚之日等，送花给对方，可略表寸心，显示自己"我心依旧"地珍爱对方，并一如既往。

4. 示爱

向自己的意中人吐露自己的爱慕之意，对不少人都是一桩"心思好动口难开"的难事。此时，不妨以花为媒，借花开道，通过向对方献花来袒露自己的心扉。

5. 回绝

拒绝别人，往往也是一大难题。有时，直截了当地以实言相告是不行的，而且也难于开口。例如，拒绝他人求爱、打算中止双方关系时，就是如此。遇上此类情况，可以试一试采用约定俗成的、对方所知晓的送花的方式去回绝对方。没准儿能够"化险为夷"，渡过难关。

6. 致歉

有些时候，因为阴差阳错而与其他人产生了矛盾、误解甚至严重的隔阂，可后来才知道责任却在自己一方。如果不想将错就错、彻底失去对方的话，比较可行的一个办法，就是赠送鲜花给对方、以花致歉。必要时，还可附以道歉卡。此时，鲜花就会充当自己的"和平使者",忠实地替自己"言难言之事",犹如自己当面向对方"负荆请罪"一般。

三、鲜花的寓意

鲜花在常人眼里之所以美丽可爱,除她自身芬芳美丽、惹人喜爱外,另一个重要的因素是因为人们往往"借物抒怀",在鲜花身上附加了种种美好的寓意。

鲜花的寓意,是送花予人时所必须正视的一个问题。它的本意,是指按照人们的一般看法,某一种鲜花依其品种、色彩、数目、搭配的不同,而表示什么意图,或具有何种含义。假如事先不了解鲜花的寓意,或者在选择鲜花时不顾及这一点,那么送人的鲜花往往就会出现差错。

上面所主要讨论的是应当怎样送花,在此则主要讨论应当送什么样的花。从本质上讲,本节所讨论的实际上是送花的内容。就送花而言,内容与形式相互关联,相互作用,二者都是非常重要的。

下面所要讨论的具体问题,则是鲜花的通用寓意和鲜花的民俗寓意。

(一)通用的寓意

在世界上,有一些鲜花的寓意是相传以久、人所共知、广为沿用的。这就是所谓鲜花的通用的寓意。在许多情况下,人们习惯把鲜花的通用寓意叫作花语。准确地说,所谓花语,乃指借用花卉来表达的人类某种情感、愿望或象征的语言。简言之,花语,就是借花所传之意,以花类比之情。

根据社交礼仪规范,花语一旦形成,并被众人接受之后,便流传开来,须人人了解,个个遵守。不允许自造花语,也不允许篡改花语。在国外,花语相当普及。

人世间鲜花无数,花语也因此成千上万。事实上,任何人没有必要,也不太可能对全部花语一清二楚。不过,对常用的花语,特别是下述三类花语,却有必要人人做到基本精通。在国际社会里,它们尤受重视。

1. 表示情感

在全部花语之中,有相当数量的一部分被用来"寓情于景",表达人之常情。

例如,玫瑰表示爱情,橄榄表示和平,百合表示纯洁,石竹表示拒绝,等等。

有时,还可以将几种花语相近的鲜花搭配在一起送人。那些搭配、组合相对比较固定的鲜花,往往又共同形成了新的花语。

比如,用表示勤勉的"红丁香"、表示谨慎的"鸟不宿"与表示战胜困难的"菟丝子"组合而成的花束赠予友人,可表示:"君如奋斗,必将成功!"

2. 表示国家

大多数国家,目前都有各自的国花。所谓国花,指的是以某种鲜花来表示国家,用她来作为国家的标志与象征。

确定国花,有些国家采用的是由议会立法决定的方式,另外一些国家则是依据本国文化传统和绝大多数人的意愿协商选定的。还有一些国家,为慎重起见,迄今尚未明确选定国花。

在正常情况下,各国的国花大多具有下列三个特点。

第一,一个国家只有一种国花。

第二,各国国花都是本国人民最喜爱的花。

第三,国花通常代表国家形象。因此人人必须尊重、爱护国花,既不宜滥用国花,也不可失敬于国花。在国际交往中,这一点尤其重要。

3. 表示城市

与许多国家拥有国花一样,世界上的许多城市都拥有自己的市花。所谓市花,指的是用来代表本市,作为本市标志或象征的某一种鲜花。

我国的许多城市都有自己的市花。例如,北京市的市花是月季花和菊花,上海市的市花是白玉兰,天津市的市花是月季花,重庆市的市花则是山茶花。

根据常规,凡属市花均具有下列五个特点。

第一,全市人民对她最为喜爱。

第二,她在本市易于生长,并兼具城市特色。

第三,她由全市人民公开选定。

第四,她被作为本市标志,在美化城市与城市之间的交往中被广泛使用。

第五,她作为本市化身,对其只能倍加尊重,绝不可予以轻视或损坏。

(二)民俗的寓意

同一品种的鲜花,在不同的国家和地区,往往会被赋予大不相同的含义。这在多半情况下是民俗不同使然,故可称之为鲜花的民俗寓意。如果说,鲜花的通用寓意指的是鲜花寓意的共性问题的话,那么则可以说,鲜花的民俗寓意指的则是鲜花寓意的个性问题。在任何情况下,事物的共性与个性都是相辅而行的。共性含于个性之中,没有个性就没有共性可言。研究个性,将有助于更加充分地认识共性。

在选送鲜花时,尤其是在跨地区、跨国家的人际交往中欲以鲜花赠人时,不但要看其通用的寓意,而且也要看民俗的寓意,二者应并行不悖。

就选送鲜花而言,应注意的鲜花的民俗寓意主要体现在鲜花的品种、色彩、数量三个具体问题上。

1. 品种

在不同的风俗习惯里，同一品种的鲜花往往在寓意上大为不同。不懂的话，难免就要犯忌。

例如，中国人所普遍喜爱的菊花，送给西方人是万万要不得的。在西方，菊花通常代表着死亡，仅供丧葬活动使用。

中国人赞赏荷花，是因其"出淤泥而不染，濯清涟而不妖"。可是到了日本，平白无故是不能用她来送人的。因为荷花在日本表示着死亡。

在我国的广东、海南、港澳地区，送人金橘、桃花，会令对方笑逐颜开。而以梅花、茉莉送人，则必定会招人反感。因为那里的人们爱"讨口彩"，金橘有"吉"，桃花"红火"，所以让人来者不拒。而梅花、茉莉则音同"霉""没利"，故此令人避之不及。

2. 色彩

鲜花的一大特点，是其万紫千红、色彩缤纷。但是，在不同的习俗里，对鲜花的色彩却有着不同的理解。

举例而言，在国内，人们最喜爱红色的鲜花，因为在中国民俗里，红色象征大吉大利、兴旺发达。新人成婚时，赠以红色鲜花，方为得当。但在西方人眼里，白色鲜花象征着纯洁无瑕，将其送予新娘，将是对她的至高赞扬。然而西方人未必知道，在老一辈的中国人来看，送给新人白色鲜花则是象征着"不吉利"的。

再如，在很多国家，人们送花时多以各色鲜花相组合，很少会送人清一色的红花或黄花。原来，在那里以纯红色的鲜花送人意味着向对方求爱，而以纯黄色的鲜花送人则暗示决定与之分道扬镳。

3. 数量

送花的具体数量，在不同国家、地区的民俗中，都有各自不同的讲究。

在中国，在喜庆活动中送花一定要送双数，意即"好事成双"。在丧葬仪式上送花则要送单数，以免"祸不单行"。

在西方国家，送人的鲜花则通常讲究送单数。比如，送1枝鲜花表示"一见钟情"，送11枝鲜花则表示"一心一意"。只有作为凶兆的"13"，才会例外。

有些数字，由于读音或其他原因，在送花时是忌讳出现的。例如，在欧美国家，送人的鲜花绝对不能是"13"枝。在日本、韩国、朝鲜，以及中国的广东、海南、港澳台地区，送"4"枝鲜花给人，则会招人白眼，因其发音与"死"相近。

本章小结

本章所讲授的是通联礼仪。它在此是指人们进行通信、联络时所应遵守的基本行为规范。遵守通联礼仪，是维持良好的人际关系，并进而使其有所发展的重要前提。

本章第一节讲授的是有关电话的礼仪。它要求拨打电话、接听电话、使用移动电话时均要待人以礼。

本章第二节讲授的是有关网络的礼仪。它要求使用网络时遵守相关规则，文明上网，并严格要求自己。

本章第三节讲授的是有关书信的礼仪。它要求使用书信时既要关注书信程式，又要掌握通信技巧。

本章第四节讲授的是有关题字的礼仪。它要求签名与赠言时均应好自为之。

本章第五节讲授的是有关馈赠的礼仪。它要求在赠人以礼与受赠于人时均应遵守必要的规则。

本章第六节讲授的是有关送花的礼仪。它要求对送花的形式、送花的时机、鲜花的寓意均要依礼而行。

练习题

一 名词解释

1. "通话三分钟法则"
2. "铃响不过三声法则"
3. "五C法则"
4. 赠言
5. 花语
6. 市花

二 要点简答

1. 怎样维护自己的"电话形象"？
2. 打电话时应遵守哪些基本礼仪？
3. 上网时应遵守哪些礼仪？

4. 书写信封时怎样才符合礼仪？
5. 怎样确定赠言的内容？
6. 怎样选择社交场合的礼品？

第三章 聚会礼仪

内容简要

聚会礼仪，在此是指人们在集会时所必须遵守的行为规范。在社交场合，聚会是人们参与最多的一种集体活动。遵守聚会礼仪，直接关系到每个人的社交效果。本章所讲授的内容包括有关集会、拜会、晚会、舞会、赛会的礼仪。

学习目标

1. 重视社交聚会。
2. 以正确的态度参与各种社交聚会。
3. 掌握基本的聚会礼仪。
4. 在社交聚会中表现得彬彬有礼。
5. 防止在社交聚会中个人的行为失礼。

所谓聚会，准确而言，是指人们为了一定的目的，或是为了从事某种活动而聚集会合在某一地方。实际上，聚会就是人们所进行的集体活动。在社交活动中举行的聚会，称为社交聚会。

人们所进行的社交聚会，在现实生活中存在着多种多样的具体形式。其中，最常见的聚会形式就有集会、拜会、晚会、舞会、赛会等。有的社交聚会，往往是为了处理公共事务而举行的，故可称之为公务聚会。另外一些社交聚会，则纯属私人性质的聚会，所以可以把它们称为私人聚会。所有的社交聚会，都可以被二者所包括。参与社交聚会时，须遵守必要的礼仪规范。这些礼仪规范，就是聚会礼仪。

第一节 集 会

在各种形式的聚会之中，集会是最正规的一种，而且也是人们平日接触较多的一种。所谓集会，通常指的是人们集合在一起，有议题、有组织、有步骤、有领导地研究、讨论、商议有关问题。在现代社会里，集会实际上是人们参与社会活动的主要方式之一。有时，集会亦称会议。

就具体规范而言，集会的礼仪内容繁多，对其方方面面均有涉及。考虑到个人表现在集会中起着相当重要的作用，因此以下介绍集会礼仪时将择要而行，重点介绍个人在集会中的行为规范问题。具体来说，在集会之中，最为醒目的个人主要是主持者、发言者和聆听者。下面就对这三种人在集会中所应恪守的礼仪规范分别予以介绍。

一、主持者的规范

主持者，也称主持人，是集会的"总工程师"。他在会议上所要做的，主要有落实议程、控制时间、掌握会场三项工作。处理这三项工作是否得力，是检验一位会议主持人是否称职的基本标尺。

（一）落实议程

议程，是会议议程的简称。它所指的是会议具体进行时所应遵循的、既定的先后顺序。凡属较为正式的集会，其议程大多在事先进行过认真的讨论和拟定。

作为会议的现场指挥者和掌握者，主持人要使既定的会议议程得以落实，重点是要具体做好以下两件事情。

1. 熟悉议程

要使议程得以落实，主持人首先就必须熟悉议程。因为熟能生巧，只有熟悉了会议议程，才能在会议进行时熟练地驾驭会议，并沉着妥善地应付一切难以想象的突发性问题。

一般较为正式的会议，其议程大多包括下列各项。

第一，主持人宣布正式开会。特别重要和正式的会，必要时须全体起立，奏国歌、会歌。

第二，专人做主旨报告。

第三，对主旨报告进行分组讨论，或者进行大会发言、讨论。

第四，进行总结，达成共识，或者通过相应的会议决议。

第五，宣布会议闭幕。

在以上主要议程之中，基本框架难以变动。但在具体环节上，却是可以随机调整的。要做好这一点，就需要看主持人的个人经验与应变能力了。

2. 执行议程

在一般情况下，会议的主持人作为会议的工作人员，是无权变更会议的具体议程的，尤其是其中的主要议程。不论遇到了什么情况，主持者都必须想方设法履行自己的职责，以确保会议按照既定方针办理，兑现各项议程，完成预期的任务。执行会议议程，应是主持人的天职。

未经会议主席授权，主持人无权对会议的议程进行全面的调整，或是对其自行增减。倘若遇到了特殊的情况，例如，发言人缺席，发言时间不够用，听众意见较大，等等，而主持人认为确有必要对议程进行重要的临时调整时，最好及时征求会议主席团或主要负责人的意见，然后按照其意见行事。不到万不得已时，不要"先斩后奏"或自作主张。

（二）控制时间

一次会议的成功与否，往往与它何时举行、举行多久关系甚大。这些问题，都需要会议的组织者进行认真考虑。对主持者而言，在控制会议时间方面所要做的主要工作，一是要掌握起止时间；二是要限制发言时间；三是要留有休息时间。对这三点稍有疏忽，都会使会议的进行受到不良的影响。

1. 掌握起止时间

任何一次会议，都有自己公开宣布的起止时间。这一时间一经确定，便应得到全部与会者，特别是会议工作人员的遵守。任何人，不论他是什么身份，若是对会议时间不加遵守，就等于表明他不重视本次会议，并且不尊重其他与会者。

因此，主持人在主持会议时，应该什么时候开会，就要在什么时候宣布开会；应该什么时候散会，就要在什么时候宣布散会。没有非常重要的特殊情况，主持人是不宜随便拖延开会与散会时间的。严守会议的起止时间，是主持人所必做的"例行公事"。

2. 限制发言时间

不仅会议的起止时间需要认真遵守，发言的具体时间也需要有明确的限制。从一定意义上来讲，限制发言时间，是防止会议拖延时间的良方之一。

在一般情况下，拟定会议议程时，即应对每位发言人的发言时间有所限定，并一律通知其本人。主持人主持会议时在这方面所要做的工作，一是在发言人发言之前再次关照一下其限定的时间长度；二是可以用技术性手段进行提示。例如，时间一到，即以铃响提示发言人。

需要强调的是，限制发言时间不可手法粗暴，态度恶劣。不要当众口头打断他人的发言，令其难以下台。

3. 留有休息时间

倘若会议举行时间较长，一般应在其间安排一定长度的休息时间，以供与会者略微休息。大体上，一次会议最好控制在 3 小时之内，并以 2 小时左右为佳。凡举行会议的时间长于 1.5 小时，即应在其间安排一次长约 1 刻钟左右的休息。

如果会议事先未确定要开多长时间，而且在其举行过程中已经超过了 1 小时，并且尚未告终，则主持人应主动建议进行一次必要的会间休息。

在进行会间休息前，须当众明确休息时间的具体长度，以便与会者能够准时返回会场。

（三）掌握会场

在集会进行期间，主持人掌握会场的能力的大小，往往会影响到会议的成败。在掌握会场时，主持者最重要的是要注意少说多看与调节气氛。

1. 少说多看

主持人的主要任务是主持会议，而不是充当主要的报告人或发言人。因此他一定要注意恪守本分，不抢风头，尤其是不要在主持会议的过程中信口开河、离题万里。

在主持会议时，主持人所要做的基本上是"照本宣科"，使既定的会议议程得以贯彻。此外，他最应做的就是要多看多听，认真观察会议的进行情况、现场的情绪与反应，以便防微杜渐，尽可能地不出问题、少出问题，并及时地发现问题、解决问题。

2. 调节气氛

当然，主持人在集会举行时仅仅多听多看还是不够的，还必须变被动为主动，采取必要的措施，以调节现场的气氛，令其保持良好状态。

当贵宾出席集会时，主持人可在开会之初或对方演讲之前，对其进行适当的介绍。

在发言人发言前与结束时，主持人应领头鼓掌，以带动全场予以响应。

万一会场上出现局部骚动或混乱时，主持人则应以适当的方式及时加以阻止。

二、发言者的规范

在集会上演讲、报告、发言、讲话的人，可称为"发言者"。发言者无疑是集会的重心和主角。在集会上，欲做一名称职的、受人尊敬和大受欢迎的发言者，就必须在仪表整洁、内容周全、态度谦恭等几个具体方面倍加注意。

（一）仪表整洁

发言人的仪表，往往会在其出场之时先入为主地给听众留下深刻的印象。在发言之前，发言人一定要抽出必要的时间，对其个人仪表进行修饰和检查。其重点主要是：

1. 仪容

发言人仪容修饰的重点在于发型与面部。在进行具体修饰时，一定要认真、仔细，做到干净、整洁、卫生。头发务必要梳理整齐，男士通常应剃去胡须。无论如何，都不要在集会上出场亮相时不修边幅、蓬头垢面、异味扑鼻、邋邋遢遢。

2. 着装

发言人发言时的着装，必须干净、整洁、端庄、大方，绝不能自己随心所欲乱穿，尤其是不能穿着过分怪异、性感、散漫或不洁的服装登台发言。此外，还必须注意，在发言时的着装必须严整，该怎么穿就要怎么穿，该系的扣子就要系上，切勿在发言时戴着帽子、手套、墨镜，或是穿着风衣，披着外衣，"袒露胸怀"，挽起袖口、裤管。

3. 妆饰

对发言人而言，适当的妆饰虽然必要，但仍须以庄重、保守为度。女性发言人尤须重视这一点。与参加宴会、舞会、音乐会等交际活动不同，参加集会多属公务活动，因此在妆饰上切勿过分地抢眼、招摇。选择首饰时，要注意少而精。进行化妆时，要讲究淡而雅，不宜给人以浮华、轻佻之感。

（二）内容周全

在集会上发言时，发言人不是在表演，而是在阐明个人见解，因此其发言的内容才是听众所关注的重点。发言人的临场风度不管有多好，若是其发言内容言之无物，照样会给人以华而不实之感，不为听众所接受。

准备发言时,发言人务必要做好以下几点,以力求自己的发言内容周全,并令人欢迎。

1. 区分对象

具体来说,了解听众就是要了解其思想状况、文化程度、职业特点与心理需要,然后因势利导。否则,就很有可能闭门造车、无的放矢,从而失去听众。

2. 观点鲜明

在发言时,只有做到了观点明确、中心突出、态度清楚、主张合理,才会真正抓住听众,并给其留下深刻的印象。而在上述几点之中,观点的鲜明与否尤为重要。

3. 材料翔实

善于发言的人都知道,讲话不仅需要以理服人,而且还需要以实例服人。在发言时倘若举例合理,往往会使自己的发言说服力大增。然而必须注意,选择发言时的论据必须真实无误。若生编滥造,则害人害己。

4. 语言生动

在发言时,最忌语言晦涩枯燥,而简单明了、通俗易懂、形象生动的语言则最受欢迎。因此,发言时所用的语言,应当朴素、具体,但又幽默、形象;耐人寻味,而又不失哲理。

5. 感情真实

在发言时,发言人固然要争取以自己的真情实感去感染听众、争取听众、打动听众,但切勿为了做到这一点而一味煽情、无病呻吟、矫揉造作、逢场作戏。那种做法,反而未必能被听众所接受。

6. 结构合理

发言不但要层次清晰、逻辑缜密,更重要的是要在充分表达个人见解的同时,能够尽快抓住听众的注意力。而要做到这一点,就必须在发言的整体结构方面进行适当的、合理的安排。

7. 进行预演

有条件的话,在发言准备完毕之后,最好多读几遍发言稿,并进行一两次预演,以便做到知己知彼、心中有数。在预演时,若有他人在场,并请其发表意见,往往效果会更好一些。

(三)态度谦恭

发言人在现场发言时,务必要注意自谦与敬人。具体而言,是要注意以下四个具体方面的问题。

1. 自谦自重

在发言时,发言人务必要明白:自己能不能得到应有的尊重,自己的见解能否为听众所接受，关键在于自己临场所发挥的水平，而不在于盲目的自吹自擂。因此，聪明的发言人大多知道，在发言时要少用"我"字，慎提"本人"，尤其是要力戒自我推销、自我宣传和自我肯定。把发言的重点放在其他方面，通常会比"我"字当头收效要好得多。

2．尊重听众

发言人在发言的整个过程中，都不能失敬于听众。在上台发言之初，循例要向主持人与其他听众欠身致意，并进行问候。在发言之时，不能使用任何对听众不尊重的语言、动作或表情。当发言结束时，要先道一声"谢谢大家"，并在欠身施礼后，才可退场。这些尊重听众的重要礼规，一般都不可或缺。

3．宽待对手

有时，在集会上进行发言的不同人士，其具体见解难免会相去甚远。极个别的时候，在集会上还会出现发言人各执一词、针锋相对的情况。碰上他人的观点与自己相左时，要善于求同存异，以理服人，发言对事不对人。切勿为捍卫自己的观点，而同其他人在会上言辞之间毫不相让，甚至为此而大肆争吵，打断他人的发言，或进行人身攻击。其实，在绝大多数听众看来，能够宽待对手的发言人，才最值得尊敬，才最具做人的风度。

4．适可而止

发言之时，必须有明确的时间观念，宁短勿长，绝不拖延时间。集会若规定了发言限时，则必须严格加以遵守。没有任何理由可以让自己发言的时间延长哪怕几分钟。若会议对发言时间未作规定，则发言时亦应长话短说，切勿让自己的陈词滥调去招人厌烦。在一般情况下，正式发言不宜长于一刻钟，即席发言则应以5分钟为限，发言者要对此心中有数。

三、聆听者的规范

集会上的聆听者，亦即听众。就集会的角色分工而言，听众一般并非主角，但若离开他们的自觉配合，集会也是很难取得成功的。

听众在集会上的最佳表现，一是要遵守会议纪律；二是要认真倾听发言。下面，就来介绍一下有关这两个方面的具体礼仪规范。

（一）遵守纪律

正式一些的会议，都会提前宣布有关的会议纪律。即使有些会议没有对会议纪律明文规定，但事实上它也是在人们的意识中客观存在的。具体的集会纪律多多少少难免有所不同，但在一般情况下，它们大多包括准时到会、保持安静、不得逃会三条共同之点。

1. 准时到会

严守会议时间,是保证会议顺利进行的基本条件之一。要确保这一点得到贯彻落实,不但需要依靠会议主持人、组织者的积极努力和得力的措施,同时也需要依靠全体与会人员的自觉和认真。

接到集会通知后,应按照通知上所规定的具体时间准时出席会议。参加在本地所举行的集会,应提前5分钟进入会场,以便有一定的时间进行个人必要的会前准备。比如,签到、寻位、领取材料等。参加在外地举行的集会,则最好提前一天报到,以便事先熟悉情况。

参加任何会议,都不应当迟到或者缺席。即使自己位高权重,也绝不可以那么做。

2. 保持安静

在集会进行期间,全体与会者均应自觉维护会场秩序,保持会场安静,不影响发言人的讲话与听众的倾听。

当发言人或主持人讲话时,不允许有意起哄,或直接制造与其有碍的噪声。例如,不应在会场上使用手机,不应收听录音机和MP3,不应把玩电子游戏机,不应吃东西、喝饮料,等等。

与发言者意见相左时,可以适当的渠道进行表达。但不应当在对方发言时予以打断,或是大声予以斥责、议论,狂吹口哨,拍打桌椅,跺脚乱踢,等等。在集会上鼓掌,主要是为了对发言者表示欢迎和支持。不允许反其道而行之,对发言者大鼓"倒掌"。

在开会之时,不可随意走动,或者与周围之人交头接耳。在一般情况下,带孩子参加集会是不被许可的。

3. 不得早退

参加集会,必须有始至终。万一有特殊原因需要中途离去,应事先请假。必要时,还须向主持人说明原因,并为此而道歉。

不允许在参加集会时"半途而废",不辞而别。在他人发言期间当众退场,不仅自己失礼,而且也是失敬于对方的。

(二)专心倾听

对集会上的每一位听众而言,在会议进行期间认真倾听他人的发言,是对对方尊重的具体表现,同时也是自己掌握会议精神的主要途径。要真正做好这一点,具体需要注意以下三点事项。

1. 事先准备

参加集会前,应做好必要的准备工作,其中以下四点尤其应当注意。

第一,要进行充分的休息,以便养精蓄锐,否则在集会时疲劳困乏、大打瞌睡,必定影响听讲。

第二,要处理好其他工作,免得在开会时神不守舍、三心二意、用心不专。

第三,要预备好必要的辅助工具,如纸、笔、录音机等。

第四,要认真阅读会议下发的材料,以便全面了解会议情况,掌握会议主旨。

2. 聚精会神

集会举行时,每一名听众都要聚精会神地聆听他人的讲话、发言。唯有聚精会神、全神贯注,方能汲取他人发言的精华,抓住其要点,发现其问题。在倾听他人讲话、发言时,切勿心神不定,"魂游"于会场之外。当自己讲话、发言后,更要注意专心聆听别人的讲话、发言。

3. 笔录要点

民间有一句很有道理的俗话"好记性不如烂笔头",它所强调的其实就是做笔记的重要性。有条件的话,参加集会时要尽可能地对他人的讲话、发言择其要点进行笔录。笔记做得如果得当,对会后深入体会和准确传达会议精神都会帮助极大。

第二节 拜 会

拜会,又称拜见或拜访。它一般是指前往他人的工作地点或私人居所会晤对方、探望对方,或是与之进行的接触。不论在公务交往还是私人交往中,拜会都是人们习以为常的一种社交方式。

拜会是一种双向的活动,在拜会中,访问、做客的一方为客,称为来宾;做东、待客的一方为主,亦称主人。对宾主双方而言,在拜会中都必须恪守本分,依照相应的礼仪规范行事。下面分别介绍一下做客与待客的常规礼仪。

一、做 客

做客虽是正常的人际交往中不可缺少的应酬,但若不谙做客之道,则难免会使拜会不尽如人意。就做客礼仪而言,其重要之点有三。其核心之处则在于客随主便,礼待主人。

(一)有约在先

有约在先,是做客礼仪之中最为重要的一条。它的基本含义是:拜访他人,一般均应提前有所约定。不提倡随意进行顺访，尤其是对待一般关系的交往对象不宜充当不邀而至、打乱对方计划的不速之客。

从某种意义上讲，做客需要有约在先，既体现着客人的个人教养，更是对主人的尊敬。

预约拜会时，要重视的共有下述三个方面的具体问题。

1. 约定时间

约定拜会时，一定要在两相情愿的前提下，协商议定到访的具体时间与停留的具体时间长度。对主人所提出的具体时间，应予以优先考虑。由客人自己提出方案时，则最好给对方多提供几种选择。

在一般情况下，主人本人认为不方便的时间，工作极为忙碌的时间，难得一遇的节假日，不宜打扰的凌晨与深夜，以及常规的用餐时间和午休时间，都不宜作为拜会的时间。

2. 约定人数

预约拜会时，宾主双方均应事先向对方通报届时到场的具体人数及其各自的身份。在公务拜会中，此点尤其重要。宾主双方都要竭力避免使自己一方中出现对方所不欢迎，甚至极其反感的人物。

通常，双方参与拜会的人员一经约定，便不宜随意进行变动。做客的一方特别需要注意，切勿任意扩大自己的队伍。在任何时候，来宾队伍过于庞大，都会令主人应接不暇，干扰其事先所做的安排和计划。

3. 如约而至

约定拜会时间之后，必须认真加以遵守，轻易不再更改。万一有特殊原因，需要推迟或者取消拜会，应尽快打电话通知对方。不要若无其事，让对方空等。下次与对方见面时，最好为此再次表示歉意，并说明一下具体原因。

登门进行拜访时，最好准时到达。既不要早到，让对方措手不及；也不要迟到，令对方望眼欲穿。

（二）上门有礼

登门拜访做客时，有以下几条礼仪规范是人人皆须认真遵从的。

1. 先行通报

抵达主人办公室或私人居所门外后，应首先采用合乎礼仪的方法，向对方通报自己的到来。可请其秘书或家人转告，也可敲门或摁门铃。敲门之时，宜以食指轻叩两三下即可。摁门铃的话，则让铃响两三声即可。若室内没有反应，过一会儿可再重复一次。千万不要用拳头擂门、用脚踢门、把门铃摁个不休，或者在门外大呼小叫、骚扰四邻。

即使与主人关系再好,也绝对不要不打任何招呼便推门而入,否则极有可能遭遇让人尴尬的场面,令自己进退两难。

2. 问候施礼

与主人相见,应向对方主动问好,并与对方握手为礼。假如同对方初次谋面,则还须略作自我介绍。遇到主人的同事、亲属时,应主动向对方打招呼、问好,而不宜旁若无人、不搭不理。

前往亲朋好友的私人居所做客时,可为对方携带一些小礼物,诸如鲜花、糖果、书籍、光碟等。在进门之初,一般应立即向主人奉上自己的礼物,不要等到告辞时再说。

3. 轻装上阵

做客之前,对个人的着装要进行认真的选择。越是正式的拜会,就越要注意这一点。在正式情况下,拜访时的着装应干净、整洁、高雅、庄重,过分轻佻、随便的服装则是不宜选择的。

务必要关注着装的某些重要细节,例如,袜子一定要无洞、无味。不然进门后一旦需要更换拖鞋,可能就要当众出丑了。

进门之后,按照常规,应自动地脱下外套,摘下帽子、墨镜、手套,并将其暂放于适当之处。如果携带了大一点的手袋,可在就座后将其放在右手下面的地板上。若将其置于桌椅上,则是不适宜的。此种规范,通常被简称为"入室后的四除去与一放下"。

4. 应邀就座

被主人邀请进入室内时,应主动随行于主人身后,而切勿抢先一步、随意前行。在一般情况下,主人会邀请来客在其指定之处就座,届时恭敬不如从命。

在就座时要注意三点:一是不要自行找座;二是与他人同至时应相互进行谦让;三是最好与其他人,尤其是主人,一起落座,切勿抢先落座。

有的时候,拜访他人时未被主人相邀入室,则表明自己来的不合时宜。知难而退,是此刻的最佳选择。切勿不邀而入,或是探头探脑向室内进行窥视。

(三) 为客有方

在他人的办公室或私人居所做客期间,一定要注意围绕主题、限定范围、适时告退三件要事。在这些方面,绝对不允许出现大的闪失。

1. 围绕主题

任何一次登门拜访,都必然有其目的。既然如此,那么在拜访做客之时,就应使自己的所作所为紧密地围绕着自己进行拜会的主旨而行,绝对不允许其"跑题"。

在一般情况下，拜会之时宾主双方都要尽快地直奔主题，接触实质性的问题，并力争解决问题。不要临阵怯场、言不及义，或是随意变更主题，令双方无所适从。

2. 限定范围

欲使拜会围绕主题而行，一项得力的措施是：客人应自觉地限定个人的交际范围与活动范围。

做客时限定交际范围，就是要求客人不要对主人的亲属、友人表现出过多的兴趣。例如，询问对方与主人的私人关系，就未必合适。

做客时限定活动范围，则是要求客人尊重主人的个人隐私，切勿未经允许，便在其室内到处乱窜，或随便乱动、乱拿、乱翻主人的个人物品。

3. 适时告退

拜会之时，务必要注意适可而止。如果客人与主人双方对会见的时间长度早已有约在先，则客人务必要谨记在心，并认真遵守。假如双方无此约定，通常一次一般性的拜访应以一小时为限。初次拜会时，则不宜长于半小时。

在拜会之中如遇他人到访，则应适当地缩减停留时间，不要妨碍主人，更不要去找来宾攀谈一番。

一旦提出告辞，便要"言必信，行必果"。任凭主人百般挽留，都要坚决地告辞。不要一而再、再而三地拖延时间，赖着不走。

出门以后，即应与主人握手作别，并对其表示感谢。不要听任对方"十八相送"，或长时间地在门外与主人恋恋不舍地大说特说"车轱辘话"。

二、待　客

作为主人，不可不习待客之道。待客之道的核心在于：主随客便，待客以礼。这一指导思想，应主要落实于以下三个具体方面。

（一）细心安排

与来访者约定拜会之后，主人即应着手从事必要的准备工作，以便令客人到访时产生宾至如归之感。主人先期需要准备安排的，主要有下列四项工作。

1. 环境卫生

在客人到来之前，往往需要专门进行一次清洁卫生工作，以便创造出良好的待客环境，并体现出对来客的重视。不要忘了"一室不扫，何以扫天下"的古训。

进行清洁卫生工作的重点，应是门厅、走廊、客厅、餐厅、阳台、卫生间等来客必经处。此外，对门外、楼梯等公众共享空间的卫生同样需要加以注意，不要只顾"自扫门前雪"。

2. 待客用品

通常，在客人来访之前，需要准备好必要的待客用品，以应客人之需。在一般情况下，必不可少的待客用品有以下四类。

第一，饮料、糖果、水果和点心。它们被人戏称为中国人款待来宾的"四大名旦"，在待客时必须做到有备无患。

第二，香烟。鉴于吸烟有害健康，在待客时可备有香烟，并相让于人，但不要勉强对方。

第三，报刊、图书、玩具。它们可供客人，尤其是随其而来的孩子使用。

第四，娱乐用品。有时间的话，宾主可一起进行娱乐活动，以同享欢乐。

3. 膳食住宿

在一般情况下，接待来客时，均应为其预先准备好膳食，并在会面之初向对方表明留饭之意。千万不要忽略此事，尤其是不要只顾自己用餐，而忽略了招待来宾，让对方空腹而归。

假如"有朋自远方来"，还须为其安排住宿。家中或本单位不具备留宿条件的话，事先须向对方说明。在这一问题上，是含糊不得的。

4. 交通工具

接待远道而来的客人时，一定要事先考虑其交通问题。如果力所能及，则最好主动为其安排或提供交通工具。

为来宾安排交通工具，讲究善始善终：不但来时要管，走时也要管。这样做，不仅是为客人排忧解难，而且也能体现主人的待客之诚与善解人意。

（二）迎送礼让

客人到来之时，主人对其欢迎与否，对前者是十分敏感的。因此，在客人抵达之后，主人所需要做的头一件事，就是要向对方表示热烈欢迎。当客人告辞时，亦须热情相送。

1. 迎候

对重要的客人与初次来访的客人，主人在必要时要亲自或者派人前去迎候。迎候远道来访的客人，可恭候于其抵达本地的机场、港口、车站，或其下榻之处，并要事先告知对方。

迎送本地的客人，宜在大门口、楼下、办公室或居所的门外，以及双方事先所约定之处。

对常来常往的客人，虽不必事先恭候于室外，但一旦得知对方抵达，即应立即起身，相迎于室外。

2. 致意

与来客相见之初，不论彼此熟悉与否，均应面含微笑，与对方热情握手。在此同时，还应对对方真诚地表示欢迎，并致以亲切的问候。

在一般情况下，待客之初的握手、问候与表示欢迎，被视为必不可少的"迎宾三部曲"。随意对此有所删减，即为失礼。

假如客人到来时，自己这里尚有亲属、同事或其他客人在场，则主人有义务为其进行相互介绍。若任其互不搭理，或自行进行接触，只能说明主人考虑不周、怠慢客人。

3. 让座

如约而来的客人到来之后，主人应尽快将其让入室内，并安排其就座。若把客人拦在门口谈个没完，主人等于是在向客人暗示其不受欢迎。

我国民间在接待来宾时，有一条古老的规矩，叫作"坐，请坐，请上座"，由此可见待客时礼让座位的重要性。处理这一问题时，一方面要注意把"上座"让给来宾就座。所谓"上座"，在待客时通常是指：宾主并排就座时的右座；距离房门较远的位置；宾主面对面就座时的面对正门的位置；或是以进门者面向为准，位于其右侧的位置。此外，较高的座位或较为舒适的座位，往往也被视为"上座"。另一方面，在就座之时，为了表示对客人的敬意，主人应请客人先行入座。千万不要不让座，或是让错座。

4. 均等

有些时候，可能会在同一时间、同一地点内接待多方来访者。遇到此种情况，一是要注意待客有序；二是要注意一视同仁。

所谓待客有序，是指在与客人握手、问候或让座、献茶时，要注意按照惯例"依次而行"。通常讲究女士先于男士、长者先于晚辈、位高者先于位低者。越是正规的场合，越需要注意这一点。

所谓一视同仁，则要求主人接待多方来宾时，在态度上与行动上均要对其平等相待，切勿有意分亲疏、论贵贱、厚此薄彼。

5. 送别

告辞的要求，应由来客首先提出。届时，主人应认真加以挽留。倘若客人执意要走，主人方可起身送行。

送行的具体地点，对远道而来者，可以是机场、港口、车站或其下榻之处；对本地的客人，则应为大门口、楼下，或是其所乘车辆离去之处。至少，也要将客人送至室外或电梯门口，不然就算是对客人的失礼。

与客人告别时，要与他握手，并道以"再见"。对难以谋面的客人，还应请其

"多多保重",并请其代向其家人或同事致以问候。

在一般情况下,当客人离去时,应向其挥手致意。当对方离开之后,主人方可离开。前往机场、港口、车站为来宾送行时,对方所乘的交通工具若尚未开动,主人抢先离去则是不应该的。

(三)热情相待

在待客之时,主人一定要表现出自己的热情、真诚之意。做到了这一点,就会让客人更加感觉到主人是真心实意欢迎他的。对客人热情相待,应主要体现于一心一意、兴趣盎然、主次分明三个具体方面。

1. 一心一意

有客来访时,客人就是主人的"上帝",待客就是主人的"工作重心"。因此,在接待客人时,一定要真正做到时时、处处、事事以客人为中心,切勿三心二意,有意无意地冷落客人。

面对客人的时候,爱答不理,闭目养神,大打哈欠,看书看报,听广播、看电视、发短信,忙于处理家务,打起电话没个完,与家人大聊其天,甚至抛下客人扬长而去,只能说明自己是一名不及格的主人。

2. 兴趣盎然

在宾主相处之际,相互之间自然要进行必要的交谈,以便沟通和交流。宾主进行交谈之时,主人不仅要准确无误地表达和接受信息,而且还要扮演一个称职的"主持人"与最佳的听众。作为"主持人",主人需要为宾主之间的交谈引起话题,寻找话题,而不使大家面面相觑、无话可说。万一客人之间的交谈不甚融洽时,主人还需出面转移话题。作为听众,主人需要在客人讲话时洗耳恭听,并对此抱有浓厚的兴趣,令对方谈兴骤增,有话可谈。

无论如何,主人都不宜使宾主之间的交谈冷场,或对客人的谈吐明显地表现出毫无兴致。

3. 主次分明

在待客之时,来宾即为主人活动的中心,主人的私人事务一般均应从属于来宾接待这一中心,这是待客时主次分明的第一层意思。

待客时主次分明的第二层意思,则是指在待客之时,此时此刻正在接待的客人,应被视为主人最重要的客人。也就是讲,对后到的客人既要接待,又不能为此转而抛弃目前正在接待的客人。可能的话,尽量不要让重要的客人同时到场。万一遇上了此种情况,可合并在一起进行接待,或先请他人代为接待一下后来之人。

第三节 晚 会

晚会，一般是对文艺晚会的简称。它所指的是在晚上所举行的以演出文娱节目为主要内容的群众性聚会。长期以来，参加晚会一向是国内群众文娱生活的主要形式之一。

从礼仪方面来看，晚会的筹备与参与都应当合乎必要的规范。下面就分别来介绍一下有关这两个方面的主要礼仪规范。

一、晚会的筹备

欲使一场晚会获得成功，对组织者而言，就必须认真做好准备工作，力求把晚会的各个具体环节安排得完美无缺，并采取各种必要的措施，严防各类意外事件的发生。

在一般情况下，组织者在筹备晚会之时，具体需要做的主要工作一共有如下五项。

（一）确定主旨

举办一场晚会，主要是为了用优美的表演娱乐人，用高尚的情操陶冶人，用时代的精神鼓舞人。换而言之，就是要巧妙地寓教于乐，既娱乐了人，又教育了人。这是举办晚会时所必须恪守的主旨，是任何类型的晚会都不可背离的。

在筹备晚会时，一定要贯彻落实以上主旨，切勿大走极端，在具体安排上只求"教人"，不讲"娱人"。当然，只顾"娱人"，将"教人"置之脑后，自然也未必合适。若想避免在上面两个问题上出现麻烦，就要在选定晚会的形式与内容时注意以下两点。

1. 健康

不论从整体还是从个别来看，一场好的晚会，首先要求演出的节目要有正确的主题与健康的内容。它们不仅要合法，要与社会公德毫无抵触，而且还要体现出文明、健康、积极、向上、振奋人心的精神。

2. 生动

晚会上所演出的节目要真正受到欢迎，除节目的主题与演员的技艺外，其内容必须生动有趣、引人入胜，使人感到愉悦；其形式必须生动活泼、轻松欢乐，既有新奇之处，又为广大观众所喜闻乐道。要是节目的内容呆板生硬，老生常谈，节目的形式千篇一律，毫无任何新意可言，那么晚会将很难获得成功。

(二）斟酌类型

要使晚会开好，就必须精心选择与其主题相适宜的具体类型。决定晚会的具体类型时，一要注意它与主题是否协调；二要兼顾自身的实际能力。

在一般情况下，晚会的具体类型可依照不同的划分标准而定，常见的区分晚会的标准主要有两个。

1. 目的

晚会的举办必有一定的目的性，因此可以举办晚会的具体目的来作为其分类的一个标准。根据此项标准，晚会可被分为以下两个大类。

第一，专题性晚会。它指的是为了反映某一主题，围绕其为中心而举办的晚会。例如，在"五四"青年节所举办的青年节纪念晚会，在"十一"国庆节所举办的国庆节庆祝晚会，都是专题性的晚会。其节目均须事先排定，并且一般不作较大改动。

第二，娱乐性晚会。它所指的是没有一定的主题，仅为寻求放松、找寻乐趣而举办的纯文娱晚会。其节目可以提前排定，但允许观众现场参与，进行即兴表演。

2. 节目

若以节目作为晚会分类标准的话，它可以被分为下述两种基本的形式。

第一，综合性晚会。所谓综合性晚会，指的是把各种各样的文艺节目综合起来进行演出的晚会。综合性晚会因其节目各异，犹如文艺的万花筒和百花园一般，可满足不同层次观众的多种欣赏需求。

第二，专场性晚会。所谓专场性文艺晚会，则是指以专门演出某一类文艺节目为主的文艺晚会。例如，可举办诗歌朗诵晚会、歌曲晚会、曲艺晚会、戏剧晚会等。它适合于层次、品位、爱好相近的观众欣赏。

（三）精选节目

确定晚会的具体类型之后，就需要立即从事节目的准备工作。在选定晚会节目时，重点所要做的工作共有三项。

1. 安排

安排晚会节目时，通常应注意下列两个要点。

第一，提前确定晚会举行的时间长度，并据此排定文艺节目。在一般情况下，举行综合性晚会，以 1~2 小时为宜。为其安排的节目时间亦不应过长，大体上以 5~10 分钟演一个节目，1 小时演 5~8 个节目为好。在每个节目之间，还要留下充分的间隔时间。

第二，排定节目时，要注意将不同风格、不同水平的节目交叉安排，以便让观众觉得有所变化。与此同时，还要慎选作为"开场白"与"压轴戏"的节目。真正做好了这一点，才能抓住观众，并给其留下深刻印象。

2. 准备

确定节目后，务必要将每个节目具体落实到专人，令每个节目都有专人负责，并要求其尽量多加排练，务求精益求精。

对落实到个人的节目，不能完全放任自流。要进行必要的审查与彩排，使之符合要求，并有所提高。

举办正式晚会时，安排节目的基本原则是"宁缺毋滥"。宁肯让不符合要求、准备不充分的节目下马，也绝不要让其滥竽充数。

3. 说明

举办大型晚会，通常要为其印制专门的说明书，并发至每名入场者，人手一份。

晚会上的说明书，又叫节目单。有时，它还会对节目的主要内容有所介绍，以便让观众提前了解。有外宾参加的正式晚会上所提供的说明书，通常应以中文与英文等文字印制。

（四）确定场地

晚会所用的场地，是其组织者必须审慎选择，并考虑周全的。具体来说，它又可被区分为演出场地与观众场地。

1. 演出场地

演出场地，又被叫作舞台。它是文艺节目的表演者在晚会中的"英雄用武之地"，也是万千观众的关注之处。在可能的情况下，要尽量地使之做到既方便表演，又方便观看。

通常，举办晚会时所选择的场地可分为下列两类。

第一，剧场舞台。即位于专业剧场之内的演出场地。它的传声、灯光效果较好，并容易控制晚会的规模。

第二，露天舞台。即临时在室外搭建的演出场地。它所受的限制较少，但演出效果往往会受到影响。

2. 观众场地

观众场地，即专供观众观看演出之处。选择观众场地时，既要使之服从于演出场地的选择，又要认真对待其安全与容量两大重要问题。

在可能的情况下，要确保每名入场者一人一座。具体的措施是：持票入场，对号就座。在发票之时，要在座次方面注意使其与观众，尤其是嘉宾的身份相符。在一般情况下，应将适宜观赏节目的最佳位置留给嘉宾。

需要观众自带座椅时，最好要求其列队入场，按单位或部门一齐入场，并提前确定其具体区域，使其在指定之处就座。

当条件不足，难以为观众提供座椅时，亦须采取必要的措施，尽量方便观众观看节目。

（五）安排人员

组织晚会时，对演职人员必须进行精心地挑选与认真地安排。倘若"目中无人"或不善于用人，则难以确保演出成功。在安排演职人员时，特别要重视对演员、报幕员、拉幕员以及舞台监督人员的选择。

1. 演员

选择演员，不仅要看其演技、人缘与知名度，而且也要兼顾其艺德、台风、责任心以及年龄、身体状况。必要时要预备几个"替补节目"，以防止个别演员因故缺场，致使演出被迫中断。

2. 报幕员

晚会的报幕员，即晚会的司仪与现场主持人。报幕员的现场表现如何，往往会对观众的情绪产生很大影响。通常，报幕员可同时由两个人交替担任，亦可由一人专任。其基本条件是：形象上佳、口齿清楚、音色悦耳、富有激情、长于表演、善于应变。

3. 拉幕员

在许多晚会上，往往需要设置幕布。拉幕员的主要职责就是根据演出的具体要求，适时地拉启或落下幕布。由此可见，其任务极端艰巨。担任拉幕员的人，一是要责任心强，二是要有气力。二者缺一不可。

4. 舞台监督

舞台监督，是一台晚会的总指挥与总调度。依仗他的监督、指挥和调度，一台晚会才会取得成功。担任舞台监督的人，需要头脑冷静、处事果断、观察入微、为人公道、知识渊博、经验丰富、善于协调，并具有较强的组织才干。

二、晚会的参与

参与晚会的人员不但很多，而且其临场表现多多少少都对晚会会产生某种程度的影响。作为晚会的主角，演员与观众在晚会上的所作所为通常至关重要。

以下，就来介绍一下演员与观众在晚会上所各自应当遵守的主要礼仪规范。

（一）演员的礼规

演员，往往是晚会上万人倾心的明星。不管是专业演员，还是群众演员，一旦登台表演，就要处处自尊自爱，不辜负广大观众的厚望。

演员在晚会上要做到合乎礼仪、不辱斯文，最重要的是要做到尽心表演、尊重观众、善待同行。

1. 尽心表演

在晚会上能否尽心尽力地为观众表演，往往与演员的实际水平关系不大，而主要取决于其道德水准。因此可以这么说，一名演员，特别是专业演员，在晚会上能否尽心表演，实际上直接体现着其道德水准。真正的好演员，一定要做到艺德双馨。

演员要尽心表演，着重点是应注意下述三件事。

第一，恪尽职守。不管发生了什么变故，都不要临时变卦、拒不到场，或拒绝登台。若临场要挟组织者，以种种借口对其进行刁难，则更是演员之大忌。

第二，发挥正常。进行演出时，不论条件如何、观众怎样，演员都要尽心竭力，努力发挥出自己的最佳水准，至少也要做到发挥正常。千万不要在表演时自作聪明、偷工减料、敷衍观众、自欺欺人。

第三，格调高雅。表演的格调问题，其实体现着演员的精神风貌。就形式与风格而言，演员在进行表演时，是提倡勇于探索的。但这并不意味着可以肆无忌惮地哗众取宠，或是为了媚俗而不顾人格尊严，使表演庸俗不堪，甚至诲淫诲盗、误人子弟。

2. 尊重观众

对演员来说，观众既是服务对象，又是"上帝"。演员的演出水平如何，终究要由观众来进行评判。而对观众来说，演员能不能尊重观众，往往比其演技的高低更为重要。因为这不仅仅是其态度问题，而且也是其人品的客观体现。

演员对观众的尊重，不只依靠语言，更要看其行动。具体来说，在登场或下台时，要向观众欠身施礼。有可能的话，在开始演出前要主动向观众问好。

演出完毕后，有观众献花时，要欣然接受，并与其握手道谢。假如观众要求加演时，应登台向其欠身施礼致谢，或是当即欣然满足其请求。

在演出期间，若是个别观众起哄闹事，切勿与其针锋相对或中止表演下台，更不允许毫无理由地拒演。

当全部节目演完之后，全体演员应登台谢幕，热情洋溢地面对观众鼓掌，或是挥手致意，并欢送观众退场。

在演出前后，遇有观众要求签名或合影留念时，一般不应予以拒绝。碰到观众认出自己，并喊叫自己姓名时，应面含微笑，向其点头或挥手致意。

3. 善待同行

进行晚会节目演出时，妥善地处理自己与其他演员之间的关系，是每一名演员均须注意的一大问题。处理与其他演员的相互关系时，重要的是需要相互支持、积极合作，并以齐心协力开好晚会为首要目的。

对待晚会节目的具体安排要认真服从、认真遵守，不要为了争抢最佳的出场次序或是某个节目中排名的先后，而与其他演员互不相让。需要配合其他演员的演出，或是为其提供方便时，要尽力而为、不讲条件，不要时时"我"字当头，只想当"红花"，而不愿做"绿叶"。

倘若晚会对演出节目进行评比，则要尊重公论。既不要搞小动作，百般诋毁竞争对手；也不要把评比结果看得过重，从而忘记了演员表演的目的在于愉己与悦人。

（二）观众的礼规

观众在观看晚会演出时，不仅有尽情欣赏节目的权利，而且也有严守礼仪规范的义务。观众所要遵守的礼仪规范，主要涉及准时入场、按号入座、专心观看、支持演员、照顾同伴、依次退场等几个具体方面。

1. 提前入场

提前进入演出场地，是每一位观众都必须自觉遵守的最重要的礼仪规范之一。

在一般情况之下，演出正式开演之前的一刻钟左右，观众即应进入演出场所。之所以要求观众在出席晚会时提前进场，主要是基于以下两个方面的考虑：其一，为观众自身着想。其二，为了维护演出秩序。

之所以说提前入场是为观众自身着想，是因为这样一来，观众便有比较充足的时间，去会合亲友，领节目单，存放衣帽，稍事休息，找寻座位，并熟悉环境。

之所以说提前入场是为了维护演出秩序，则是因为假如无此要求，在演出开始后，仍有迟到的观众络绎不绝地入场，既会影响其他观众，也是对演员的不尊重。事实上，大凡正规的晚会演出铃声响过之后，便不再准许迟到的观众进场。只有在中场休息时，他们才会获准入场。

2. 按号入座

凡参加要求凭票入场、对号就座的晚会，观众均应自觉配合组织者的工作，持票排队入场，并凭票按号入座。通常观众不仅要提前入场，而且还要提前就座。时间如果充裕的话，至少应提前 5 分钟在属于自己的座位上就座。

在找寻自己的座位时，若有领位员在场，最好请其带路或予以指点。若必须"自助"时，则最好从左侧向前行进，逐排寻找。千万不要为了选择"捷径"，从而踩、跨座椅。

走向自己的座位时，如果需要从其他已经落座的人士面前通过，不要不发一言、横冲直撞过去。正确的做法是应当先向对方说一声"对不起"，随后面向对方侧身通过，尽量不要碰撞对方的身体。万一碰撞了对方，必须立即致歉。

若自己的座位上已有他人在座，应出示自己的门票，并说明该座位属于自己，并请对方让开。必要时，可请领位员或工作人员处理此事。自己无论如何都不要与对方"大动干戈"、争争抢抢。

在自己座位上就座时，要做到悄无声息，坐姿优雅。切勿将座椅弄得乱响，或是坐得东倒西歪、前仰后合，甚至将脚乱伸、乱翘、乱踏、乱蹬。

从原则上讲，座位即为观众的"岗位"。观众一旦在自己的座位上就座，就不宜再进进出出，乱换、乱占用其他空位。更不允许观众在走道上、舞台上或乐池里就座。有特殊原因需要调换座位的话，也不要强人所难，而应当两相情愿。

若晚会不要求对号就座或没有座椅可坐的话，则要切记：自己观看节目的具体位置一经确定，便"一成不变"了。

3. 专心观看

观看节目的演出，是每一位观众参加晚会的目的所在。在观看演出时，观众的最佳表现是：专心致志，全神贯注。既不妨碍演员的表现，也不影响其他观众的观看。要符合上述要求，尤其应注意以下几个具体要点：

第一，不交头接耳。在观看演出时，不得与同伴窃窃私语，或是对演出大声评论。

第二，不使用手机。一旦进入演出现场，即应自觉关闭自己的手机，或将其调至"静音"状态。千万不要任其鸣响不止，更不要在观看节目的同时拨打或接听手机。

第三，不进食吸烟。观看演出时，最好别吃东西，尤其是不要吃带壳的食物；也不要喝易拉罐的饮料，因为它们都可能会成为噪声之源。此外，还须自觉禁烟。

第四，不心不在焉。在演出期间，不要睡觉、看报、听音乐、发短信、干私活，或是对别的观众注意过多。

第五，不随便走动。当演出开始之后，乱走、乱动是非常惹人讨厌的。

第六，不影响他人。在观看演出时，不要戴帽子，或坐得过高。不要在一个座位上挤两个人，或是挤占属于其他观众的座位。不要随意拍照、乱用闪光灯，或是任意进行摄像、录音。

4. 支持演员

在观看演出时，观众对演员表示尊重友好的最好方法，就是要用自己的实际行动去支持演员、鼓励演员。

当演员登台表演或演完退场时，观众应热情、友善地对演员鼓掌，以示欢迎或感谢。

当演员的表演异彩纷呈，或完成了高难度的演出动作，观众可在适当之时，为之热烈欢呼，并鼓掌致贺。但此类做法，应以不妨碍或打断演员的演出为宜。

由于水平各异、发挥不同，有些演员的表演可能欠佳，还有一些演员则有可能在演出之中出现个别失误。对此，观众应予以谅解。不要动不动便对自己不喜爱的演员或不喜欢的节目鼓倒掌、吹口哨、扔东西、辱骂人、哄赶人。其实，当演员出现闪失时，观众若能视若不见，或是对其后的表演一如既往地认真观赏，才是对演员最好的支持。

碰上自己所喜欢的演员，可以鼓掌要求其加演节目，但应适可而止，切勿因此而累垮演员，或打乱整个演出计划。

演出结束，演员登台谢幕时，全体观众应一致起立鼓掌，再次感谢演员的表演。不要熟视无睹，扬长而去。

5.照顾同伴

在观看演出的过程之中，对自己的同伴，尤其是长辈、女士、客人，需要主动加以照顾。

入场之时，最好与自己的同伴一起行动。必要的话，可前去迎接对方，或与对方约好会合之处，并提前到达恭候对方。如果需要，在演出结束后，要为同伴安排交通工具，或护送其返回居所。

若自己受人邀请的话，务必准时到达会合之处，不要姗姗来迟，令人长时间等待。

进场之后，如需要存放衣帽，领取或购买节目单时，应当主动替同伴代劳。

寻找座位时，若无领位员相助，应主动走在前边，为同伴带路，并请同伴坐在较好的座位上，如前排、中央的座位；而将诸如后排、靠边或挨着走道之类的座位留给自己。座位不够坐的话，则应请同伴优先就座。

若晚会规定禁止学龄前儿童入场，须认真遵守这一规定。若允许带孩子入场，则要对其严加管束，不要任其乱哭乱闹、四处乱跑。

6.依次退场

在观看演出期间，一般不允许提前退场。

当演出结束，观众退场时，应依次而行，井然有序。不要争道抢行，制造混乱。

除以上六条观众礼规外，有些晚会，尤其是涉外晚会，对观众的着装会有所限制。一般而言，不允许观众的穿着过分自由、随意、散漫，而要求其着装庄重、大方、时尚。对此种规定，观众亦应遵行不怠。

第四节 舞 会

在各式各样的社交性聚会当中，若就欢迎程度而论，恐怕要首推舞会了。实际上，舞会的确是人际交往，特别是异性之间进行交往的一种轻松、愉快的良好形式。

舞会，一般是指以参加者自愿相邀共舞为主要内容的一种文娱性社交聚会。在优美的乐曲、美妙的灯光、高雅的舞姿相互衬托下，人们不仅可以从容自在地获得自我放松，而且还可以联络老朋友、结识新朋友，进一步扩大自己的社交圈。

从社交礼仪规范方面来讲，舞会的成败既取决于它的组织工作进行得如何，又受制于其参加者的自身素质与临场时的表现。

一、舞会的组织

要使一场舞会获得圆满成功，舞会的组织工作能否中规中矩至为重要。组织一般性的社交舞会时，应注意的主要问题有时间、场地、曲目、来宾、接待等。

（一）时间

举办舞会，首先必须选择适当的时间。举办舞会的时间问题，实际上又具体涉及下述两点。

1. 时机

举办任何一场舞会，都需要为其找到一个恰当的名义，如庆祝生日、纪念结婚、晋职升学、欢度佳节、款待贵宾等。换而言之，碰上这些情况时，便是举办舞会的最佳时机。在一般情况下，周末和节假日也非常适宜举办舞会。

2. 长度

确定一次舞会的具体长度，应兼顾各种因素。其中最重要的有两个因素：一是不要令人过度疲劳；二是不要有碍工作与生活。

在正常情况下，舞会最适合于傍晚开始举行，并以不超过午夜为好。其最佳的长度，通常被认为是 2～3 小时。

（二）场地

舞会的场地问题，具体来说，又分为举办地点与舞池选择两个方面。

1. 地点

确定舞会举行的具体地点时，既要考虑人数、交通、安全问题，又要注意其档次与气氛是否适宜举办舞会。与此同时，还须量力而行。

依照常规，举办小型舞会，可选择自家的客厅、庭院或是公园、广场。举办大型舞会，则宜租借单位的俱乐部，或是营业性舞厅。

2. 舞池

舞池，一般是指在舞会举办地点内专供跳舞的地方。在举办大型、正式的舞会时，对舞池的选择与布置必须再三考虑。其中以下五个细节尤须高度重视。

第一，大小适度。它最好与跳舞的总人数大致般配，人均 1 平方米最佳。

第二，地面整洁。若其过脏、过滑、过糙，都会有碍于跳舞。

第三,灯光正常。它应总体柔和稳定,而又有所变化。过强或过弱,都不甚合适。

第四,调试音响。其音量要适度,切勿以噪声扰人。

第五,配置桌椅。它主要专供跳舞者在舞曲期间休息之用。

(三)曲目

舞曲,是一场舞会的导向和灵魂。在为舞会选择舞曲曲目时,主要需要考虑以下四条。

1. 从众

选择舞曲,最宜符合大多数人的需要,切忌"曲高而和寡"。在一般情况下,最好选择众人熟悉的,节奏鲜明、清晰,旋律优美、动听的曲目作为舞曲。

2. 交错

从总体上讲,曲目的安排应当有"快"、有"慢",在节奏上令人一张一弛、各取所需。可将不同国家、不同风格、不同节奏的曲目穿插在一起,使舞曲时而婉转抒情、时而热烈奔放,好似波涛起伏一般,令人为之陶醉。

3. 适量

在正式的舞会上,最好提前将选好的舞曲印成曲目单,届时发给观众,人手一份。曲目单上所列的舞曲总数,应与舞会所预定的时间相呼应,并"雷打不动"。一经确定,便不再增减。跳舞者一看到曲目单上的舞曲数量,便对舞会的时间长度心中有数了。

4. 依例

选择舞曲曲目,还须遵守约定俗成的惯例。例如,一般的舞会均以《一路平安》作为最后一支舞曲。此曲一经演奏,等于宣布"舞会到此结束"。

(四)来宾

对舞会的来宾,组织者所要做的主要工作有约请、限量、注意比例等。

1. 约请

确定舞会参加者的名单后,即应尽早以适当的方式,向对方发出正式邀请。在常用的口头邀请、电话邀请、书面邀请等几种形式中,书面邀请最为正规。需要强调的是,为了便于客人早作安排,在一般情况下,最好令对方在舞会举行的一周之前得到邀请。

2. 限量

舞会的来宾,绝非多多益善。来宾过多,不仅会在现场造成拥挤,使舞者难以尽兴,甚至还有可能由此危及大家的人身安全。因此,在筹办舞会时,必须以舞池面积为重要依据,规定参加者的具体数量,并予以认真掌握。

3. 比例

在较为正式的社交舞会上，相邀共舞之人不应当是同性，而必须是异性。要做到这一点，舞会的组织者就要采取一切可行的具体措施，以保证舞会的全体参加者在总量上做到男女比例大致相仿，基本上各占一半。

（五）接待

为确保舞会的顺利进行，主人一方有一些具体的接待工作必须认真做好。其中较为重要的工作是要确定舞会的主持人、招待员，并备好适量的茶点。

1. 主持

较为正式的舞会上，通常需要由一位经验丰富、具有组织才能的人士充当舞会主持人。在一般情况下，主持人应由女士担任。在家庭舞会上，女主人是其最佳人选。主持人的主要任务是：注意控制、调整场内情绪，使舞会始终保持欢快、热烈的气氛。

2. 招待

在可能的情况下，主人一方还须组织一支精明强干的招待人员队伍。他们一般由青年男女组成，并穿着统一的服装，或佩戴统一的标志。他们的职责：一是迎送接待来宾；二是为来宾提供必要的服务；三是邀请单身前来的嘉宾共舞；四是为遭到异性纠缠的客人"排忧解难"。

3. 茶点

在时间较长、较为正式的大型舞会上，主方应为来宾提供适量的饮料、点心和果品，以供选用。提供茶点的具体方式，可以是按桌定量供应，也可以是自助式。

二、舞场的表现

在舞场之上，舞会的所有参加者均须检点个人的行为举止，注意自己的临场表现，时时处处遵守舞会的礼仪规范。

对一般人而言，约束自己在舞场上的具体表现，主要需要注意修饰、邀人、拒绝、舞姿、交际五个方面的具体问题。

（一）修饰

参加舞会之前，依礼必须先期进行必要的、合乎惯例的个人形象修饰。其中，修饰的重点主要有三。

1. 仪容

在仪容方面，舞会的参加者均应沐浴，并梳理适当的发型。男士务必要剃须，女士在穿短袖装时则须剃去腋毛。特别需要强调的还有两点：其一，务必注意个人口腔卫生，认真清除口臭，并禁食气味刺激的食物。其二，外伤患者、感冒患者以及其他传染病患者，应自觉地不参加舞会，否则不仅有可能传染他人，而且还会影响大家的情绪。

2. 化妆

参加舞会前，有条件的人都要进行适度的化妆。男士化妆的重点，通常是美发、护肤和祛味。女士化妆的重点，则主要是美容和美发。与家居妆、上班妆相比，因舞会大多举行于晚间，舞者肯定会被灯光照耀，故舞会妆允许相对化得浓烈一些。但若非参加化装舞会，化舞会妆时仍须讲究美观、自然，切勿搞得怪诞神秘，令人咋舌。

3. 服装

在正常情况下，舞会的着装必须干净、整齐、美观、大方。有条件的话，可以穿格调高雅的礼服、时装、民族服装。若举办者对此有特殊要求的话，则须认真遵循。在舞会上，通常不允许戴帽子、墨镜，或者穿拖鞋、凉鞋、旅游鞋。在较为正式的社交舞会上，一般不允许穿外套、军装、警服、工作服。穿的服装过露、过透、过短、过小、过紧，既不庄重，也不合适。

(二) 邀人

在舞会上，邀请他人与自己共舞一曲，是参加者必做之事。舞会礼仪规定，在邀人共舞时，特别要关注常规、方法、选择、顺序等几个要点。

1. 常规

在舞会上，邀请舞伴的下述基本规范，是人人都必须严格遵守的。

请舞伴时，最好是邀请异性。通常讲究由男士去邀请女士，但女士可以拒绝。女士亦可邀请男士，然而男士却不能拒绝。

在较为正式的舞会上，尤其是在涉外舞会上，同性之人切勿相邀共舞。两位男士一同跳舞，会给他人以关系异乎寻常之感。而两位女士一起跳舞，则等于宣告："本人没有男士相邀"，所以迫不得已以此举呼吁男士们"见义勇为"。

根据惯例，在舞会上一对舞伴只宜共舞一支曲子。接下来，需要通过交换舞伴去扩大自己的交际面。舞会上的第一支舞曲，一般讲究由男士邀请与自己一同前来的女士共舞。如有必要，他们二人还可以在演奏舞会的结束曲时再同跳一次。

2. 方法

邀请他人跳舞，应力求文明、大方、自然，并讲究礼貌。千万不要勉强对方，尤其不要出言不逊，或是与其他人争抢舞伴。

一般来说，邀请舞伴时，有以下两种具体办法可行。

第一，直接法。即自己主动上前邀请舞伴。可先向被邀请者的同伴含笑致意，然后再彬彬有礼地询问被邀请者"能否有幸请您跳舞"。

第二，间接法。即自觉直接相邀不便，或者把握不是很大时，可请与彼此双方相熟的人士代为引见介绍。

不论采用何种方法请人，万一当自己来到被邀请者面前，却已有他人捷足先登时，则须保持风度，遵守先来后到的顺序，礼让对方，下一次再去进行邀请。

3．选择

在舞会自行选择舞伴时，亦有规范可循。有可能的话，不要急于行事，而最好先适应一下四周的气氛，进行细心的观察。一般说来，以下八类对象，是自选舞伴之时最理智的选择。

第一，年龄相仿之人。年龄相似的话，一般是彼此容易进行合作的。

第二，身高相当之人。如果双方身高差距过大，未免会令人感到尴尬难堪。

第三，气质相同之人。邀气质、秉性相近的人一同共舞，往往容易相互产生好感，从而和睦相处。

第四，舞技相近之人。在舞场，"舞技"相近者"棋逢对手"，相得益彰，有助于更好地发挥技艺。

第五，无人邀请之人。邀请较少有人邀请之人，既是对其表示一种重视，也不易遭到回绝。

第六，未带舞伴之人。邀请未带舞伴的人共舞，成功的机会往往较大。

第七，希望结识之人。想结识某人的话，不妨找机会邀对方或是其同伴共舞一曲，以舞为"桥"去接近对方。

第八，打算联络之人。在舞会上碰上久未谋面的旧交，最好请其或其同伴跳一支曲子，以便有所联络。

除以上几种情况外，在舞会上倘若发现他人遇到异性的纠缠骚扰，最得体的做法是挺身而出，主动邀请被纠缠者跳一支曲子，以便"救人于水火之中"。

4．顺序

在较为正式的舞会上，根据舞会礼仪的规定，人们除了要与自己一起前来的同伴同跳开始曲、结束曲，或是可以酌情自择舞伴，还须按照某些既定的顺序，去"毫无选择"地邀请其他一些舞伴。以下是男士邀请舞伴的合礼顺序。

就主人而言，自舞会上的第二支舞曲开始，男主人应前去邀请男主宾的女伴跳舞，而男主宾则应回请女主人共舞。

接下来，男主人还须依次邀请在礼宾序列上排位第二、第三……的男士的女伴各跳一支舞曲，而那些被男主人依照礼宾序列相邀共舞的女士的男伴，则应同时回请女主人共舞。

就来宾而言，下列女士均是男宾应依礼相邀共舞一曲的。她们主要包括：一是舞会的女主人；二是被介绍相识的女士；三是自己旧交的女伴；四是坐在自己身旁的女士。

以上女士若被男宾邀请后，与其同来的男伴最好当即回请该男宾的女伴跳上一曲。

（三）拒绝

在一般情况下，当本人在舞会上被人相邀时，通常不宜拒绝对方。万一非要回绝他人的邀请，则务必要注意态度与措辞，切勿伤害对方的自尊心。

1. 态度

拒绝他人邀舞的请求时，态度要友好、自然，表现要彬彬有礼。不要把对方"晾"在一旁下不了台，或者对其视而不见，置若罔闻。

口头拒绝对方时，最好起身相告具体原因，并勿忘向对方致歉，对其说上一声"实在对不起"，或"抱歉之至"。别人邀请自己跳舞，是尊重自己的表现，所以千万别令其难堪或受到伤害。

被人拒绝后，要有自知之明，有台阶就下。千万不要自找没趣、赖着不走，或胡搅蛮缠。

拒绝一个人的邀请之后，不要马上接受他人的邀请，尤其是不要当着前者的面，堂而皇之地那样做。否则，会被前者视为一种侮辱。

2. 托词

拒绝他人时，语言不宜僵硬、粗鲁，不宜对被拒绝者说带有轻蔑侮辱的话语。

通常，拒绝别人，应在说明原因时使用委婉、暗示的托词。目前，在舞会上婉拒别人的托词，最常见的有下列六种。对此，拒绝者要会讲，被拒绝者则要善于"听话听音"，并知难而退。

第一，"已经有人邀请我了"。

第二，"我累了，需要单独休息一会儿"。

第三，"我不会跳这种舞"。

第四，"我不喜欢跳这种舞"。

第五，"我不熟悉这首舞曲"。

第六，"我不喜欢这首舞曲"。

（四）舞姿

参加舞会时，人人重在参与。一个人的舞姿不一定美不胜收，其舞技也并不一定无可挑剔，但他在跳舞时的所作所为，却必须尽量合乎规范，并文明大方。

1. 标准

在舞场上跳舞时，按规范：步入舞池时，须女先男后，由女士选择跳舞的具体方位。而在跳舞的具体过程中进行合作时，则应由男士带领在先，女士配合于后。

每个人在跳舞之时，身体均应保持平衡，步法切勿零碎、杂乱。在需要前进或后退的时候，迈出的脚步、身体的重心、力量的分配，都一定要认真、准确，并要注意移动自如。

在跳舞时，应掌握运步方向的技巧。要记住，在变换各种方向时，均应以自己左脚或右脚的前脚掌为轴心进行转动。

跳舞时，所有人的行进方向，都必须按照逆时针方向进行。唯有如此，才能确保舞池的正常秩序，不至于发生跳舞者互相碰撞拥挤的状况。

有乐队伴奏时，一曲舞毕，跳舞者应首先向乐队立正鼓掌，以示感激。此后，方可离去。

在一般情况下，男士应将自己所请的女士送回其原来的休息之处，道谢告别之后，才能再去邀请其他女士。

有条件的话，对基本的舞姿可多作练习，以便熟能生巧。

2. 文明

在舞场上跳舞时，每个人的舞姿均应符合文明规范。跳舞时的具体动作，要与届时演奏的舞曲协调一致。在任何时候，都不要自行创作、乱跳一气。尤其不允许有意采用夸张、怪异、粗野甚至色情的舞蹈动作，用来吸引他人的注意。

跳舞之时，要注意与其他的跳舞之人保持适当的距离，以防相互影响。万一不慎碰撞或踩踏了别人，应自觉地向对方道歉。若系他人因此而向自己道歉，则须大度地向对方表示"没关系"。

不论与自己一起跳舞的舞伴系何种关系，两个人在一起合作跳舞时，除必要的以手相互持握外，身体的其他部位都要保持大约一拳左右的间隔。男士不能借机对女士又拉、又搂、又抱，女士则不宜主动贴向男士。双方都不应在跳舞时贴面、贴胸、贴腹，有意依偎在一起。

除交谈外，在跳舞时切勿长时间地紧盯着舞伴的双眼。万一碰到了对方身体的其他部位，应立即为自己的不慎向对方说一声"对不起"。

（五）交际

鉴于舞会多以交际为主，故此舞会亦称交谊舞会。参加舞会时，不能只图跳舞尽兴，而忘却了本应进行的交际活动。

1. 叙旧

在舞会碰上了老朋友、老关系，除要争取邀请对方或其同伴共舞一曲外，还要尽量抽时间找对方叙上一叙，致以必要的问候，并传递适当的信息。千万不要在舞会上表现得"喜新厌旧"，为了结交新朋友，而对旧交不屑一顾。

2．交友

在舞会上结交新朋友，通常有下述三种方法可行。

第一，主动把自己介绍给对方。

第二，请主人或其他与双方熟悉的人士代为介绍。

第三，通过邀请舞伴的方式直接或间接地认识对方。

在舞会上结识新朋友之后，一般不宜长时间深谈。可在此后适当的时间主动联络对方，以便进一步推进双方关系。

与互不相识的舞伴跳舞时，可略作交谈。其内容以称赞对方的舞技、表扬乐队的演奏等为佳。有时，也可以进行简短的自我介绍。但是，在交谈时不宜打探对方的个人隐私、贬低他人的舞技，或信口开河。无论如何，都不要在跳舞时伺机向对方提出单独约会的请求。

第五节 赛 会

赛会，在此所指的是为举办体育竞赛活动而进行的一种专门性的聚会。通常人们把进行单项体育竞赛的赛会叫作比赛，而进行多项体育竞赛的赛会则被称为运动会。

在一般情况下，人们参加赛会时，因其所起作用的不同，大体上可被分为参与者与旁观者两种不同的角色。不论具体扮演哪一种角色，在赛会上都应自觉地遵守相关的礼仪规范。只有这样，才能使赛会既精彩，又动人。以下作为赛会礼仪主要内容的赛会仪式、选手礼规与观众礼规等，是参加赛会之人均应遵守的。

一、赛会的仪式

为了确保赛会的隆重、热烈，人们为其创设了一系列的规则和程序，即所谓赛会仪式。长期以来，它已经成为赛会，尤其是大型运动会必不可少的重要组成部分。

目前，在国内外赛会上最常见的赛会仪式主要有开幕仪式、闭幕仪式、入场仪式、点火仪式、宣誓仪式、抽签仪式、赠旗仪式、颁奖仪式等。它们通常都是由一系列的具体步骤所组成的。

（一）开幕仪式

开幕仪式，即大型赛会正式宣布开始的一系列程序。有时，它被简称为开幕式。

成功而精彩的开幕式，对激发运动员的斗志、吸引广大的观众，具有重要的意义。常规的开幕式程序主要有下列八项。

(1) 主持人宣布赛会正式开幕。
(2) 放飞信鸽和飘飞气球。
(3) 奏国歌与赛会会歌。
(4) 运动员入场。
(5) 嘉宾致词。
(6) 运动员、裁判员宣誓。
(7) 运动员退场。
(8) 团体操表演。

(二) 闭幕仪式

闭幕仪式，又叫闭幕式，指的是宣布赛会结束的一系列程序。其主要内容有下述五项。

(1) 主持人宣布开会。
(2) 负责人进行总结。
(3) 宣布比赛者成绩与名次。
(4) 颁发奖品、纪念品。
(5) 主持人宣布赛会正式闭幕。

(三) 入场仪式

入场仪式，又叫入场式。它是开幕式的重要部分之一，指的是运动员按一定的排列阵容步入赛会会场，以接受主席台上的就座者与观众检阅的一种具体仪式。

安排入场式时，需要注意队伍组成、入场序列、行进路线三个基本问题。

1. 队伍构成

从总体上讲，进入赛场的全部队伍依其先后次序应为旗手、女子鲜花队、男子红旗队、各个运动队和东道主运动队。

2. 入场序列

各运动队的入场序列，通常有两种排列方法：在国际比赛中，通常应按各队所在国国名的拉丁字母顺序的先后入场。在国内比赛中，则大多依各队所在地区或队名的汉字笔画的多少来排定入场的先后顺序。不管如何排定入场序列，东道主代表队一般应居于各运动队之后。在各运动队中，则讲究先女后男；个矮者在前，个高者在后。领队与教练随运动队入场时，一般应走在头排的位置上。

3. 行进路线

在常规情况下，入场式的行进路线应为逆时针方向，自面向赛会主席台的右侧，由右而左地行进入场。最后进入面对主席台的场地中央，面向主席台，依先左后右的顺序排成纵队排列。

（四）点火仪式

目前，在国际性或全国性的大型赛会的开幕式上，往往都会举行火炬点燃仪式，它的简称便是点火仪式。其寓意来自古希腊，是为了表示"普天之下，同享和平"。点燃火炬仪式的大体步骤有以下几项。

(1) 采取火种。
(2) 举办火炬接力活动。
(3) 点燃主赛场的"圣火"。

（五）宣誓仪式

在大型赛会的开幕式上，为了以正赛风、维护比赛规则，通常会举行庄严的宣誓仪式。其程序一般为以下两项。

(1) 运动员代表宣誓。
(2) 裁判员代表宣誓。

（六）抽签仪式

在赛会上，为了真正做到公平合理，各运动队或运动员个人的分组、轮次问题，均应经过抽签仪式解决。其常规程序有以下几项。

(1) 主持人宣布抽签办法。
(2) 宣布公证人和监察员名单。
(3) 宣告抽签正式开始。
(4) 公布中签号码。
(5) 公告抽签结果。

（七）赠旗仪式

在某些友谊赛、表演赛上，初次相逢并进行比赛的两个运动队，在赛前按惯例要举行互赠队旗的仪式，即赠旗仪式。其程序大致为以下几步。

(1) 双方队员在赛场中央面向主席台分左右排开。
(2) 全体队员向主席台及全场观众挥手致敬。
(3) 双方队长代表本队互赠队旗。
(4) 双方运动员互赠纪念品。
(5) 双方队长面向主席台举起对方队旗致意。

（八）颁奖仪式

在重大赛会的各项比赛结束时，通常要举行隆重的颁奖仪式。它的程序通常有下列几项。

(1) 宣布比赛成绩。
(2) 前三名优胜者在阶梯式领奖台上各就各位。
(3) 嘉宾为前三名优胜者依次颁奖。
(4) 奏冠军所在国国歌。
(5) 依次升挂前三名优胜者所在国国旗。

以上程序之中的最后两项仅见于国际比赛，而升国旗则通常与奏国歌同时进行。

二、选手的礼规

选手，又称赛者，即赛会的参与者，也就是运动员。在参与体育比赛的具体过程里，每一位选手需要遵守的礼仪规范主要涉及以下五个方面。

（一）严守比赛规定

不同的比赛项目，大多会有不同的礼仪规范。运动员在参与比赛时，对此必须遵守不怠。

例如，在体操比赛中运动员上场时，要首先立正站立，高举右手向观众和裁判致敬。在下场之前，还须如此这般再次向观众与裁判致敬。

在足球比赛中，运动员一旦犯规，在裁判吹哨后，即应主动举起右手，表示自己认错。在比赛结束后，双方运动员应相互握手致意，等等。

特别要注意，在比赛中不要蓄意犯规。尤其是不要有意算计对手，或服食兴奋剂等违禁药品。

（二）体谅竞争对手

发展体育运动的目的，是为了增强人民体质。举办赛会，是为了推进体育运动的深入开展。运动员参与比赛，固然是为了取得好成绩，能够为自己所在的国家、单位争光，但切勿忘记"友谊第一，比赛第二"，不要将竞争对手当成敌人看待。

在比赛之中，不要对竞争对手搞小动作，或进行金钱交易，甚至与对方大动干戈、相互谩骂。

不要在任何场合对竞争对手指桑骂槐，更不能公开地对其进行诅咒、嘲讽，或进行人身攻击。

其实，比赛场上的对手应当成为朋友，以便相互促进、共同提高。因此，要主动结识对方，并与之建立互助、互谅的友好关系。在大庭广众之前，尤其要对对方以礼相待。对方若战胜了自己，应主动向其祝贺。

（三）尊重赛场裁判

在赛场之上，裁判犹如法官一样，对运动员的比赛活动按规则进行是与非的公正裁判。没有裁判的执法如山，比赛能否顺利进行将难以想象。因此，运动员在参与比赛时，既要自觉遵守比赛规则，更要认真服从裁判的裁决，并且还要对裁判表现出应有的尊重。

在赛前、赛后，运动员应主动迎向裁判并向其致以敬意。在比赛进行之中，对裁判所作的裁决和处罚要虚心接受、认真执行。切勿对裁判抱有偏见，品头论足；不要场下视若不见，场上不服裁判，更不能因为一时气盛，而对裁判进行言语羞辱，甚至又骂又打。

万一认为裁判执法不公，可通过适当的渠道进行申诉。在未得到最后仲裁之前，不要随意向外界进行披露。

（四）善待热心观众

俗话说"红花也要绿叶扶"，如果把运动员比作红花的话，那么广大热心观众便是相助于运动员的绿叶。离开了观众的支持与鼓励，运动员在赛场之上往往难以有所长进。

有鉴于此，不论自己心情如何、性格如何、水平发挥如何，运动员都要时时、处处善待观众。具体而言：

运动员在上场之后和下场之前，都要主动向观众挥手致意。在取得优异成绩之后，切勿忘了向观众以适当的方式表达自己的谢意。听到熟悉自己、爱戴自己的观众呼喊本人姓名，或为自己加油、鼓励时，但凡有可能，就要予以回应。遇到有的观众要求签名或合影时，要尽量满足其请求。

不要对观众冷若冰霜、熟视无睹、毫无反应。尤其是不要一时糊涂，做出伤害观众自尊心的事情。

即使遇到极个别的观众对自己采取了过激的行为，或讲了过头话，也要保持克制，不予理睬。

（五）支持记者工作

在万众关注体坛赛事的今天，各种大众传媒自然而然地也将自己的注意力集中到了运动员身上。对记者的工作，运动员一是要理解，二是要支持。

遇到记者采访、提问时，只要有可能，就应满足其要求，不要故弄玄虚，不要不见、不谈，或是进行刁难和驱赶。

在接受媒体采访时，要有所准备，并注意维护个人形象。不要一问三不知，逢问皆不答，或是所答非所问。

即使记者采访时所提的问题比较尖刻，或是采访的时机不对，也要努力保持风度，切勿急躁发怒。

三、观众的礼规

在比赛场上,广大身临其境的观众尽管只是旁观之人,但却往往会全力以赴地将自己的全部身心"投入"赛事,心甘情愿地与运动员一道"同呼吸,共命运"。

作为赛会的支持者,观众的所作所为必须有助于赛事的顺利进行,而绝不应该适得其反。观看赛会时,要使自己成为一名合格观众,就必须严守下述几条重要的礼仪规范。

(一)维护秩序

要使比赛顺利进行,首先就必须采取一切必要的措施确保赛场秩序井然。对广大观众而言,自觉维护赛场秩序,属于其应尽之责。参加赛会时,观众为维护赛场秩序所做的事情,主要涉及以下三个具体方面。

1. 入场

进入赛场时,观众必须按有关规定一人一票,持票入场。切勿因入场心切,而企图无票入场,更不要强挤硬闯。

入场时,如果人多的话,应自觉排队,依次进场。不要插队,不要拒绝排队,或是有意起哄,造成拥堵。在比赛结束后退场时,对此亦应注意。

2. 就座

入场以后,应尽快在属于自己的位置上就座。不要抢占他人的好座,或是到处东游西荡。

不要为了方便自己而坐在通道上,或擅自进入赛场场地之内就座,因而影响比赛或其他观众的行动。

3. 观看

在观看比赛时,不要携带或使用违禁之物。例如,不要燃放鞭炮、点火、散发传单、饮酒助兴等。

尽量不要在观看比赛的同时又吃又喝。若比赛时间较长,则在小量进食之后,不要将废弃物随手乱丢,而应装入自备的垃圾袋,带出赛场后,投入垃圾箱。

在观赛时,观众可能会由于比赛激烈而融入其中、自我陶醉。此时偶尔与身边之人交流几句未尝不可,但切勿强求"舆论一律"。

(二)拥戴偶像

有不少人之所以热衷于观看比赛,往往是奔着自己心中的偶像而去的。对他们来说,在赛场上支持、拥戴自己的偶像,是自己最应该做的。拥戴自己的偶像,可采用适当的方法,但不要表现过激,让人难以接受。此外,也不能"物非其类",将自己偶像的对手和秉公执法的裁判员视为仇敌。

在一般情况下,在赛场上拥戴偶像有下列几种可行的方法。

(1) 长时间鼓掌。

(2) 热情欢呼。

(3) 挥舞彩旗、标语。

(4) 使用表示胜利的"V"字手势。

(5) 敬献鲜花。

(6) 要求签名或合影。

(7) 组成啦啦队集体行动。

(三) 宣泄情感

比赛场上的气氛往往比较热烈,观众们经常会因身临其境而一时忘我、大喜大悲,或情绪大起大落,畅快地宣泄个人的情感。从某种意义上讲,这正是体育比赛吸引大家的原因所在。但是在赛场上宣泄个人情感,仍应把握分寸,并以不违反下列四戒为宜。

1. 戒赤膊上阵

观众的热情再高,也不要在赛会上当众表演"脱衣舞"。在赛场观众席上打赤膊,或是超限制裸露,只能说明自己是无礼之人。

2. 戒言行粗鲁

观赛之时,切忌满口脏话、举止失态。对他人连声叫骂、动手打架,则更在禁止之列。

3. 戒偏袒起哄

不要在观赛之时,过分偏袒己方选手。也不要动辄起哄闹事,制造混乱气氛。

4. 戒纠缠赛者

在适当之时,向某一位运动员表示适当的爱戴之意,未必不可。但此举必须适度,切勿因此而有碍对方的比赛和休息。更不要使之成为对方的负担,甚至对对方构成骚扰。

本章小结

本章所讲授的是聚会礼仪。它在此指的是人们在各种社交聚会中所必须遵守的行为规范。遵守聚会礼仪,才能在社交聚会中表现得彬彬有礼。

本章第一节讲授的是有关集会的礼仪。它要求主持者、发言者、聆听者在集会上均应律己、敬人。

本章第二节讲授的是有关拜会的礼仪。它要求做客时与待客时皆应以礼待人，并始终如一。

本章第三节讲授的是有关晚会的礼仪。它要求筹备晚会与参加晚会时均应谨小慎微、有备无患。

本章第四节讲授的是有关舞会的礼仪。它要求舞会的组织要中规中矩，舞场的表现则要自我检点。

本章第五节讲授的是有关赛会的礼仪。它从赛场仪式、选手规范与观众规范等方面提出了具体要求

练 习 题

一　名词解释

1. 聚会
2. 集会
3. 晚会
4. 舞会
5. 赛会

二　要点简答

1. 拜访为何必须有约在先？
2. 待客时应如何迎送客人？
3. 参加集会时应注意哪些会议纪律？
4. 观众在参加晚会时应注意哪些礼仪？
5. 在舞会上应如何邀请他人？
6. 观看比赛应注意哪些礼仪？

第四章　餐饮礼仪

内容提要

餐饮礼仪，在此是指人们在餐饮活动中所必须遵守的行为规范。它要求人们在参加餐饮活动时吃好、喝好、表现好几方面并重。本章所讲授的内容包括有关中餐、西餐、茶艺、咖啡、酒水的礼仪等。

学习目标

1. 重视餐饮活动。
2. 在餐饮活动中表现得体。
3. 掌握基本的餐饮礼仪。
4. 安排餐饮时力求礼待宾客。
5. 参与宴会时避免贻笑大方。

餐饮礼仪,一般指的是人们在餐饮活动之中所必须认真遵守的行为规范。学习餐饮礼仪,首先应当着重学习在安排餐饮与享用餐饮期间所必须掌握的基本技巧,以求令自己吃好、喝好、表现好。

餐饮礼仪的基本要求是"六 M 法则"。它是在世界各国广泛受到重视的一项礼仪法则。其中的"六 M"指的是六个以 M 为字头的英文单词:费用(Money)、会见(Meeting)、菜单(Menu)、举止(Manner)、音乐(Music)、环境(Medium),它们都是人们安排或参与餐饮活动时所应注意的重要问题。此项法则的主要含义是:在餐饮活动中,必须优先对费用、会见、菜单、举止、音乐、环境六个方面的具体问题加以高度重视,并应力求使自己在这些方面的所作所为律己、敬人。

第一节 中 餐

中餐,是中式餐饮的简称。它所指的是一切具有中国特色的、依照传统方法制作的、为中国人日常生活之中所享用的餐食和饮品,其中最主要的则是具有中国传统风味和特色的饭菜。

在一般情况下,学习中餐礼仪,主要需要掌握用餐的方式、时空的选择、菜单的安排、席位的排列、餐具的使用、用餐的表现六个方面的具体规则。

一、用餐的方式

中餐的用餐方式,在此是指以哪一种具体形式用餐的问题。依据不同的划分标准,中餐的用餐方式可有多种多样的具体划分。

站在社交礼仪的角度,中餐的用餐方式主要可依据用餐的规模与餐具的使用进行区分。

(一)根据用餐的规模区分

按照目前约定俗成的做法,根据中餐用餐规模的不同,可将其用餐方式划分为宴会、家宴、便餐等具体形式。

1. 宴会

宴会,通常指的是出于一定的目的,由机关、团体、组织或个人出面组织的,以用餐为形式的社交聚会。

一般而言,宴会又可以分为正式宴会与非正式宴会两种类型。

正式宴会,顾名思义,自然是一种隆重而正规的宴请。它往往是为宴请特定客人而精心安排的,在较为高档的餐馆或是其他特定的地点所举行的,讲究排场、气氛的大型聚餐活动。正规的正式宴会,对到场人数、穿着打扮、席位排列、菜肴数目、音乐演奏、宾主致词等,往往都有十分严谨的要求。

非正式宴会,亦称便宴。它也适用于正式的人际交往,但多见于日常交往,尤其是常来常往的友好人士之间的聚餐。它的总特征是:形式从简,偏重于人际交往,而不注重规模、档次。一般而言,它只会安排相关人员参加,不邀请配偶,对穿着打扮、席位排列、菜肴数目往往不作过高的要求,而且也不安排音乐演奏和宾主致词。

2. 家宴

家宴,此处所指的是在家中所举行的宴会,是宴会的一种特殊类型。在一般情况下,家宴是由主人以某种名义在自己的私人居所内所举行的,招待自己的亲朋好友的一种非正式宴会。因此,相对于正式宴会而言,家宴最重要的是要制造亲切、友好、温馨、自然的气氛,从而使赴宴的宾主双方轻松、自然、随意,彼此增进交流、加深了解、促进信任。

通常,家宴在礼仪上往往不作特殊要求。为了使来宾感受到主人的重视与友好,家宴往往要由女主人亲自下厨烹饪,男主人充当侍者,家人一道共同招待客人,使客人产生宾至如归之感。

3. 便餐

宴者,请人吃饭也。餐者,自己吃饭也。由此可见,所谓便餐,在这里主要是指供自己在日常生活里所吃的家常便饭。有时候,它就直接被称作便饭。

尽管人们享用便餐的地点往往多有不同,例如,在家里、单位、餐馆,甚至在旅途之中,均可以享用便餐,但它从本质上却是有共性可寻的。享用便餐时,礼仪讲究最少。只要用餐者讲究公德,注意卫生、环境和秩序,在其他方面便不必过多介意。

(二)根据餐具的使用区分

就餐具的使用而言,中餐的用餐方式又可被区分为分餐式、公筷式、自助式、混餐式四种具体形式。

1. 分餐式

分餐式用餐,指的是在用餐的整个过程之中,为每一位用餐者所上的主食、菜肴、酒水,以及所提供的其他餐具,一律每人一样一份,分别使用,不混杂、共用或共享。

分餐式用餐的最大优点是:既讲究了用餐卫生,避免了用餐时的交叉感染;又体现了用餐公平,体谅了害羞者、动作迟缓者。它主要适用于各种宴会,尤其是正式宴会。

2. 公筷式

公筷式用餐，是一种较为形象的说法，它指的是在用餐时，主食、菜肴等不必人各一份，分装开来；但在取用主食、菜肴时，却不允许直接使用自己入口的餐具，如筷子、汤匙等，而必须首先借助于带有特殊标记的、公用的餐具，取拿适量，放入自己专用的食碟、汤碗之内，然后再使用自己专用的餐具享用。

公筷式用餐的长处在于，它既体现了中餐传统用餐方式的和睦、热烈的气氛，又兼顾了现代人讲究个人卫生的要求。它比较适合在家宴时采用。

3. 自助式

自助式用餐，是近年来借鉴西方的一种现代用餐方式。它的主要特点是不排席位，不安排统一的菜单，将所能提供的全部主食、菜肴、酒水陈列在一起，由用餐者完全根据个人爱好自主地选择、加工、享用。

自助式用餐的优点至少有以下三条：第一，节省费用。第二，宾主两厢方便。第三，用餐者在用餐时完全可以悉听尊便。在举行大型活动，招待为数众多的来宾时，采用此种方式安排用餐是最为明智的一项选择。

4. 混餐式

混餐式，又称合餐式。它是中餐传统用餐方式的主要特征之一。它是指多人一道用餐时，主食、菜肴被置于公用的碗、盘之内，而由用餐者根据自己的口味，使用自己的餐具，直接从前者之中取用。

采用混餐式用餐，容易体现出家庭般的和睦、温馨的气氛，但也带有显而易见的不够卫生的缺陷。因此，它仅仅适用个人吃便餐或是家人一道聚餐。以此种方式举办宴会，尤其是宴请外国友人，是非常不合适的。

二、时空的选择

安排中餐，特别是举办正式的中餐宴会时，必须兼顾其举办的具体时间和地点，这就是所谓中餐的时空选择问题。以下，将分别从时间选择与地点选择两个方面来认真讨论这一问题。

（一）时间的选择

依照礼仪惯例，安排中餐用餐，尤其是中餐宴会的具体时间，主要应兼顾下述三个具体问题。

1. 民俗惯例

根据人们的用餐习惯，中餐依照用餐的具体时间的不同，可以分为早餐、午餐、晚餐三种。至于在宴请他人时，究竟应当选择早餐、午餐或晚餐，往往不好一概而论。不过在绝大多数情况下，确定正式宴请的具体时间主要需要遵从民俗惯例。

例如，在国内外举办正式的宴会，通常都安排在晚上进行。因工作交往而安排的工作餐，大多选择在午间进行。而在广东、海南、港澳地区，亲朋好友聚餐，则多爱选择"饮早茶"。

2. 主随客便

在决定社交聚餐的具体时间时，主人不仅要从自己的客观能力出发，更要讲究主随客便，即要优先考虑被邀请者，尤其是主宾的实际情况，切勿勉强从事。如有可能，应先期与主宾进行协商，力求两厢方便。至少也要尽可能地为之多提供几个时间上的选择，以显示自己的诚意。

3. 适当控制

用餐时间，通常都必须要加以适当的控制。在安排宴会时，主人更要注意此点。适当控制用餐时间，需要注意的有以下两个问题。

第一，尽量避开宾主双方所不方便的时间。例如，重要的活动日、纪念日、节假日，某一方面不方便的日子或忌日，等等。

第二，对用餐时间的具体长度进行控制。既不能匆匆忙忙走过场，也不能拖拖拉拉地耗时间。一般认为，正式宴会的用餐时间以 1.5～2 小时为佳，非正式宴会与家宴的用餐时间应为 1 小时左右，而便餐的用餐时间则大抵为半个小时。

（二）空间的选择

在社交聚餐时，用餐地点的选择非常重要。在考虑这一问题时，应着重注意如下四点。

1. 环境幽雅

对现代人来讲，宴请不仅仅是为了"吃东西"，而且还要讲究好环境，讲究"吃文化"。若用餐地点档次过低、环境不佳，即便菜肴再有特色，也会令宴请大打折扣。因此，在可能的情况下，一定要争取选择清静、优雅的用餐地点。

2. 卫生良好

外出用餐时，人们最担心的就是"病从口入"。在确定社交聚餐的具体地点时，一定要优先关注其卫生状况如何。倘若用餐地点脏、乱、差，不仅其卫生状况令人担忧，而且还会破坏用餐者的食欲。

3. 设施完备

确定较为正规的社交聚餐的用餐地点时，还须注意其设施是否完备的问题。这个问题具体来说又分为下述两个侧面：第一，该有的设施是不是有？第二，已有的设施能不能用？对这两点都需要予以重视。

4．交通方便

选择用餐地点时，对交通方便与否也要高度加以关注。要充分考虑聚餐者来去交通是否方便、有无停车场所、有无交通线路通过此处、是否有必要为聚餐者预备交通工具等一系列的具体问题。

三、菜单的安排

国人请客，往往称之为"请你吃饭"。其实，这一表述未必准确。因为无论是便餐还是宴请，唱主角的都不是"饭"，而是"菜"。从这个意义上讲，吃中餐实际上主要是吃中国菜。因此，对中餐菜单的选择与安排，有必要认真地考虑。

按照社交礼仪的规范，安排菜单主要涉及两个方面的具体问题：一是如何点菜；二是如何准备菜单。前者，涉及的主要是非正式宴会和便餐，后者则主要是正式宴会与家宴的主人所必须考虑的问题。

（一）点菜的礼规

外出用餐时，不论是请客还是自请，都少不了会遇到如何点菜的问题。处理这一问题时，需要兼顾三个要点。

1．量入为出

在用餐点菜时，最重要的是不仅要吃饱、吃好，而且必须量力而行。假如为了讲排场、图虚荣，而在点菜时大点特点，甚至乱点一通，不仅于自己无益，而且还会让他人嘲笑。

因此，在点菜时，务必要量入为出，力求做到不超支、不乱花钱、不铺张浪费。

2．相互体谅

在社交聚餐时，做东的一方和吃请的一方，在点菜时都要善解人意、宽厚待人、体谅对方。做东的一方既不要过于殷勤，也不宜过于吝啬。被请的一方，切勿抱有"不吃白不吃，吃了也白吃"的不平衡心态，大"宰"做东者。

有必要强调的是，不论做东者怎样点菜，都应当尽量征求一下被请者，特别是主宾的意见，不要仅凭个人喜好行事。

被请者在点菜时，有下列两个好办法可供借鉴。办法之一，是告诉做东者，自己没有特殊要求，请对方做主。它实际上正是对方所欢迎的做法。办法之二，是自己点上一个价格不太贵的菜，随后请其他人再去各点各的。这样做既符合做东者的要求，又没有对其他人实行"包办代替"。

3．上菜次序

一顿标准的中餐大餐，其上菜的次序一般都是相同的。通常，首先上桌的是冷盘,接下来是热炒,随后上的是主菜,然后上点心和汤,最后上的则是水果拼盘。如果上咸点心的话,讲究上咸汤;如果上甜点心的话,则要上甜汤。

(二)菜单的准备

在宴请他人之前,主人不能不事先对所选的菜单进行再三斟酌。在准备菜单时,应当着重考虑哪些菜肴宜选、哪些菜肴忌选。

1. 宜选的菜肴

一般而论,在准备菜单时,有以下四类菜肴可被主人优先加以考虑。

第一,具有中餐特色的菜肴。吃中餐自然要首选具有中餐特色的代表性菜肴。在宴请外籍人士时,这一条更应当被高度重视。例如,中餐里的龙须面、炸春卷、炒豆芽、咕咾肉、狮子头、宫保鸡丁、酸辣汤等,均为寻常百姓之食,但因其具有鲜明的中餐特色,所以受到众多外国人的推崇。

第二,具有本地特色的菜肴。中国的饮食文化既有共性,也个性鲜明。名扬天下的八大菜系,便是中餐在各地分支的主要代表。在宴请他人,尤其是宴请外地人时,如有必要的话,应尽量安排一些具有本地特色的菜肴。举例而言,扬州的大煮干丝、杭州的龙井虾仁,与云南的过桥米线、四川的火锅一样有名。在本地宴请外地客人时,上一些特色菜,恐怕要比上"千人一面"的生猛海鲜更受欢迎。

第三,本家餐馆的看家菜肴。大凡名声在外的餐馆,自然都少不了自己的看家菜,高档餐馆尤其如此。在知名餐馆点菜时,应尽量安排一些它的看家菜。不然的话,就有可能让被请之人产生看法。

第四,主人自己拿手的菜肴。在举办家宴时,主人一般都要当众露上一手,多做几个自己的拿手菜。其实,这种所谓的拿手菜大可不必追求十全十美。仅仅主人动手为来宾烧菜这一点,就会让对方备感尊重和友好之意。

2. 忌选的菜肴

在安排菜单时,还必须兼顾来宾的饮食禁忌,尤其是要对主宾的饮食禁忌予以高度的重视。一般的规则是:主人在为来宾安排菜肴时,首先需要了解对方"不吃什么",而非对方"想吃什么"。一般而言,饮食方面的禁忌主要有以下四种。

第一,宗教禁忌。对宗教方面的禁忌一定要认真对待,绝不能疏忽大意。例如,穆斯林不食猪肉和未诵安拉之名宰杀之物,印度教徒不食黄牛之肉。对此若不求甚解,或贸然犯禁,都会带来很大的麻烦。

第二,地方禁忌。在不同的地区,人们的饮食偏好往往多有不同。对于此点,在安排菜单时也应予以兼顾。例如,西方人通常不吃宠物、淡水鱼、动物内脏、动物的头部和脚爪。若非要为其提供,可就强人所难了。

第三,职业禁忌。有些职业,出于某种原因,在餐饮方面往往也有各自不同的特殊禁忌。例如，国家公务员在执行公务时不准吃请；驾驶员在工作期间绝对不得饮酒。若忽略了这一点，不仅是对对方的不尊重，而且还有可能使其因此而惹麻烦。

第四，个人禁忌。有一些人，由于种种因素的制约，在饮食上往往会有一些与众不同的特殊要求。例如，有的人不吃葱，有的人不吃蒜，有的人则不吃辣椒，等等。对此类个人饮食禁忌，亦应充分予以照顾。不要明知故犯，或是对此说三道四。

四、席位的排列

在中餐礼仪中，席位的排列是一项十分重要的内容。它关系到来宾的身份与主人给予对方的礼遇，因此受到宾主双方的同等重视。

中餐席位的排列，在不同情况下存在一定的差异。下面所要讨论的，主要是宴请与便餐等两种情况下的席位排列。

（一）宴请时的席位排列

宴请，往往是一种较大规模的社交聚餐活动。因此它所涉及的席位排列问题，又可分为桌次排列与位次排列等两个具体方面。根据社交礼仪的规范，两者各有各的具体要求。

1. 桌次的排列

中餐宴请活动中，往往采用圆桌布置菜肴、酒水。采用一张以上圆桌安排宴请时，便出现了桌次的尊卑问题。

排列圆桌的尊卑次序，大抵会遇到下列两种基本情况。

第一，由两桌所组成的小型宴请。此种情况，又可以分为两种具体形式：一为两桌横排；一为两桌竖排。

当两桌横排时，其桌次：以右为上，以左为下，即"以右为尊"。这里所讲的右与左，由面对正门的位置来确定，即"面门定位"。

当两桌竖排时，其桌次则讲究以远为上，以近为下。这里所谓的远近，是以距离正门的远近而言的。此法亦称"以远为上"。

第二，由三桌或三桌以上的桌数所组成的宴请。它通常又叫作多桌宴请。在安排多桌宴请的桌次时，除了要注意"面门定位""以右为尊""以远为上"三条法则，还应兼顾其他各桌距离主桌的远近。通常，距离主桌越近，桌次越高；距离主桌越远，则桌次越低。此项法则称为"主桌定位"。

在安排桌次时，所用餐桌的大小应大体相仿。除主桌可略大之外，其他餐桌不宜过大或过小。

2. 位次的排列

宴请时，每张餐桌上的具体位次也有主次尊卑之别。排列位次的基本法则有四。

法则之一，主人应面对正门而坐，并在主桌就座。

法则之二，举行多桌宴请时，各桌之上均应有一位主桌主人的代表在座，亦称各桌主人。其位置一般应与主桌主人同向，有时也可面向主桌主人。

法则之三，各桌上位次的尊卑，应根据其距离该桌主人的远近而定，以近为上，以远为下。

法则之四，各桌上距离该桌主人相同的位次，讲究以右为尊。即应以该桌主人面向为准，其右为尊，其左为卑。

此外，每张餐桌上所安排的用餐人数应大体上限于10人之内，并宜为双数。人数如果过多，不但不容易照顾，而且还可能过于拥挤。

根据上述四条位次的排列法则，圆桌上位次的具体排列又可分为下列两种具体情况。它们的共同特点，均与主位，即主人所坐之处有关。

第一，每桌一个主位。其特点是每桌只有一名主人，主宾在其右侧就座，每桌只有一个中心。

第二，每桌两个主位。其特点是主人夫妇就座于同一桌，以男主人为第一主人，以女主人为第二主人，主宾和主宾夫人分别在男女主人右侧就座。每桌在客观上形成了两个中心。

有时候，倘若主宾身份高于主人，为表示尊重，可安排其在主人位次上就座，而由主人坐在主宾的位次上。

若是本单位出席人员中有高于主人者，可请其居于主位而坐，而请实际上的主人坐在其左侧。

当然，遇到以上两种特殊情况也可遵守常规，不作变动。

（二）便餐时的席位排列

在一般情况下，便餐的桌次排列，可参照宴请时桌次的排列进行。至于所见较多的位次排列，则主要有以下五条法则可循。

1. 右高左低

当两人一同并排就座时，通常以右为上座，以左为下座。这主要是因为中餐上菜时多以顺时针为上菜方向，居右而坐者因而要比居左而坐者优先受到照顾。

2. 中座为尊

三人一同就座用餐时，居于中座者在位次上要高于在其两侧就座之人。此种位次排列方法叫作"中座为尊"。

3. 面门为上

倘若用餐时,有人面对正门而坐,有人背对正门而坐;依照礼仪惯例,则应以面对正门者为上座,以背对正门者为下座。此即所谓"面门为上"。

4. 观景为佳

在一些高档餐厅用餐时,在其室内外往往有优美的景致或高雅的演出供用餐者观赏。此时,应以观赏角度最佳之处为上座。此即"观景为佳"。

5. 临墙为宜

在某些中低档餐馆用餐时,为了防止过往侍者和食客的干扰,通常以靠墙之位为上座,以靠过道之位为下座。此种做法叫作"临墙为宜"。

五、餐具的使用

中餐餐具,即享用中餐时所使用的工具。在一般情况下,它又分为主餐具与辅餐具两类。

(一) 主餐具

中餐的主餐具,是指进餐时主要使用的,往往必不可少的餐具。通常,享用中餐时所使用的主餐具有筷、匙、碗、盘等。

1. 筷

筷,又叫筷子,是享用中餐时必不可少的最主要的餐具。筷子的主要功能,是用餐时夹取食物或菜肴。

使用筷子,方法应当正确。一般应以右手持筷,以其拇指、食指、中指三指前部,共同捏住筷子的上部约三分之一处。通常,筷子必须成双使用,不可只使用单根。

使用筷子取菜、用餐时,需要注意下列问题。

第一,不"品尝"筷子。不论筷子上是否残留食物,都不要去舔它,尤其在取菜前切不可那样做。长时间把筷子含在嘴里,也不甚合适。

第二,不"跨放"筷子。暂时不用筷子时,可将它放在筷子座,或搭放在自己所用的碗、碟边缘上。不要把它直接放在餐桌上,更不要把它横放在碗、盘,尤其是公用的碗、盘上。掉到地上的筷子不可再用。

第三,不"插放"筷子。不用筷子时,将其"立正"插放在食物、菜肴之上尤为不可。根据民俗,只有祭祀先祖时才可以那么做。此外,不要把筷子当成叉子去叉取食物。

第四,不"舞动"筷子。与人交谈时,应暂时放下筷子。切不可以其敲击碗、盘，指点对方，或是拿着它停在半空中。

第五，不"滥用"筷子。不要以筷子代劳其他事，比如剔牙、敲打，或夹取菜肴、食物之外的东西。

2. 匙

匙，又叫勺子。享用中餐时，它的主要作用是舀取菜肴、食物，尤其是流质的羹、汤。有时，以筷子取食时，亦可以勺子加以辅助。

在一般情况下，尽量不要单用勺子取菜。以其取食时，不宜过满，免得溢出来弄脏餐桌或自己的衣服。必要时，可在舀取食物后，在其原处"暂停"片刻，待其汤汁不会再流时，再移向自己享用。

使用勺子，有以下四点注意事项。

第一，暂且不用勺子时，应置之于自己的食碟上。不要把它直接放在餐桌上，或让它在食物之中"立正"。

第二，使用勺子取用食物后，应立即食用，不要把食物再次倒回原处。

第三，若取用的食物过烫，不要用勺子将其折来折去，也不要用嘴对它吹来吹去。

第四，食用勺子里所盛放的食物时，尽量不要把勺子塞入口中，或反复吮吸它。

3. 碗

碗，在中餐里主要是盛放主食、羹汤之用的。在正式场合用餐时，使用碗的注意事项主要有下述五点。

第一，不要端起碗来进食，尤其是不要双手端起碗来进食。

第二，食用碗内所盛放的食物时，应以筷、匙加以辅助，切勿直接下手取用，或不用任何餐具以嘴吸食。

第三，碗内若有食物剩余时，不可将其直接倒入口中，也不能将舌头伸进去舔食。

第四，暂且不用的碗内不宜乱扔东西。

第五，不能把碗倒扣过来放在餐桌之上。

4. 盘

盘，又叫盘子。稍小一些的盘子，则被称作碟子。盘子在中餐中主要用以盛放食物，其使用方面的讲究与碗略同。盘子在餐桌上一般应保持原位，不被挪动，而且不宜多个摞放在一起。

在此需要着重加以介绍的是一种被称为食碟的盘子。食碟的主要作用，是用来暂放从公用的菜盘里取来享用的菜肴。使用食碟时，需要注意的具体问题有以下几点。

第一，不要一次取放的菜肴过多。那样做，看起来既繁乱不堪，又有欲壑难填之嫌。

第二，不要将多种菜肴堆在一起。它们彼此"相克"，相互"串味"。既不好看，也不好吃。

第三，不要把不宜入口的残渣、骨、刺吐在地上、桌上。应将其轻轻取放在食碟前端，必要时再由侍者取走、换新。需要注意的是：不要让"废物"与菜肴交错，搞得杯盘狼藉。

（二）辅餐具

中餐的辅餐具，在此指的是进餐时可有可无、时有时无的餐具，它们主要在用餐时发挥辅助作用。最常见的中餐辅餐具有：水杯、湿巾、水盂、牙签等。

1. 水杯

中餐中所使用的水杯，主要盛放清水、汽水、果汁、可乐等软饮料。需要注意的是：一是不要用它去盛酒；二是不要倒扣水杯；三是喝入口中的东西不能再吐回水杯。

2. 湿巾

湿巾通常在中餐用餐前使用。比较讲究的话，中餐用餐前会为每位用餐者送上一块湿巾。它只能用来擦手，绝对不可用以擦脸、擦嘴、擦汗。擦手之后，应将其放回原处，由侍者取回。有时，在正式宴会结束前，会再上一块湿毛巾。与前者所不同的是，它只能用来擦嘴，却不能揩脸、抹汗。

3. 水盂

有时，品尝中餐者需要手持食物进食。此刻，往往会在餐桌上摆上一只水盂，也就是盛放清水的水盆。它里面的水并不能喝，而只能用来洗手。在水盂里洗手时，不要乱甩、乱抖。得体的做法是：两手轮流沾湿指尖，然后轻轻浸入水中刷洗。洗毕，应将手置于餐桌之下，用纸巾擦干。

4. 牙签

牙签，主要用来剔牙之用。享用中餐时，尽量不要当众剔牙。非剔不可时，应以餐巾或另一只手掩住口部，切勿大张"血盆大口"。剔出来的东西，切勿当众观赏或再次入口；也不要随手乱弹，随口乱吐。剔牙之后，不要长时间叼着牙签。取用食物时，不要以牙签扎取。

六、用餐的表现

用餐时，每一位用餐者均应使自己的临场表现合乎礼仪。细而言之，享用中餐时的用餐表现又可分为餐前表现与餐时表现两个方面。

（一）餐前表现

餐前表现，此处指的是准备用餐、等候用餐时的所作所为。无疑，它是用餐表现的有机组成部分之一。要使餐前表现符合礼仪规范，需要注意以下问题。

1. 适度修饰

外出用餐，尤其是外出赴宴或聚餐时，应适度地进行个人修饰。总的要求是：整洁，优雅，个性化。一般而言，男士应穿套装，并剃须。女士则应穿时装或裙服，并化淡妆。倘若不加任何修饰，甚至仪容不洁、着装不雅，则会被视为不尊重主人，不重视此次聚餐或宴请。

2. 准点抵达

应邀赴宴或参加聚餐时，一定要准点抵达现场。严格地讲，抵达过早或过晚，均为失礼。早到的话，主人往往还未做好准备，因而措手不及。晚到的话，则会令他人等候，甚至打乱整个原定的计划。若无特殊原因，切勿早退。

3. 各就各位

在正式的用餐活动中，一定要按照指定的桌次、位次就座。倘无明确排定，亦应遵从主人安排，或与其他人彼此谦让。切勿争先恐后、不守座次。一般而言，在入座时，应于主人、主宾之后就座，或与众人一道就座。抢在他人之前就座，显然是不合适的。

4. 适度交际

大凡宴请或聚餐，其主要目的在于交际，而不仅仅是为了大快朵颐。因此在用餐前后，尤其是用餐前稍事等候时，不要忘记尽可能地进行适当的交际活动。可问候主人，联络老朋友，并争取认识几位新朋友。假若一言不发，显得与其他人完全格格不入，则难免会给人以"专为吃喝而来"的印象。

5. 倾听致词

在正式宴会开始前，主人与主宾大多要先后进行专门的致词。当宾主致词时，务必要洗耳恭听、专心致志。此刻开吃，闭目养神，与人交谈，或是打打闹闹，均为失礼之举。若此刻暂时离去，则更会令人生疑。

（二）餐时表现

餐时表现，一般指的是在用餐期间的全部活动。它是用餐表现之中的核心之点。注意餐时表现，关键需要重视下列十个具体问题。

1. 不违食俗

任何国家的餐饮，都有自己的传统习惯，中餐自然也不例外。例如，过年时，吃中餐少不了鱼，它表示"年年有余"。渔家、海员吃鱼时，则忌讳将鱼翻身，因为那有"翻船"之嫌。对此类中餐的食俗，轻易不要有意违反。

2．不坏吃相

在用餐之时讲究吃相，是注重用餐表现之中的一大重点。倘若不重视吃相，吃得摇头摆脑、宽衣解带、满脸油汗、汁汤横流、响声大作，不但失态欠雅，而且还会败坏他人的食欲。

3．不去布菜

用餐时，讲究"己所不欲，勿施于人"。可以劝他人多用一些某道菜肴，但切勿越俎代庖，主动为对方捡菜、添饭。姑且不说那样做不够卫生，而且它还会让人勉为其难。

4．不乱挑菜

取食菜肴时，要稳、准、快，不要左顾右盼、翻来覆去，在公用的菜盘内挑挑拣拣。若夹起菜肴发现不合心意后再放回去，则更是一种少调失教之举。

5．不争抢菜

多人一桌用餐时，取菜要注意相互礼让、依次而行、取用适量。不要好吃的只顾自己多吃，争来抢去，而不考虑其他人用过没有。不要只吃好菜，把住好菜不放，或一个人"垄断"好菜。

6．不玩餐具

在用餐期间，不宜随意玩弄餐具，如对其敲敲打打、比比画画、瞄来瞄去、说三道四等。敲餐桌、晃座椅，亦应禁止。

7．不要吸烟

不论用餐地点有无规定、主人有无要求，用餐时都应自觉做到不吸烟，免得污染空气、有损他人健康。当他人向自己敬烟时，不应接受，但也不必对其进行指责。

8．不清嗓子

用餐时，千万不要当众表演"吐故纳新"的"废物清理"活动，例如，清嗓子、擦鼻涕、吐痰等。此类举止不但有碍观瞻，而且还会倒人胃口。

9．不作修饰

在用餐之际，尤其是与初识之人或异性一道用餐时，尽量不要进行自我修饰，例如，不要梳理头发、化妆补妆、宽衣解带、脱袜脱鞋等。必要时，可去专用的化妆间。

10．不乱走动

没有必要的话，用餐时不宜离开自己的座位四处走动、乱窜访友。够不到想吃的菜，可以请人帮助，但不要起身离座去取。

第二节 西　餐

西餐，是对西式饭菜的一种约定俗成的统称。客观地讲，所谓西餐，实际上是一个十分笼统的概念。因为从形式上与从内容上讲，西方各国的饭菜存在很大的差异。不过在中国人眼里，除了与中餐在口味上存在区别，西餐还具有两个鲜明的特点。其一，它们源自西方国家。其二，它们以刀、叉取食。久而久之，凡符合以上两个特点者，皆可以西餐相称。

根据社交礼仪的规范，要吃好西餐，并不失风度，就必须对西餐的菜序、西餐的座次、西餐的餐具、西餐的品尝、西餐的要求五个方面的具体问题有一定程度的了解。

一、西餐的菜序

品尝西餐，首先需要了解西餐的菜序。西餐的菜序，在此所指的是西餐用餐时的先后顺序问题。与中餐、日餐等东方国家的餐式相比，西餐的菜序具有明显的不同。例如，享用西餐时，通常要先上汤；而在中餐里，汤则大多是用来演奏用餐的"结束曲"的。

了解西餐的菜序，至少有两大好处。其一，用餐时能够成竹在胸，并量力而行，依据个人食量吃好、吃饱。其二，自己点菜时能够加以比照，进行经济而适当的组合、搭配。

严格地讲，西餐的正餐与便餐的菜序是有很大差异的。以下，将分别对其进行介绍。

（一）正餐的菜序

西餐里的正餐，尤其是正式场合所用的正餐，其菜序既复杂多样，又讲究甚多。在大多数情况下，西餐正餐的菜序由下列八道菜肴构成。一顿内容完整的正餐，一般需要吃上一两个小时。

1. 开胃菜

所谓开胃菜，即用来打开胃口之物，它亦称为西餐的头盆。在西餐里，它往往不被列入正式的菜序，而仅仅充当其"前奏曲"。

在大多数情况下，开胃菜是由蔬菜、水果、海鲜、肉食等所组成的拼盘。它多以各种调味汁凉拌而成，色彩悦目，口味宜人。

2. 面包

在西餐正餐里所吃的面包，一般都是切片面包，或需要当时从整个的大面包上切片而食。有时,也有刚刚烤好的小面包。在吃面包时,通常可根据个人嗜好,涂上各种果酱、黄油或奶酪。

3. 汤

西餐之中的汤,大多口感芬芳浓郁,具有很好的开胃作用。按照传统说法,汤是西餐的"开路先锋"。只有开始喝汤时,才算正式开始吃西餐了。常见汤类,有白汤、红汤、清汤等。

4. 主菜

西餐里的主菜有冷有热,但应以热菜为主角。在比较正规的正餐上,一般都要上一个冷菜、两个热菜。在两个热菜中,通常讲究一个是鱼菜,另一个则是肉菜。其中的肉菜必不可少,而且往往还代表着此次用餐的档次、水平。

5. 点心

吃过主菜后,通常要上一些诸如蛋糕、饼干、吐司、馅饼、三明治之类的小点心,供没有吃饱的人借以填满肚子。吃饱的人,则可以不吃点心。

6. 甜品

吃毕点心,接着要上甜品。最常见的甜品有布丁、冰激凌等。

7. 果品

接下来,用餐者还须在力所能及的情况下,酌情享用干、鲜果品。常用的干果,有核桃、榛子、腰果、杏仁、开心果等。草莓、菠萝、苹果、香蕉、橙子、葡萄等,则是最常见之于西餐桌上的鲜果。

8. 热饮

在用餐结束之前,应为用餐者提供热饮,以此作为"压轴戏"。最正规的热饮,是红茶或什么都不加的黑咖啡。二者只能选择其一,而不能同时享用。它们的作用,主要是帮助消化。西餐的热饮,可在餐桌上喝,也可以换上一个地方,离开餐桌去客厅里喝。

(二)便餐的菜序

在普通情况之下,出于节约金钱和时间方面的考虑,人们并不总是要去吃西餐全餐。假如不是为了尝鲜、犒劳自己,而只是为了完成"例行公事",点上几个有特色、有代表的西菜,也就足够了。

通常,一顿西式便餐的标准菜序应当是方便从简,由下列五道菜肴构成。

(1) 开胃菜。

(2) 汤。

(3) 主菜。

(4) 甜品。

(5) 咖啡。

二、西餐的座次

用西餐时，人们对座次的问题十分关注。越是正式的场合，此点就显得越是重要。与中餐相比，西餐的座次排列既有不少相同之处，也有许多不同之点。

（一）座次排列的法则

在绝大多数情况下，西餐的座次更多地表现为位次问题。桌次问题，除非极其隆重的盛宴，则一般涉及较少。因此，以下将主要讨论的便是西餐的位次问题。

排列西餐的位次，一般应依照约定俗成、人所共知的常规进行。了解了这些基本法则，就可以轻而易举地处理好位次排列的问题。

1. 女士优先

在西餐礼仪里，女士处处备受尊重。在排定用餐位次时，尤其是安排家宴时，主位一般应请女主人就座，而男主人则须退居第二主位。

2. 恭敬主宾

在西餐之中，主宾极受尊重。即使用餐的来宾之中有人在地位、身份、年纪方面高于主宾，但主宾仍是主人关注的中心。在排定位次时，应请男、女主宾分别紧靠着女主人和男主人就座，以便其进一步受到照顾。

3. 以右为尊

在排定位次时，以右为尊依旧是基本法则。就某一特定位置而言，其右侧之位理应高于其左侧之位。例如，应安排男主宾坐在女主人右侧，安排女主宾坐在男主人右侧，等等。

4. 距离定位

一般而言，西餐桌上位次的尊卑，往往与其距离主位的远近密切相关。在正常情况下，距主位近的位子高于距主位远的位子。

5. 面门为上

面门为上，有时又叫迎门为上。它所指的是：面对餐厅正门的位子，通常在序列上要高于背对餐厅正门的位子。

6. 交叉排列

用中餐时，用餐者经常有可能与熟人，尤其是与其恋人、配偶在一起就座。但在用西餐时，此种情景便不复存在了。正式一些的西餐宴会，一向被视为交际场合。在排列位次时，通常要遵守交叉排列的法则。依照这一法则，男女应交叉排列，生人与熟人也应交叉排列。因此，一位用餐者的对面和两侧，往往是异性，而且还很有可能与其不熟悉。这样做，据说最大的好处是每一位用餐者都可以因此而广交朋友。不过，它要求用餐者最好是双数，并且男女人数应当各半。

（二）座次排列的详情

在西餐用餐时，人们所用的餐桌有圆桌、方桌和长桌。有时，还会将其拼成其他各种图案。不过，最常见、最正规的西餐桌当属长桌。下面，就来介绍一下西餐排位的种种具体情况。

1. 长桌

以长桌排位，一般有下列两个主要办法。

第一，男女主人在长桌中央面对而坐。此时餐桌两端可以坐人，也可以不坐人。

第二，男女主人分别就座于长桌两端。

某些时候，如用餐者人数较多之时，还可以参照以上办法，以长桌拼成其他图案，以便安排大家一道用餐。

2. 圆桌

在西餐里，使用圆桌排位的情况并不多见。在隆重而正式的宴会里，则尤为罕见。其具体排列基本上是上述各项法则的综合运用。

3. 方桌

以方桌排列位次时，就座于餐桌四面的人数应当相等。在一般情况下，一桌共坐 8 人，每侧各坐两人的情况比较多见。在进行排列时，应使男、女主人与男、女主宾面对而坐；所有人均各自与自己的恋人或配偶坐成斜对角。

三、西餐的餐具

品尝不同国家、地区的菜肴时，所借助的餐具往往大不相同。有的餐式要使用筷子，有的餐式要使用刀叉，有的餐式则需要直接以手来取食。

除刀叉外，西餐的主要餐具还有餐匙、餐巾等。以下内容将分别对它们进行系统的介绍。至于西餐桌上出现的盘、碟、杯、水盂等餐具，其用法与中餐大同小异，在此将不再赘述。

（一）刀叉

刀叉，是对餐刀、餐叉等两种西餐餐具的统称。二者既可以配合使用，也可以单独使用。在多数的情况之下，刀叉都是同时配合使用的。因此，人们在提到西餐餐具时，喜欢将二者相提并论。

学习刀叉的使用，需要掌握刀叉的区别、刀叉的用法、刀叉的暗示三个方面的技巧。

1. 刀叉的区别

在正规一点的西餐宴会上，通常讲究吃一道菜要换一副刀叉。也就是说，吃每道菜时，都要使用专门的刀叉。既不可以胡拿乱用，也不可以从头至尾只使用一副刀叉。

享用西餐正餐时，在一般情况下，出现在每位用餐者面前的餐桌上的刀叉主要有：吃黄油所用的餐刀，吃鱼所用的刀叉，吃肉所用的刀叉，吃甜品所用的刀叉，等等。它们不但形状各异，更重要的是其摆放的具体位置各不相同。掌握后一点对于正确地区分它们尤为重要。

吃黄油所用的餐刀，没有与之相匹配的餐叉。它的正确位置是横放在用餐者左手的正前方。

吃鱼所用的刀叉与吃肉所用的刀叉，通常应当餐刀在右、餐叉在左分别纵向摆放在用餐者面前的餐盘两侧。餐叉的具体位置，应处于吃黄油所用的餐刀的正下方。有时，在餐盘左右两侧分别摆放的刀叉会有三副之多。要想不把它们拿错，其实一点儿也不困难。关键是要记住，应依次分别从两边由外侧向内侧取用刀叉。

吃甜品所用的刀叉，应于最后使用。它们一般被横向放置在用餐者面前的餐盘的正前方。

2. 刀叉的用法

使用刀叉，一般有以下两种常规方法可供借鉴。

第一，英国式。它要求在进餐时始终右手持刀，左手持叉。一边切割，一边叉而食之。通常认为，此种方式较为优雅。

第二，美国式。它的具体做法是：先是右刀左叉，一口气把餐盘里所要吃的东西全部切割好，然后把右手里的餐刀斜放在餐盘前方，将左手中的餐叉换到右手里，再来以之大吃一气。此种方式的好处，据说是比较省事。

在以刀叉用餐时，不论采用上述哪一种方式，都应注意以下五点。

其一，在切割食物时，不可弄出声响。

其二，进行切割时应双肘下沉，而切勿左右开弓。那样做，一是有碍于人；二是"卖相"不佳。

其三，被切割好的食物，应刚好适合一下子入口。切不可叉起它之后，再一口一口咬着吃。应当以叉铲着它吃，却不能用刀扎着它吃。

其四，要注意刀叉的朝向。将餐刀临时放下时，不可刀口外向。双手同时使用刀叉时，叉齿应当朝下；右手持叉进食时，则应叉齿向上。

其五，掉落到地上的刀叉切勿再用，可请侍者另换一副。

3. 刀叉的暗示

使用刀叉，可向侍者暗示用餐者是否吃好了某一道菜肴。其具体方法是：

如与人攀谈时，应暂时放下刀叉。其做法是，将刀叉刀右、叉左，刀口向内，叉齿向下，呈汉字的"八"字形状摆放在餐盘之上。它的含义是：此菜尚未用毕。但要注意，不可将其交叉放成"十"字形。西方人认为，那是一种令人晦气的图案。

如果吃完了，或不想再吃了，则可以刀口内向、叉齿向上，刀右叉左地并排纵放，或者刀上叉下地并排横放在餐盘里。此种做法等于告知侍者：本人已用好此道菜肴，请其连刀叉带餐盘一块收掉。

（二）餐匙

品尝西餐时，餐匙是一种不可或缺的餐具。学习餐匙的使用，应重点掌握其区别、用法两大技巧。有时候，餐匙也叫调羹。

1. 餐匙的区别

在西餐的正餐里，一般至少会出现两把餐匙，它们形状不同、用途不一，摆放的位置也有各自的既定之处。

一把个头较大的餐匙叫作汤匙，通常它被摆放在用餐者右侧的最外端，与餐刀并列纵放。

另一把个头较小的餐匙则叫作甜品匙，在一般情况下，它应当被横向摆放在吃甜品所用刀叉的正上方，并与其并列。如果不吃甜品，用不上甜品匙的话，有时，它也会被个头同样较小的茶匙所取代。

一定要记住，上述两种餐匙各有各的用途，不可相互替代。

2. 餐匙的用法

使用餐匙，有下述几点事项必须予以高度重视。

第一，餐匙除可以饮汤、吃甜品外，绝对不可直接舀取其他任何菜肴。

第二，已经开始使用的餐匙，切不可再放回原处，也不可将其插入菜肴，或令其"直立"于甜品、汤盘、杯子之中。

第三，使用餐匙时，应尽量保持其周身的干净清洁，不要动不动就把它搞得"色彩缤纷"。

第四，用餐匙取食时，动作应干净利索，切勿在甜品、汤或红茶之中搅来搅去。

第五，用餐匙取食时，务必不要过量；而且一旦入口，就要一次将其用完。一汤匙的东西，不应反复品尝好几次。餐匙入口时，应以其前端入口，而不是将它全部塞进嘴去。

第六，不能直接用茶匙去舀取红茶饮用。

（三）餐巾

在西餐餐具里，餐巾是一个发挥多重作用的重要角色。以下，将主要介绍一下餐巾的铺放和餐巾的用途两个方面的技巧。

1. 餐巾的铺放

西餐里所使用的餐巾，通常被叠成一定的图案，放置于用餐者右前方的水杯里，或直接被平放于用餐者右侧的桌面上。它们面积上有大、中、小之分，形状上也有正方形与长方形之别。

不论是大是小，还是哪一种形状，餐巾都应被平铺于自己并拢的大腿上。使用正方形餐巾时，应将它折成等腰三角形，并将直角朝向膝盖方向。若使用长方形餐巾，则可将其对折，然后折口向外平铺。打开餐巾，并将其折放的整个过程应悄然进行于桌下。

尤其需要注意，在外用餐时，一定不要把餐巾掖于领口、围在脖子上、塞进衣襟内，或担心其掉落而将其系在裤腰上。

2. 餐巾的用途

在正餐里，餐巾所发挥的作用主要有如下几条。

第一，用来保洁服装。将餐巾平铺于大腿之上，其主要目的就是为了"迎接"进餐时所掉落下来的菜肴、汁汤，以防止其搞脏自己的衣服。

第二，用来揩拭口部。在用餐期间与人交谈之前，应先用餐巾轻轻地揩一下嘴，免得自己"落嘴生辉"。但又不要乱涂乱抹，搞得"满脸开花"。女士进餐前，亦可以用餐巾轻印一下口部，以除去唇膏。以餐巾揩口时，其部位应大体固定，最好只使用其内侧。通常，不应以餐巾擦汗、擦脸，擦手也要尽量避免。特别需要注意，不要用餐巾去擦餐具，那样做等于向主人暗示餐具不洁，要求其调换另外一套。

第三，用来掩口遮羞。在进餐时，尽量不要当众剔牙，也不要随口吐东西。万一非做不可时，应以左手拿起餐巾挡住口部，然后再以右手去剔牙，或以右手持餐叉接住"出口"之物，再将其移到餐盘前端。倘若这些过程没有遮掩，是颇为失态的。

第四，用来进行暗示。在用餐时，餐巾可用以进行多种特殊暗示。最常见的暗示有如下三种：其一，暗示用餐开始。西餐大多以女主人为"带路人"。当女主人铺开餐巾时，就等于宣布用餐可以开始了。其二，暗示用餐结束。当主人，尤其是女主人把餐巾放到餐桌上时，意在宣告用餐结束，请各位告退。其他用餐者吃完了的话，亦可用此法示意。其三，暗示暂时离开。若中途暂时离开，一会儿还要去而复返，继续用餐，则可将餐巾放置于本人座椅的椅面上。见到此种暗示，侍者就不会马上动手"撤席"，而会维持现状不变。

四、西餐的品尝

西餐里的各道菜式,在具体的品尝方法上均有所不同。不了解各种菜肴的具体品尝方法,同样也吃不好西餐。以下将扼要介绍西餐里常见的开胃菜、面包、汤、主菜、点心、甜品、果品等的具体吃法,供作参考。

(一)开胃菜

在一般情况下,开胃菜多以色拉为主。在个别时候,也会上一些海鲜或果盘。

1. 色拉

吃色拉时,通常只宜使用餐叉。因为色拉在上桌前已被切割完毕,故不应再煞有介事地去持刀大切。

2. 海鲜

开胃菜里的海鲜,主要有鲜虾、牡蛎、蜗牛。吃小虾时,可以叉取食。吃大虾的话,则应先用手剥壳,再送入口内。有时亦可以叉取食,但不必切割。

吃牡蛎时,应采用专门的餐叉,一只一只地吃。

吃带壳的蜗牛,可先用专门的夹子将其夹住,再以餐叉将肉取出食之,然后再吮吸壳内的汤汁。若蜗牛已去壳,则可直接以餐叉取用。

(二)面包

在西餐中所吃的面包,主要有鲜面包、烤面包两种。二者在吃法上略有差别,对此应予以注意。

1. 鲜面包

吃未烤过的鲜面包,不可一下拿得过多。正确的吃法是:用左手拿大小适当、刚巧可以一次入口的一小块,涂上黄油、果酱或蜂蜜后,再送入口中。不要像吃汉堡包那样双手捧着吃,或拿着一大块,一口接一口地咬着吃。吃未烤的切片面包,则可以一小块、一小块撕着吃。

2. 烤面包

吃已烤过的面包,是不能撕食的,否则将使面包眉乱飞。在吃的时候,可慢慢地咬着吃。吃的时候,可配以黄油、鱼子酱。挤些柠檬,则味道会更好。不论吃哪种面包,都不能用它蘸汤或擦盘子。

(三)汤

不论喝哪一种汤,均须了解应如何"有所为"与"有所不为"。在西餐里,汤乃是一道菜,故对其不可轻视。

1. 正确之法

喝汤时，讲究以右手持握汤匙，由近而远，向外侧将汤舀起，然后就嘴而饮之。

倘若以盘盛汤，盘内之汤所剩无几时，可以左手由内侧托起盘子，使其外倾，然后以右手持匙舀之。

2. 错误之法

在喝汤时，一定要做到三不：第一，不端起汤来直接喝。第二，不趴到汤盆、汤盘上去吸食。第三，不用嘴吹汤，也不用盆、盘或汤匙去反复折汤降温。不然的话，便大错特错了。

（四）主菜

西餐的主菜花样甚多。冷菜里的冻子、泥子与热菜里的鱼、鸡、红肉最为多见。

1. 冻子

冻子，即用煮熟的食物和汤汁冷却凝结而成的一种菜肴。最常见的冻子，有肉冻、鱼冻和果冻。吃冻子时，必须以刀切割，并以叉取食。

2. 泥子

泥子，通常指的是以虾、蟹或动物的肝、脑为主料，配以鸡蛋、芹菜，加上佐料，搅拌而成的一种菜肴。吃泥子时，通常应使用餐叉。

3. 鱼

西餐中所吃的鱼，往往骨、刺很多。必要的时候，可先用餐刀将其切开，轻轻将刺剥出后，然后再把它切成小块，以餐叉入口。对不想吃的鱼皮，亦可照此办理。要是鱼的腥味太重，可吃前用手挤上一点柠檬汁。

4. 鸡

吃鸡的时候，切勿直接下手。应首先设法去骨，接着以刀叉将其切割成小块，最后分而食之。

5. 红肉

在西餐里，肉菜往往指的是猪肉、牛肉、羊肉。它们做好之后多为红色，故称红肉。平常所说的西餐主菜，往往只与肉菜画等号。在肉菜里，牛排、羊排、猪排，尤其是牛排，经常处于"重中之重"的位置。吃肉菜时，一般要从左往右，以大小一次入口适度为宜，将其以刀叉切割后进食。

（五）点心

在西餐里，经常吃的点心有饼干、馅饼、三明治、通心粉、土豆片、烤土豆等。

1. 饼干

吃饼干时，应用右手单独拿着吃。吃蛋糕时，亦须如此。

2. 馅饼

吃馅饼时，应首先用刀叉切成大小适当的小块，然后再用右手托着吃。

3. 三明治

吃三明治，一般应用双手捧着吃。如果它不太大，则可仅用右手捏着吃。

4. 通心粉

通心粉，又叫意大利面条。吃它的时候，不应一根一根挑着吃。标准的方法是：右手握叉，在左手所握的汤匙的帮助下，把它缠绕在餐叉上，然后入口而食。吸食它的做法，肯定是不对的。

5. 土豆片

油炸土豆片，在西餐里多被用作点心。吃它的时候，应以手取食。但数量不要过大，也不要先捏碎再吃。

6. 烤土豆

烤土豆，大多是连皮一起上桌的。吃的时候，应用左手轻按住它，右手持刀先在其上切一个口子，令其散热。过一会儿，再用餐叉从口子里取食之。必要的话，还可略作切割之后再吃。吃时，还可浇上一些专用的肉汁。

（六）甜品

西餐里最常见的、最受欢迎的甜品，有布丁、冰激凌等。

1. 布丁

西餐里上桌的布丁一般是流质的，故不应直接以手取食，或以刀叉助餐。正确之法，是以专用的餐匙取食之。

2. 冰激凌

在西方国家里，冰激凌是正餐所必备的主要甜品，而非可有可无的一种冷饮。冰激凌上桌时，通常被置于专用的高脚玻璃杯内，应以餐匙食之。

（七）果品

吃西餐时，所提供的水果有干果、鲜果之分，不过鲜果是最常备的。以下，分别介绍草莓、菠萝、苹果、香蕉、橙子、葡萄等最受喜爱的水果的食用方法。

1. 草莓

普通的草莓，可用手取食，蘸些糖或酸奶油也可以。吃带调味汁的草莓，则必须使用餐匙。

2. 菠萝

吃菠萝时，首先应将其切割成小块，然后再以餐叉进食。不要用手抓食，或举而咬食。

3. 苹果

最正规的吃苹果的方法是：取过一只苹果，首先切成大小相仿的四块，然后逐块去皮，再以刀叉食之。不过，现在绝大多数人，都已习惯于用手拿着去皮的小块苹果直接吃了。

4. 香蕉

对付整只的香蕉，应先剥除其外皮，再用刀叉切成小段，逐段食之。不应当一边用手拿着剥皮，一边慢慢咬着吃。

5. 橙子

吃橙子有两种方法。正规的吃法是：先用刀除去其外皮，再用刀叉将其内皮剥离，然后用刀叉分瓣而食。大众的吃法，则是在用刀去皮后，切成几小块，然后用手取食。

6. 葡萄

吃葡萄时，可取过一小串，一粒一粒用手揪下来吃。其皮、核，可先悄然吐入手中，再转移至餐盘内。吃果盘内不成串的单粒葡萄时，则宜以餐叉相助取食。

五、西餐的要求

吃西餐时，尤其是参加正式的西餐宴会时，礼仪方面的具体要求既繁多，又严格。扼要而论，吃西餐时，一般必须谨记如下四条基本要求。

（一）举止高雅

正统的西餐礼仪出自古代宫廷，并相沿已久，故此其程式化的规定甚多。其中最重要的，是要求用餐者严格约束个人举止，力求高雅动人。有人曾说：吃中餐，主要是吃美味佳肴。而吃西餐，则主要是在"吃"其风度与气氛。

对国人而言，在用餐时检点个人举止，重点是要注意在下述诸方面表现良好。

1. 进食噤声

用餐之际，不论有意还是无意，吃东西还是喝东西，绝对都不要弄出声来，更不要搞得铿锵作响。西方人认为，只有缺乏教养者，才会在进食时出声作响。

2. 防止异响

除用餐外，体内的任何声响，不论咳嗽、打喷嚏，还是打嗝、放屁，都应自觉控制，不要当众出丑。此外，在就座、用餐时，也不要把座椅、餐桌、餐具弄出怪异之声来。

3. 慎用餐具

用餐时，务必要正确地使用各种餐具。不懂的话可现场观摩他人，尤其是女主人的具体做法，不要自以为是地贻笑大方。不要把餐具挪作他用，尤其是不要以之相互敲击，或指点别人。

4. 正襟危坐

就座时，应从左侧进入，并使身体与餐桌保持10厘米左右的距离。上身要呈挺拔之态，不要东倒西歪。双手不要支在桌上，或藏于桌下，而应扶住桌沿。双腿切勿乱伸，掉在地下的东西不宜拾取，别忘记自己的对面与两侧通常皆为异性。

5. 吃相干净

用餐时，要自觉维护环境卫生，并注意个人卫生。不要吃得自己"四处开花"，身上、脸上到处"留痕"，也不要把餐盘、餐桌和地面上弄得一塌糊涂。

（二）衣着考究

吃西餐时，特别是赴宴时，西方人非常讲究个人的穿着打扮。若不谙此道，或明知故犯，既会失礼于人，也会为人轻视。

根据用餐规模、档次的不同，用餐时的衣着也不尽相同。大体上说，一般有礼服、正装、便装之分。

1. 礼服

西式的礼服，男装为黑色燕尾服，扎黑色领结；女装则为拖地长裙，并配长筒薄纱手套。其他国家的人士，可以本民族的盛装，如我国的中山装、旗袍，来代替西式礼服。目前，在隆重的宴会上，往往要求必须穿礼服。

2. 正装

在普通的宴会上，通常要求穿正装。在一般情况下，正装指的是深色，特别是黑色或藏蓝色的套装或套裙。需要注意的是，男装不要色彩过淡、过艳，女装则切勿过短、过小。

3. 便装

参加一般性的聚餐，可以穿便装。此处所谓的便装，是有严格界定的。男士可穿浅色西装，或仅穿单件的西装上衣。女士则可以穿时装，或是以长西裤代替裙装。但是，绝对不能随心所欲地乱穿一通。

不论穿什么服装，在用餐时都不允许当众整理衣饰，例如，不准脱外套、换衣服、松领带、卷袖子、挽裤腿、解腰带、拉袜子、脱鞋子等。

（三）尊重女性

如果说中餐礼仪讲究尊重长者的话，那么可以说，尊重女性则是西餐礼仪的一大特点。西餐礼仪中所讲究的尊重女性，并非纸上谈兵，而是广泛地融入了具体的可操作的层次。

通常，尊重女性在西餐礼仪之中主要具体体现于下列三个方面。

1. 礼待女主人

在西餐宴请中，女主人往往处于"第一顺序"。其具体表现是：女主人要坐主位，要由女主人"宣布"用餐开始或结束，等等。用西餐时，让女主人忙里忙外、到处张罗，甚至难以入席的情况，是绝对见不到的。

2. 照顾女宾客

吃西餐时，不论是否相识，男士都要处处积极、主动地对女士多加照顾。例如，在用餐之前，要帮助其存外套，或寻位就座。在用餐期间，要帮助女士取菜、拿调味品，并陪其交谈，等等。

3. 忌用女侍者

在正规的西餐馆里，绝对讲究"女尊男卑"。在那里只能见到清一色的男侍迎来送往，忙忙碌碌，却绝对难以见到一名女侍。根据传统，正规的西餐馆是概不使用女侍的。

（四）积极交际

参与西餐宴会时，除品尝美食外，不要忘记进行适当的交际活动。根据西餐礼仪，西餐宴会的主旨就是要促进人们的社交活动。

1. 宾主的交际

应邀赴宴时，不要忘记抽空向主人致意，并最好找个时间与其叙一叙旧，联络联络感情。不要吃了就走，不能不把主人放在眼里。

2. 来宾的交际

在用餐时，中餐礼仪不提倡多讲话，西餐礼仪却要求人们非要谈上几句不可。不仅要与老朋友寒暄，而且还要借机多交一些新朋友。不要只吃不说，或是只找老朋友、年轻貌美的异性交谈，而对其他人不置一词。与周围之人都交谈上几句，才比较理智。

第三节 茶 艺

茶，是中国各族人民最喜爱的一种日常饮料。它在中国的种植与利用，至今已有四千多年的历史。在世界上，它也同样深受许多国家人民的欢迎，并与咖啡、可可一道并称为世界三大饮料。

在正式的情况下，不论自饮还是待客，饮茶都颇有讲究。至少，在茶叶的品种、沏茶的水温、饮茶的茶具等方面，都丝毫马虎大意不得。以茶待客时，对此尤须注意。茶艺，亦称茶道，它具体所指的就是饮茶的讲究和以茶待客之道。

目前，就以茶待客而论，饮茶的礼仪具体涉及茶叶的品种、茶具的选择、敬茶的程序、品茶的方法四个方面。

一、茶叶的品种

饮茶，首先需要区别茶叶的具体品种。不同的地区、不同的民族、不同的饮茶者，对茶叶的品种往往会有不同的偏好。

区分茶叶的品种，可采取多种方法。目前，在我国采用最广泛的方法，是根据加工、制作方法的不同来区分茶叶的品种。根据这一标准，茶叶可分为绿茶、红茶、乌龙茶、花茶、砖茶、袋茶等几个品种。

（一）绿茶

绿茶，是对新鲜茶叶进行炒制，利用高温破坏其中所含的酶，在制止其发酵之后制作而成的。饮用绿茶，讲究要选用当年的新茶，尤其是要选用"明前茶"，即清明之前所采的茶叶。

精心沏出来的绿茶，茶叶碧绿，茶汤清澈。饮用入口之后，饱含沁人心脾的清香，并清凉宜人。在夏日饮用，还可消暑降温。

我国生产的绿茶品种甚多，其中闻名遐迩的有：产于浙江杭州的龙井茶，产于江苏太湖洞庭山的碧螺春，产于安徽黄山的黄山毛峰，产于湖南洞庭湖青螺岛的君山银针，产于河南信阳大别山区的信阳毛尖，产于贵州黔南都匀山区的都匀毛尖，等等。

（二）红茶

红茶的加工制作方法恰好与绿茶相反，它是以新鲜的茶叶经专业制作，使之完全发酵之后制作而成的。在冲泡沏水之前，它的色泽油润乌黑。在冲泡沏水之后，它则具有独特的浓香与爽口的滋味，并能暖胃补气，提神益智。

一般而言，红茶其性温热，故适宜在冬天饮用，而不宜作为夏日饮品。

我国生产的红茶品种不少，其中最著名的当推产于安徽祁门的祁门红茶，产于云南西双版纳的滇红，产于广东英德的英红，等等。

（三）乌龙茶

乌龙茶的制作加工方法，介乎绿茶与红茶的制作加工方法之间。准确地说，它是一种半发酵的茶叶。其外形粗硕、松散，茶叶边缘发酵，中央不发酵，整体外观上呈黑褐色。它的别名叫作青茶。

沏水冲泡后的乌龙茶色泽凝重鲜亮，芳香宜人。喝过之后，不仅可以化解油腻，而且还能健胃提神，令人心旷神怡。

我国著名的乌龙茶多产于福建省，其中大名鼎鼎的有产于闽南安溪的铁观音、产于闽北武夷山的武夷岩茶等。

（四）花茶

花茶，又叫香片，是以绿茶经过各种香花熏制而成的茶叶。它的最大特点是：冲泡沏水之后芳香扑鼻，口感浓郁，味道鲜嫩。一年四季之中，都可以饮用花茶。

根据用来熏制花茶的鲜花的具体品种的不同，花茶又可以分为茉莉花茶、桂花花茶、玫瑰花茶、白兰花茶、米兰花茶等多个品种。其中，尤以茉莉花茶最为知名。

（五）砖茶

砖茶，又叫茶砖。它是特意将茶叶压紧之后，制作而成的一种类似砖块形状的茶叶品种。它颇受一些少数民族的喜爱，多用于煮饮，尤其是添加奶、糖等之后煮饮。

（六）袋茶

袋茶，并不是茶叶的某一个品种，而是为了饮用方便，将绿茶、红茶、乌龙茶或花茶分别装入纸袋之内。饮用时只需将纸袋置于杯内，然后冲泡即可。简而言之，袋茶是一种茶的方便饮品。

概括地讲，生活于不同地区的人们对茶叶品种的偏好往往大相径庭。在一般情况下，南方人爱喝绿茶，北方人爱喝花茶，东南沿海一带的人爱喝乌龙茶，而欧美人则爱喝红茶，尤其袋装红茶。因此，在以茶待客时，理当因人而异，适其所好。

二、茶具的选择

饮茶是一种文化，所以在选择茶具时，既要干净、卫生、实用，又要美观、大方、悦目。

饮茶之时，所选茶叶的具体品种不同，所需茶具的品种也会有所不同。在一般情况下，饮茶大多少不了储茶用具、泡茶用具、饮茶用具等。

（一）储茶用具

储茶用具，指的是平日存放茶叶的专用器皿。它的基本要求是：防潮、避光、隔热、无味。因此，用来存放上佳的茶叶，最好选用特制的茶叶罐，如铝罐、锡罐、竹罐等。尽量不要使用不符合要求的玻璃罐、塑料罐，更不要长时间以纸张包装存放茶叶。

待客饮茶之际，最好不要当着客人的面从储茶用具之内取茶冲泡。万一非此不可，则切勿直接下手抓取茶叶，而应以匙去取，或是直接以茶罐将茶叶倒入茶壶、茶杯。

（二）泡茶用具

讲究饮茶的人，对泡茶用具十分挑剔。在比较正规的情况下，泡茶用具与饮茶用具往往一分为二，以确保饮茶有滋有味、有模有样。

正规的泡茶用具，最常见的是茶壶。其大小各异，外观不同，但多以有助于茶水味道纯正的紫砂陶、陶瓷制成。

使用茶壶泡茶之前，应将茶壶洗涮干净。不要使其茶垢遍布，不要使用浑身伤残的茶壶去招待尊贵的客人。特别要注意的是，不要使用茶壶内剩余的旧茶待客。

（三）饮茶用具

饮茶用具，在此所指的是饮茶时所使用的茶具。在大多数情况下，饮茶用具主要是茶杯、茶碗。就目前而言，以茶杯饮茶较之以茶碗饮茶更为常见。使用茶碗饮茶，则多见于古色古香的茶馆之内。

最好的茶杯，应有助于茶汤纯正味道的发挥。符合这一要求的，当首推紫砂陶茶杯或陶瓷茶杯。若为了欣赏茶叶的形状与茶汤的清澈，也可以选用玻璃杯。搪瓷茶杯，则一般不宜选用。

若饮茶时同时使用茶壶，则最好使茶杯与其配套，以使二者美观和谐、相得益彰。尽量不要东拼西凑，使二者质地不一、造型各异。若同时使用多个茶杯，也应注意其配套问题，不要令其千差万别。

若非自己使用，千万不要选用破损、残缺、有裂纹的茶杯，尤其不要以带有茶锈或污垢的茶杯装茶待客。

三、敬茶的程序

自古以来，中国人待客就有"坐，请坐，请上座；茶，上茶，上好茶"的说法，由此可见，以茶敬客在待客之际是一种绝对不可或缺的重要礼仪。

以茶敬客时，最重要的是要注意客人的嗜好、上茶的规则、敬茶的方法、续水的时机等几个要点。

（一）客人的嗜好

俗语说："众口难调"，饮茶其实也是如此。有人喜欢喝绿茶，有人喜欢喝红茶；有人喜欢喝热茶，有人喜欢喝凉茶；有人喜欢喝糖茶，有人喜欢喝奶茶。以茶待客时，若有可能，应尽可能照顾来宾，尤其是主宾的偏好。

有可能的话，应多备几种茶叶，使客人可有多种选择。在上茶之前，应先询问客人喜欢用哪一种茶，并为其提供几种可能的选择。切勿自以为是，强人所难。当然，若只有一种茶叶，则务必实事求是地说清楚，不要客套过了头。若客人点出自己所没有的茶叶品种，可就难以下台了。

与此同时，还应考虑到，有一些人出于各种原因不喜欢饮茶。因此，如有可能，在上茶前，应征询一下来宾个人的意见："请问您想喝哪一种饮料？"并为其提供自己力所能及的几种选择，如白开水、矿泉水、咖啡、果茶、果珍、可口可乐、雪碧、芬达等。

一般认为，饮茶不宜过浓，否则极可能使饮用者"醉茶"，即因摄入过量的咖啡因而令人神经过分兴奋，甚至惊厥、抽搐。因此，若客人没有特殊要求，则所上的茶水不应过浓。通常，民间以茶待客讲究要上热茶，而且还有"茶满欺人""七茶八酒"之说。其含义是：斟茶不可过满，而以七分满为佳。如此这般，热茶便不会从杯中溢出来烫伤人了。

（二）上茶的规则

上茶时，有下列几条具体规则可循。

1. 奉茶之人

以茶待客时，由何人为来宾奉茶，往往具体涉及对来宾重视的程度问题。在家中待客时，通常可由家中的晚辈或家庭服务员为客人上茶。接待重要的客人时，则应由女主人，甚至由主人自己为其亲自奉茶。

在工作单位待客时，一般应由秘书、接待人员、专职人员为来客上茶。接待重要的客人时，则应由本单位在场的职位最高者亲自为之上茶。

2. 奉茶顺序

若来访的客人较多时，上茶的先后顺序一定要慎重对待，切不要肆意而为。合乎礼仪的标准做法是：

第一，先为客人上茶，后为主人上茶。

第二，先为主宾上茶，后为次宾上茶。

第三，先为女士上茶，后为男士上茶。

第四，先为长辈上茶，后为晚辈上茶。

如果来宾甚多，而且其彼此之间地位、身份差别不大时，可采取下列四种顺序上茶：其一，以上茶者为起点，由近而远依次上茶。其二，以进入客厅之门为起点，按顺时针方向依次上茶。其三，在上茶时，以客人的先来后到为先后顺序；其四，上茶时不讲顺序，或由饮用者自己取用。

（三）敬茶的方法

以茶待客时，一般应事先将茶沏好，倒入茶杯，然后放在茶盘之内端入客厅。如果来宾较多时，务必要多备上几杯茶，以防届时"僧多粥少"，显得主人照顾不周。

在上茶时，应借此机会，向客人表达自己的谦恭与敬意。标准的上茶步骤是：双手端着茶盘进入客厅，首先将茶盘放在临近客人的茶几上或备用桌上，然后右手拿着茶杯的杯托，左手附在杯托附近，从客人的左后侧双手将茶杯递上去，置于客人右前方。茶杯放置到位之后，杯耳应朝向右侧。若使用无杯托的茶杯上茶时，亦应双手捧上茶杯。

从客人左后侧为之上茶，意在不妨碍其工作或交谈的思绪。万一条件不允许时，至少也要从其右侧上茶，而尽量不要从其正前方上茶。

有时候，为了提醒客人注意，可在为之上茶的同时，轻声告之"请您用茶"。若对方向自己道谢，不要忘记答以"不客气"。如果自己的上茶打扰了客人，应对其道一声"对不起"。

为客人敬茶时，尽量不要用一只手上茶，尤其是不要单用左手上茶。双手奉茶时，切勿将手指搭在茶杯杯口上，或将其浸入茶水。

在放置茶杯时，千万不要粗枝大叶，以之直撞客人，也不要把茶杯放在客人的文件上，或容易被撞翻的地方。将茶杯放在客人面前与右手附近，是最适当的做法。

（四）续水的时机

为客人端上头一杯茶时，通常不宜斟得过满，更不允许动辄使其溢出杯外。得体的做法是：应当斟到杯深的2/3处，不然就有厌客或逐客之嫌。

主人若是真心诚意地以茶待客，最适当的做法，就是要为客人勤斟茶、勤续水。一般来讲，客人喝过几口茶后，即应为之续上，绝不可让其杯中茶叶见底。此种做法的寓意是"茶水不尽为客添，慢慢饮来慢慢叙"。

当然，为来宾续水让茶一定要讲究主随客便，切勿神态做作，再三再四地以斟茶续水搪塞客人，而始终一言不发。旧时，中国人待客有"上茶不过三杯"一说。第一杯叫作敬客茶，第二杯叫作续水茶，第三杯则叫作送客茶。如果一再劝人用茶，而又无话可讲，则往往意味着提醒来宾"应该打道回府了"。有鉴于此，在以茶招待较为守旧的老年人或海外华人时，切勿再三为之斟茶。

为客人续水斟茶时，仍以不妨碍对方为佳。如有可能，最好不要在其面前进行操作。非得如此不可时，则应一手拿起茶杯，使之远离客人身体、座位、桌子，另一只手将水续入。

在续水时，不要续得过满，也不要使自己的手指、茶壶或暖水瓶弄脏茶杯。如有可能，应在续水时在茶壶或暖水瓶的口部附上一块洁净的毛巾，以防止茶水"自由泛滥"。

四、品茶的方法

在正式的社交场合，饮茶应当文明、礼貌。具体而言，需要在下述两个方面特别加以注意。

（一）态度谦恭

既然以茶待客是一种礼仪，既然主人在以茶待客时需要处处以礼待人，那么作为接受款待的一方，客人在饮茶之时，也应对主人勿失谦恭与敬意。

当主人上茶前向自己征求意见，询问大家"想喝什么"的时候，如果没有什么特别的禁忌，可在对方所提供的几种选择之中任选一种，或告之以"随便"。在一般情况下，若向主人提出过高的要求，是很不礼貌的。

如果自己不习惯饮茶，应及时向主人说明。若自己尚未说明，而茶已上来了，不喝就是了。千万不要面露不快，直接因此责怪主人或为自己上茶的人。

若主人，特别是女主人或长辈为自己上茶时，在可能的情况下，应立即起身站立，双手捧接，并道以"多谢"。不要视若不见，不理不睬。当其为自己续水时，亦应以礼相还。其他人员为自己上茶、续水时，也应及时以适当的方式向其答谢。

如果对方为自己上茶、续水时，自己难以起身站立、双手捧接或答以"多谢"时，至少应向其面含微笑，点头致意，或者欠身施礼。不喝的凉茶、剩茶，千万不要随手泼洒在地上。

在社交活动中，与交往对象正在交谈时最好不要饮茶。不论自己或交谈对象正在讲话时，自己若突然转而饮茶，不但会打断谈话，而且还会显得自己用心不专。只有在自己不是主要的交谈对象时，或是与他人的交谈告一段落之后，才可以去饮茶。

（二）认真品味

在饮茶时，要懂得悉心品味。这样做，不仅体现着自身的教养，而且也是待人的一种礼貌做法。

在饮茶之时，应一小口、一小口地细心品尝。每饮一口茶汤后，应使其在口中稍作停留，再慢慢地咽下去，如此品茶才算得体。无论如何，饮茶时都不要大口吞咽，一饮而尽，喝得口中"咕咚咕咚"直响，茶水顺着腮帮子直流。以此种方法喝茶，只能解渴，却丝毫谈不上对茶的美妙之处的品味。

端起茶杯时，应以右手手持杯耳。端无杯耳的茶杯，则应以右手手握茶杯的中部。不要双手捧杯，以手端起杯底，或直接用手握住茶杯杯口。那样做，或是煞有介事，或是动作粗鲁，或是不够卫生。

使用带杯托的茶杯时，可只用右手端起茶杯，而不动杯托。也可以用左手将杯托连着茶杯，托至左胸高度，然后以右手端起茶杯饮之。

饮茶的时候，忌连汤带茶叶一并吞入口中，更不能下手自茶中取出茶叶，甚至放入口中食之。万一有茶叶进入口中，切勿将其吐出，或是嚼而食之。

饮盖碗茶时，可用杯盖轻轻将飘浮于茶水之上的茶叶拂去，但不要用口去吹。茶水太烫的话，也不要去吹，或用另一只茶杯去折凉茶水，最好是待其自然冷却。

饮用红茶或奶茶时，不要用茶匙舀茶，也不要将其插放在茶杯中。不用时，将其放在杯托上即可。

若主人告之所饮的是名茶，则饮用前应仔细观赏一下茶汤，并在饮用后加以赞赏。不要不予理睬，或随口加以贬低。

第四节 咖 啡

长期以来，咖啡一直是欧美国家饮料之中的主角。在那里，咖啡不仅被用来提神、解渴，而且还频频现身于各种各样的社交聚会。它所受欢迎的程度，绝对不亚于在中国被视为国粹的茶。

根据社交礼仪的惯例，饮用咖啡时，需要注意饮用的时机、咖啡的种类、饮时的举止三个方面的具体问题。

一、饮用的时机

饮用咖啡，应把握适当的时机。具体而言，饮用咖啡的时机，又包括饮用的时间与饮用的场合两个方面的具体问题。

（一）饮用的时间

如上所言，饮用咖啡，往往实质上是一种社交活动，所以在具体时间的安排与选择上，有必要细心斟酌，切勿贸然而行。一般而言，饮用咖啡的时间不外乎有如下几种具体选择。

1. 自己饮用

自己饮用咖啡，原则上不必受到时间的限制。想要饮用的话，随时可以悉听尊便。只要记住不要饮用咖啡过量，从而影响休息即可。

2. 家中待客

在家中以咖啡待客，不论借饮咖啡这种形式会友，还是纯粹将其视作饮料，大体上均不宜超过下午4点钟。有很多人在此时间之后不习惯再饮咖啡。

3. 外出会客

邀人外出，在咖啡厅会客时饮用咖啡，一般应避开上午。最佳的时间有二：一是周末；二是午后。可根据具体情况，协商安排。

4. 宴会待客

在正式的西式宴会上，往往以咖啡作为其"压轴戏"。正式的西式宴会大多在晚间举行，故此在宴会上饮用咖啡通常是在晚间。不过为了照顾个人嗜好，在宴会上上咖啡的同时往往还会提供红茶，而由来宾自选其一。

（二）饮用的场合

饮用咖啡，讲究具体场合的选择。具体场合不同，饮用咖啡时的要求往往会有所不同。一般而言，饮用咖啡最常见的场合主要有：客厅、写字间、花园、餐厅、咖啡厅、咖啡座，等等。

1. 客厅

在客厅内饮咖啡，主要适用于招待客人。有些时候，自己与家人喝咖啡也会选择此处。

2. 写字间

在写字间里饮咖啡，主要是在工作间歇自己享用，意在提神解乏。此时，具体要求不多。

3. 花园

在自家花园饮咖啡，固然适合于自己与家人消闲休息。此外，也适于招待客人。西方有一种专供女士社交的咖啡会，就是在主人家的花园或庭院中举行的。它不排位次，时间不长，重在交际与沟通，饮咖啡只不过是其一种表面形式。

4. 餐厅

在西方，咖啡往往是正餐中最后出现的一道"菜肴"。在餐厅里用餐时，人们往往会选用咖啡佐餐助兴。

5. 咖啡厅

咖啡厅，有时又叫咖啡屋、咖啡室，它是一种装饰高档、气氛温馨的饮食服务点。除供应咖啡外，还可提供其他餐饮。在此处饮咖啡，往往与鲜花、乐曲、红烛相伴，故经常有一些人选择来此会友。

6. 咖啡座

它是一种露天的"咖啡厅"，多设于街道两侧，仅为客人提供桌椅与遮阳伞，适合于自我休息或与友人聊天。在西方国家里，它随处可见，主要讲究的是自由自在、休息观景。

二、咖啡的种类

与茶叶一样，咖啡的种类也非常之多。在非正式场合，选择何种咖啡自然无可厚非。但在正式场合，它却不仅仅是一个个人习惯问题，而是一个涉及选择者身份、教养、见识的问题。故此应对这一问题充分了解，认真对待。

由于依据的标准不同，咖啡被分为多种种类。目前，区分咖啡的种类，主要依据的是其配料的添加与制作的方法。

（一）根据配料区分

依据饮咖啡时所添加的配料的不同，咖啡可被分为多个品种。其中，最为常见的有下述六种。

1. 黑咖啡

它指的是既不加糖，也不加牛奶的纯咖啡。在正统的西餐里压轴的，就是这种宜于化解油腻的黑咖啡。直至今日，饮用此种咖啡仍被西方人视为身份高贵或出身上流社会的一种标志。

2. 白咖啡

它指的是饮用之前加入牛奶、奶油或特制的植物粉末的咖啡，有人亦称之法式咖啡。饮用此种咖啡时，加糖与否完全可以自作主张。它适合在各种情况之下，尤其是在非正式场合饮用。

3. 浓黑咖啡

它的全名叫意大利式浓黑咖啡，以特殊的蒸汽加压的方法制作，极黑极浓，不宜多饮。在饮用时，可加入糖或少量的茴香酒，但不宜加入牛奶或奶油。

4. 浓白咖啡

它的全名叫作意大利式浓白咖啡。其制作方法基本上与浓黑咖啡相类似，只是加入了用牛奶打制出来的奶油或奶皮，故此显得又稠又浓，口味甚佳。在饮用时，不宜再添加牛奶，加入少许柠檬皮榨取的汁液则是允许的。至于是否加糖，则可由自己来决断。

5. 爱尔兰式咖啡

爱尔兰式咖啡的最大特点是：在饮用咖啡之前不加入牛奶，而是加入一定量的威士忌酒。加不加糖，则请君自便。它的味道浓烈，刺激提神。

6. 土耳其式咖啡

土耳其式咖啡大致与白咖啡类似，在咖啡之中可酌情加入适量的牛奶与糖。但是，与其他种类所不同的是，它的咖啡渣并不除去，而是被装入杯中与咖啡一起供人饮用。它的杯大量多，稍显浑浊，深受中东地区人民喜爱。

（二）根据制作区分

根据制作方法的不同，咖啡大体上可被分为现煮的咖啡、速溶的咖啡、罐装的咖啡三种。

1. 现煮的咖啡

现煮的咖啡，此处所指的是在饮用咖啡之前，当场将一定数量的咖啡豆放入特制的咖啡具，现磨现煮的咖啡。与速溶咖啡相比，它费时费力，并且不好把握火候，技术水平要求较高。

在习惯饮用咖啡的西方国家里，会不会煮咖啡，是一位家庭主妇是否称职的一大标准。因此，西方人家里来了客人，往往要待之以现磨现煮的咖啡，并由女主人亲自为客人煮咖啡、上咖啡。它既是一种礼遇，又体现着一种档次。所以，遇上女主人这般厚待时，来宾无论如何都不能忘了当面称道一下女主人为自己所煮的咖啡"味道好极了"，否则就是不礼貌的。

2. 速溶的咖啡

它是以现代工艺将咖啡提纯、结晶、装罐，饮用时只需冲入适量的热开水即可，因此非常方便省事，深受快节奏的现代人的欢迎。只是它仍属于一种方便食品，口味比较单一，档次上难与现煮的咖啡相提并论。在较为正式的场合，一般难觅其身影。

应当切记，自己喝速溶咖啡与否，无可非议。但在款待重要客人时，却最好不要上此种咖啡，尤其是不要把它视为一种高档咖啡，而正式介绍给客人。

3. 罐装的咖啡

它指的是将煮好的咖啡装入罐内，可随时饮用。其饮用方便，但口味稍差，不适宜待客。

三、饮时的举止

在较为正式的场合，特别是在大庭广众之前、众目睽睽之下饮用咖啡时，务必要在个人举止方面好自为之。要处处谨慎，依礼而行。在饮用的数量、配料的添加、饮时的方法三个具体方面，尤其需要多加注意。

（一）饮用的数量

饮用咖啡的具体数量，应有所限制。在正式的场合，应注意如下两点具体的讲究。

1. 杯数宜少

在正式场合饮咖啡，与其说咖啡是一种饮料，不如说它是一种休闲或交际的陪衬，所以完全可以说人们饮咖啡时多是"醉翁之意不在酒"。在一般情况下，饮咖啡一杯足矣，至多不应多于两三杯。

2. 入口宜少

饮咖啡既然不是为了充饥解渴，那么在饮用时则切勿饮相粗鲁，令人见笑。端起咖啡杯扬脖一饮而尽，或大口吞咽咖啡，喝时响声大作，都是十分失礼的。饮咖啡时，一杯咖啡总要喝上十来分钟，并应分为十来口慢慢地喝。唯有一小口一小口慢慢地品尝咖啡，才能悟出其中之妙，并显得自己举止优雅脱俗。

（二）配料的添加

在某些情况下饮咖啡时，需要饮用者自己动手，根据个人需要和爱好，往咖啡里面添加一些诸如牛奶、方糖之类的配料。遇到此类情况，一定要牢记自主添加、文明添加两项要求。

1. 自主添加

在添加咖啡的配料时，要求自主添加，就是要求大家自己替自己负责，完全自行其是，不要越俎代庖地去为他人添加配料。因为个人的需要、偏好往往相去甚远，唯有自己才最了解。自作主张地为他人添加配料，弄不好就会强人所难，令对方反感或者不快。当然，若他人为自己添加配料时，还是应当真诚地向其道谢，而不宜责怪对方多事。

2. 文明添加

在添加咖啡的配料时，要求文明添加，就是要求大家在具体操作时自然大方、温文尔雅，尽量避免不卫生、不得体的做法。例如，若大家同时需要添加配料，彼此要相互谦让，不要你争我抢。若某种配料用完，需要补充时，不要大呼大叫，责备侍者。需要加牛奶时，动作要稳重，不要倒得满桌都是。打算加糖时，应使用专用的糖夹或糖匙去取，而不要以自己所用的咖啡匙去取，更不要直接下手去取。

（三）饮时的方法

饮用咖啡时，有许多具体的讲究与禁忌。其中杯的持握、匙的使用、甜点取食、交谈须知四个方面的具体问题，人人皆应有所了解。

1. 杯的持握

饮用咖啡时，不可用双手握杯，不可用手托着杯底，不可俯身就近杯子去喝，不可用手端着碟子而去吸食咖啡。

持握咖啡杯的得体方法是：伸出右手，用拇指与食指握住杯耳之后，轻缓地端起杯子。若用一只手大把握住杯身、杯口，或将手指穿过杯耳之后再握住杯身，都是不正确的方法。

在正式场合,咖啡是盛入杯中,然后放在碟子上一起端上桌的。碟子的作用,主要是用来放置咖啡匙,并接收溢出杯子的咖啡。若碟中有溢出的咖啡,切勿泼在地上或倒入口中。

饮咖啡时,是否需要同时端起碟子,不好一概而论。若坐在桌子附近饮咖啡,通常只需端杯子,而不必端碟子。若距桌子较远,或站立、走动时饮咖啡,则应用左手将杯、碟一起端起,至齐胸高度,随后再以右手持杯而饮。此种方法既迷人,又安全。说它迷人,是因为姿势好看。说它安全,则是可以防止溢出杯子的咖啡弄脏衣服。

2. 匙的使用

作为咖啡用具大家族中的重要一员,在正式场合饮咖啡时,人手一只的咖啡匙其实作用不大。如果穷尽其极,它只能够做以下三件小事。

第一,加入牛奶或奶油后,可以之轻轻搅动,使其与咖啡相互融合。

第二,加入方糖之后,可以之略加搅拌,促使其迅速溶化。

第三,若嫌咖啡太烫,可待其自然冷却,或以匙稍作搅动,促使其变凉。

使用咖啡匙时,有两条非常重要的禁忌:其一,不可用匙舀起咖啡来饮用。在公共场合那么做,必定会被人耻笑。其二,不可让它在咖啡杯中立正。不用它的时候,可将其平放在咖啡碟里。

3. 甜点取食

在饮用咖啡时,为了不伤肠胃,往往会同时备有一些糕点、果仁、水果之类的小食品,供饮用者自行取用。

需要取食甜点时,首先要放下咖啡杯。而在饮用咖啡时,手中也不宜同时拿着甜点品尝。切勿双手左右开弓,一边大吃,一边猛喝。这种做法,会显得吃相不雅。此外,切勿只吃不喝,弄得本末倒置。

4. 交谈须知

在饮用咖啡时,应适时地与交往对象进行交谈。在交谈时,务必要细语柔声,降低音量,千万不要大声喧哗、乱开玩笑,更不要与人动手动脚、追追打打。那样做,会破坏饮咖啡的现场氛围。

在他人饮咖啡时,不要向其提出问题。自己饮过咖啡准备讲话以前,最好先用纸巾揩一揩嘴,免得咖啡顺嘴流淌或弄脏嘴角。

第五节 酒 水

酒水,在一般情况下是对用来佐餐、助兴的各种酒类的一种统称。简单地说,酒水指的就是酒。

自古以来，在世界各国，酒水在社交场合，尤其是在宴请、聚餐活动中都一直发挥着重要的作用。有关酒水的选择、饮用以及待客、佐餐等一系列的具体做法，业已形成了一整套规范、完备的礼仪。酒水礼仪的基本内容，主要涉及酒水的种类、酒水的饮用以及酒会的规则三大问题。

一、酒水的种类

就目前而言，在国内所见最多的酒水主要有白酒、啤酒、葡萄酒、香槟酒、白兰地酒、威士忌酒、鸡尾酒等。它们既是各种酒类之中的佼佼者，同时也具有一定的代表性。

为了便于掌握这些主要酒水的主要特性，以便对其正确地、有益无害地加以饮用，下面对它们各自作一些介绍。

（一）白酒

此处所介绍的各种酒水，除白酒外，都是从西方国家次第传入的舶来品。那些西洋的酒水，现在有一个颇为摩登的大名，叫作洋酒。只有白酒，才是地地道道的中国货。

1. 白酒的特点

白酒，亦名烧酒、白干。它是用高粱、玉米、甘薯等粮食或某些果品，发酵、蒸馏制成的一种酒类。它通常没有任何颜色，而且酒精含量大多比较高，属于典型的烈性酒。白酒在我国各地均有生产，但因工艺的不同而分成各种香型。当前，最著名的白酒有茅台酒、五粮液酒、剑南春酒、水井坊酒等。

2. 白酒的饮用

白酒可以净饮干喝，也可以用来帮助吃菜下饭，有时候甚至还可以泡药作引。不过，白酒一般不能与其他酒类和汽水、可乐等软饮料混合同饮，否则极易醉酒。

在正式场合喝白酒，讲究以专用的瓷杯或玻璃杯盛酒。它的容积不大，所以喝白酒讲究"酒满敬人"与"一饮而尽"。喝白酒时，通常不必加温、加冰，不宜以水对其稀释。

（二）啤酒

啤酒，是由西方人所发明的一种历史悠久的酒类。严格地说，在国外，人们主要把啤酒当成一种日常饮料，而并不把它当作真正的酒来看待。不过对绝大多数中国人来讲，它却是一种最知名、最受欢迎的"洋酒"了。

1. 啤酒的特点

啤酒，又叫麦酒。它是一种用大麦和啤酒花为主要原料发酵制成的酒类。它含有大量的泡沫和特殊的香味，味道微苦，酒精含量较低，一般在4度左右。

目前，世界各国都出产啤酒，但它主要分为德国式、捷克式、丹麦式三大类型。根据工艺的不同，又有生啤、熟啤之分，黄啤、黑啤、红啤之别。较为知名的啤酒品牌有德国的贝克，荷兰的喜力，丹麦的嘉士伯，美国的百威，日本的朝日，中国的青岛、燕京、珠江，等等。

2. 啤酒的饮用

饮用啤酒，一般应采用专用的倒三角形酒杯或带把的啤酒杯。饮用它的最佳温度为7摄氏度左右，所以不必加冰或久冻。喝啤酒时，讲究大口饮用。

在国外，啤酒是上不了筵席的。然而在国内，它却在社交聚餐中频频露面。此外，它还可充当消暑解渴的最佳饮品。

（三）葡萄酒

目前，中国人在饮酒时尚方面与国外同步的，恐怕只有对葡萄酒的欣赏了。作为正式宴会中的佐餐酒，葡萄酒一直地位至尊。近年来，它在国内也大行其道。

1. 葡萄酒的特点

葡萄酒，即以葡萄为主要原料，发酵酿制而成的一种酒类。它的酒精含量不高，味道纯美，富含营养。根据其色彩的不同，葡萄酒有白葡萄酒、红葡萄酒、桃红葡萄酒之分。根据其糖分含量的不同，则又可将葡萄酒分为干、半干、微干、微甜、半甜、甜等几种。现在干葡萄酒最流行。此处所谓的"干"，意即基本不含糖分、没有甜味。在葡萄酒里，酒精含量在12度左右。在世界上，最有名气的葡萄酒产在法国的波尔多地区。

2. 葡萄酒的饮用

葡萄酒不仅可以佐餐，而且也可以单独饮用。喝不同类型的葡萄酒，在温度上有不同要求。白葡萄酒宜在13摄氏度左右喝，故应当加冰块。而红葡萄酒则在18摄氏度左右饮用最佳，故不宜加冰块。喝葡萄酒时，要用专门的高脚玻璃杯。喝白葡萄酒时，应捏着杯脚。喝红葡萄酒时，则讲究握住杯身。喝葡萄酒时，放话梅、加可乐、兑雪碧的做法，都是不正确的。

桃红葡萄酒，又叫玫瑰红葡萄酒，其口味、喝法与白葡萄酒略同。因其色泽柔美，多为女性所喜爱。

（四）香槟酒

在国内，香槟酒的知名度一直比较高，其实际应用也较为广泛。

1. 香槟酒的特点

香槟酒，又叫发泡葡萄酒，或"爆塞酒"。实际上，它是一种以特种工艺制成的、富含二氧化碳的、可产生大量泡沫的白葡萄酒。因其以法国香槟地区所产最为有名，故有是称。它的酒精含量约在10度左右，口感清凉、酸涩，并带有水果香味。

2. 香槟酒的饮用

香槟酒以在6摄氏度左右饮用为佳，故在饮用之前须将其暂时冷藏于冰桶之内。开瓶时，可稍事摇晃，然后再起去瓶塞。届时，它就会连泡带酒一同奔涌而出，为人平添欢快的气氛。饮用香槟，须使用郁金香形的高脚玻璃杯，并应以手捏住杯脚。香槟酒可用来佐餐、祝酒，可以单独饮用，或是在庆典、仪式上为人助兴。

（五）白兰地酒

在所有洋酒中，白兰地是最为名贵的。过去，它曾一度与威士忌酒和茅台酒被并称为"世界三大名酒"。

1. 白兰地酒的特点

白兰地酒，亦为葡萄酒大家族里的特殊一员，它是用葡萄汁发酵之后蒸馏精制而成的，故此又叫作蒸馏葡萄酒。它的酒精含量约为40度，色泽金黄，香甜醇美。世界上知名的白兰地酒的品牌有马爹利、轩尼诗、人头马、拿破仑等，并以产于法国干邑地区、贮藏时间较长者为佳。

2. 白兰地酒的饮用

与白酒有所不同，以白兰地为代表的洋酒大多是以盎司计量的，故此它并不讲究"酒满敬人"。饮白兰地酒的最佳温度为18摄氏度以上。故应将其盛在专用的大肚、收口、矮脚杯内，先以右手托住杯身观其色彩，并以手掌为其加温。随后，待其香味洋溢时，闻过之后，再慢慢地小口品味。若将其一饮而尽，只会被视为没有品位的"草莽英雄"。

（六）威士忌酒

假如讲白兰地酒是洋酒之中的"贵族"，那么相对来说物美价廉的威士忌酒则是雅俗共赏的。

1. 威士忌酒的特点

威士忌酒，是一种用谷物发酵酿造而成的烈性蒸馏酒。它的口味浓烈、刺激，酒精含量约为40度。在世界各国生产的威士忌酒中，首推英国苏格兰地区生产的威士忌酒最为有名。其知名品牌有尊尼获加、芝华士、威雀、老伯、添宝等。

2. 威士忌酒的饮用

威士忌酒可以干喝，不过加入冰块、苏打水或姜汁后，其味道更佳。喝威士忌酒时，最好采用专门的平底小玻璃杯，耐心细致地慢慢品尝。威士忌不但可以自斟自酌，而且也可以去酒吧里喝。

（七）鸡尾酒

鸡尾酒，是目前中国人在社交场合中接触较多的一种酒水。对鸡尾酒，不少人都有一定程度的了解。

1. 鸡尾酒的特点

准确地讲，鸡尾酒并非某一种类的酒，而是一种混合型的酒。它是用各种不同的酒，以及果汁、汽水、蛋清、糖浆等其他饮料，按照一定的比例，采用专门的技法调配而成的。它的口味有浓有淡，酒精的含量有多有少。但其共同特点，则是异彩纷呈，层次分明，闪烁不定，好似雄鸡之尾，故被叫作鸡尾酒。鸡尾酒中的知名者，有好几千种。其中大名远扬的有马提尼、曼哈顿、红粉佳人、血腥玛丽、亚历山大、螺丝起子、天使之吻、长滩冰茶等。

2. 鸡尾酒的饮用

饮用鸡尾酒，可去酒吧，也可是在聚餐之时。为便于观赏其独具特色的丰富色泽，最好使用高脚广口的玻璃杯去盛鸡尾酒。讲究的人，往往不会把数种不同的鸡尾酒混杂在一起品尝。

二、酒水的饮用

善于饮酒的人，不仅能饮，而且会饮。饮酒时的表现若要合乎礼仪，一般需要注意搭配的菜肴、敬酒与干杯和酒量宜适度三大问题。

（一）搭配的菜肴

酒水的主要功能，是在用餐时开胃助兴。欲使酒水正确地发挥这一作用，就必须懂得酒菜搭配之道。唯有如此，二者才会相得益彰。不然就很有可能会事倍功半，甚至坏人食欲。

下面，分别就中餐与西餐聚餐、宴请时，酒水与菜肴的正确搭配方法，略作介绍。

1. 中餐中酒菜的搭配

若无特殊规定，正式的中餐宴会通常都要上白酒与葡萄酒等两种酒水。因为饮食习惯的原因，中餐宴请中上桌的葡萄酒多半是红葡萄酒，而且一般都是甜红葡萄酒。选用红葡萄酒，是因为红色充满喜气。而选用甜红葡萄酒，则是因为不少中国人对口感微酸的干红葡萄酒不太认同。

通常在每位用餐者面前餐桌桌面的正前方，排列着大小不等的三只杯子，自左而右，它们依次分别是白酒杯、葡萄酒杯、水杯。

具体来讲，在搭配菜肴方面，中餐所选的酒水讲究不多。爱喝什么酒，就可以喝什么酒。想什么时候喝酒，亦可完全自便。

正规的中餐宴会一般不上啤酒。只有在便餐、大排档中，它才更为多见。客观地讲，以之搭配凉菜，效果要更好一些。

2. 西餐中酒菜的搭配

在正式的西餐宴会里，酒水绝对是主角。不仅它最贵，而且它与菜肴的搭配也十分严格。一般来讲，吃西餐时，每道不同的菜肴需要配不同的酒水。每吃一道菜，便要换上一种新的酒水。

西餐宴会中所上的酒水，可分为餐前酒、佐餐酒、餐后酒三种。它们各自又拥有许多具体种类。

餐前酒。它的别名是开胃酒。显而易见，它在开始正式用餐前饮用，或在吃开胃菜时与之搭配。在一般情况下，人们喜欢在餐前饮用的酒水有鸡尾酒、味美思和香槟酒。

佐餐酒。它又叫餐酒。毫无疑问，它是在正式用餐期间饮用的酒水。西餐里佐餐酒均为葡萄酒，而且多数是干葡萄酒或半干葡萄酒。

在正餐或宴会上选择佐餐酒，有一条重要的讲究不可不知，即"白酒配白肉，红酒配红肉"。此处所说的白肉，即鱼肉、海鲜、鸡肉。吃它们时，须以白葡萄酒搭配。此处所说的红肉，则指牛肉、羊肉、猪肉。吃这一类肉时，则应配以红葡萄酒。鉴于西餐菜肴里的白肉多为鱼肉，故这一说法有时又被改头换面地表述为："吃鱼喝白酒，吃肉喝红酒"。其实二者的本意完全相同。不过，此处所说的白酒、红酒，都是葡萄酒。

餐后酒。它指的是在用餐之后，用来以助消化的酒水。最常见的餐后酒是利口酒，它又叫香甜酒。最有名的餐后酒，则是享有"洋酒之王"美称的白兰地酒。

在一般情况下，饮不同的酒水，需要使用不同的专用酒杯。在每一位用餐者面前的桌面上右边餐刀的上方，大多会横排放置着三四只酒水杯。取用它们时，可依次由外侧向内侧进行，亦可"紧跟"女主人的选择。在它们之中，香槟杯、红葡萄酒杯、白葡萄酒杯以及水杯，往往必不可少。

（二）敬酒与干杯

在较为正式的场合，饮用酒水颇为讲究具体的程式。在常见的饮酒程式之中，斟酒、祝酒、干杯应用最多。

1. 斟酒

通常，酒水应在饮用前斟入酒杯。有时，男主人为了表示对来宾的敬重、友好，还会亲自为其斟酒。

在侍者斟酒时，勿忘道谢，但不必拿起酒杯。但在男主人亲自前来斟酒时，则必须端起酒杯致谢。必要时，还须起身站立，或欠身点头为礼。有时，亦可向其回敬以"叩指礼"，即以右手拇指、食指、中指捏在一起，指尖向下，轻叩几下桌面。此种方法适用于中餐宴会上，它表示的是在向对方致敬。

主人为来宾所斟的酒，应是本次宴会上最好的酒，并应当场启封。斟酒时要注意以下三点。

第一，面面俱到。应一视同仁地为每一位来宾斟酒，而切勿有挑有拣，只为个别人斟酒。

第二，注意顺序。可依顺时针方向，从自己所坐之处开始，也可以先为尊长、嘉宾斟酒。

第三，斟酒适量。白酒与啤酒均可以斟满，而其他洋酒则无此讲究。若斟得过满乱流，显然未必合适。

除主人与侍者外，其他宾客一般不宜为他人斟酒。

2. 敬酒

敬酒，亦称祝酒。它具体所指的是，在正式宴会上，由男主人向来宾提议，为了某种事由而一同饮酒。在敬酒时，通常要讲一些祝愿、祝福之言。在正式的宴会上，主人与主宾还会郑重其事地发表一篇专门的祝酒词。因此，敬酒往往是酒宴上必不可少的一项程序。

敬酒，可以随时在饮酒的过程中进行。频频举杯祝酒，会使现场氛围热烈而欢快。不过，要是致正式的祝酒词的话，则要在特定的时间进行，并以不影响来宾用餐为首要考虑。

通常，致祝酒词最适合在宾主入席后、用餐前开始。有时，也可以在吃过主菜之后、甜品上桌之前进行。

不论致正式的祝酒词，还是在普通情况下祝酒，均应内容愈简练愈好，千万不要喋喋不休，让他人等候良久。

在他人敬酒或致词时，其他在场者应一律停止用餐或饮酒。应坐在自己的座位上，面向对方认真地洗耳恭听。对对方的所作所为，不要小声讥讽，或公开表示反感。

3. 干杯

干杯，指的通常是在饮酒时，特别是在祝酒、敬酒时，以某种方式，劝说他人饮酒，或是建议对方与自己同时饮酒。在干杯时，往往要喝干杯中之酒，故称干杯。有的时候，干杯者相互之间还要碰一下酒杯，所以它又被称作碰杯。

干杯，需要有人率先提议。提议干杯者，可以是致祝酒词的主人、主宾，也可以是其他任何在场饮酒之人。提议干杯时，应起身站立，右手端起酒杯，或者用右手拿起酒杯后，同时以左手托扶其杯底，面含微笑，目视他人，尤其是自己的祝酒的对象，并口诵祝颂之词。如祝对方身体健康、生活幸福、节日快乐、工作顺利、事业成功以及双方合作愉快等。

在主人或他人提议干杯后，应手持酒杯起身站立。即便滴酒不沾，也要拿起水杯。在干杯时，应手举酒杯，至双眼高度，口道"干杯"之后，将酒一饮而尽，或饮去一半，或饮用适量。然后，还须手持酒杯与提议干杯者对视一下，这一过程方告结束。

过去，中餐中喝白酒时，干杯必须一饮而尽，讲究杯内不剩残酒，现在则不必非得如此。在西餐里，祝酒干杯只用香槟酒，而绝不能用啤酒或其他葡萄酒滥竽充数。饮香槟干杯时，应饮去一半杯中之酒为宜，但也要量力而行。

在中餐里，还有一个讲究。即当主人亲自向自己敬酒并干杯之后，应当回敬主人，与他再干一杯。回敬时，应右手持杯，左手托底，与对方一同将酒饮下。

有时，在干杯前，可稍微象征性地与对方碰一下酒杯。碰杯时，不要用力过猛，出于敬重之意，可使自己的酒杯较对方为低。与对方相距较远时，可以"过桥"之法作为变通，即以手中酒杯之底轻碰桌面。这样做，也等于与对方碰杯了。

不过，这一方式只适用于中餐宴会。在西餐宴会上，人们只祝酒而不劝酒，只敬酒而不真正碰杯。使用玻璃酒杯时，尤其不能彼此碰杯。

在西式宴会上，越过身边之人，而与相距较远者祝酒干杯，尤其是多人交叉干杯，也不允许。

（三）酒量宜适度

不论在哪一种场合饮酒，都要有自知之明，并好自为之，努力保持风度，做到"饮酒不醉为君子"。

1. 饮酒限量

在任何时候，饮酒都不要争强好胜，故作潇洒，非要"一醉方休"不可。饮酒过多，不仅容易伤身体，而且容易出丑丢人、惹是生非。在中国古语里，早就有"酒是伤人物""酒乃色媒人"之说，饮酒时勿忘以之自警。

不仅高兴之时需要如此，心情不佳之时也需要如此，万万不可借酒浇愁。至于存心酗酒，则是更不应该的自残行为。

在饮酒之前，应根据既往经验，对自己的酒量心知肚明。不论碰上何种情况，都不要饮酒过量。在正式的酒宴上，更要主动将饮酒限制在自己平日酒量的一半以下，免得醉酒误事。

2. 拒酒有礼

若因生活习惯或健康等原因而不能饮酒，可采用下列合乎礼仪的方法，拒绝他人的劝酒：方法之一，申明不能饮酒的客观原因。方法之二，主动以其他饮料代酒。方法之三，委托亲友、部下或晚辈代为饮酒。方法之四，执意不饮杯中之酒。

应当注意的是：不要在他人为自己斟酒时又躲又藏，乱推酒瓶，敲击杯口，倒扣酒杯，偷偷倒掉。把自己的酒倒入别人杯中，尤其是把自己喝了一些的酒倒入别人杯中，也是不对的。

3. 移风易俗

在饮用酒水时，不要忘记律己与敬人之规。特别是要抛弃下列既有害于人，又有损于己的陋习恶俗。

第一，不要酒疯。极个别的人，在饮酒时经常"酒不醉人人自醉"，借机生事、装疯卖傻、胡言乱语。此种表现，实在令人厌烦。

第二，不要酗酒。有的人嗜酒如命，饮酒成瘾。这不仅有碍身体，而且也有损个人形象。

第三，不要灌酒。祝酒干杯，需要两相情愿。要坚持祝酒不劝酒、千万不要强行劝酒非要灌倒他人不可。

第四，不要划拳。有人饮酒时喜欢猜拳行令、大吵大闹、哗众取宠。此种做法，也非常失礼。

三、酒会的规则

酒会，是便宴的一种形式。起初，它兴起于西方。而今，酒会在国内也极其多见。它实际上是一种形式比较简单的，略备酒水、点心款待来宾的招待会。

在一般情况下，正规的酒会均以鸡尾酒来唱主角，所以它又叫作鸡尾酒会。酒会，不过是鸡尾酒会的简称而已。酒会上所提供的酒水、点心、菜肴通常均以冷食为主，因此它也被称作冷餐会。

在社交活动中，人们参加酒会的机会和主办酒会的机会都是很多的。因此，了解酒会的特点和用餐的形式，对每个人而言都有其必要性。

（一）酒会的特点

除以酒水为主角和以冷食为主菜这两大特征外，酒会还具有以下几个方面的明显特点。不了解这些特点，就不容易了解酒会何以迅速普及和大受欢迎的原因。

1. 不必准时

出席酒会时,来宾到场与退场的时间一般都掌握在自己手中,完全没有必要像出席正规宴会那样,非要准时到场、准时退场不可。

2. 不限衣着

参加酒会时,若无特别要求,则穿着打扮上不必刻意修饰,只要做到端庄大方、干净整洁即可。

3. 不排席次

在酒会上,通常不为用餐者设立固定的座位。也就是说,它是不排桌次、位次的。用餐者在用餐时,一般均须站立,届时找一个座位稍作休息也未尝不可。

4. 交际自由

因无席位限定,所以在酒会上用餐者完全可以自由自在地随便选择自己所中意的交际对象,并自由组合、随意交谈。这样一来,就不必非与自己所不喜欢的人进行周旋了。

5. 菜肴自选

与正式宴会上依预先确定的菜单次第上菜大不相同,在酒会上,用餐者所享用的酒水、点心、菜肴均可根据个人口味和需要自己去餐台取用,或吩咐侍者代劳。所以,酒会也被叫作自助餐会。因此,用餐时享用菜肴完全可以"择善而行",而不必"来者不拒"或墨守成规。

(二)用餐的形式

酒会虽然礼仪从简,但并非完全没有礼仪可循。参加酒会时,至少有以下八个方面的具体礼仪规范是不可不知、不可不晓的。

1. 掌握餐序

酒会上所提供的餐食品种不一定很多,但取用时一定要依照合理的顺序而行,才能吃饱、吃好,否则有可能乱塞一气,撑坏了肚子。要么该吃的东西没有吃,只好"望洋兴叹"了。标准的酒会餐序依次应为:开胃菜、汤、热菜、点心、甜品、水果。鸡尾酒,则应在餐前或吃毕甜品后喝。

2. 排队取食

在用餐时,不论去餐台取菜,还是从侍者手里的托盘选择酒水,均应遵守秩序、认真排队、依次而行。必须自觉摒弃插队、不排队、哄抢等坏习惯。

3. 多次少取

选取菜肴时,不论爱吃的还是尚未尝过的,都应每一次只取一点,若觉得不够还可以下一次接着去取。此即所谓"多次少取"。若取菜时所取超量,则会贻笑大方。

4．力戒浪费

在酒会上自选酒水、点心、菜肴时，切记不要超标过量。取来的东西，必须全部吃完。将其扔掉或浪费，都是不允许的。

5．勿施于人

在酒会上，除家人、至交外，千万不要擅自去替别人代取酒水、点心、菜肴。因为自己可能不知道此刻对方是否有此需要，或对此是否喜欢。出于礼貌，让一让对方，则是可行的。

6．禁止外带

在酒会上，只要有本事，吃多少、喝多少都可以。但却不能"顺手牵羊"，把酒会上的东西外带回家。

7．送还餐具

用餐完毕，应将自己所用过的餐具集中于一处，或主动送至指定之处，以示自己善始善终。

8．主动交际

参加酒会的人可自选对象进行交际，但并不等于说参加者可以来了就吃，吃了就走。不与任何人进行交往，完全"自我封闭"，是不符合酒会的要求的。

本章小结

本章所讲授的是餐饮礼仪。它在此是指人们在餐饮活动中所必须遵守的行为规范。掌握餐饮礼仪，才能在餐饮活动中真正受到欢迎。

本章第一节讲授的是有关中餐的礼仪。它具体涉及用餐的方式、时空的选择、菜单的安排、席位的排列、餐具的使用、用餐的表现等。

本章第二节讲授的是有关西餐的礼仪。它具体涉及西餐的菜序、座次、餐具、品尝、要求等。

本章第三节讲授的是有关茶艺的礼仪。它具体涉及茶叶的品种、茶具的选择、敬茶的程序、品茶的方法等。

本章第四节讲授的是有关咖啡的礼仪。它具体涉及饮用的时机、咖啡的种类、饮时的举止等。

本章第五节讲授的是有关酒水的礼仪。它具体涉及酒水的种类、酒水的饮用、酒会的规则等。

练 习 题

一 名词解释
1. 宴会
2. 家宴
3. 分餐
4. 西餐
5. 敬茶
6. 酒水
7. 酒会
8. 祝酒

二 要点简答
1. 怎样安排宴请的菜单？
2. 怎样安排宴请的席位？
3. 吃西餐时应怎样检点个人举止？
4. 敬茶有何注意事项？
5. 饮咖啡时有何禁忌？
6. 怎样向他人敬酒？

第五章　公共礼仪

内容提要

公共礼仪，在此是指人们置身于公共场合时所应遵守的个人行为规范。它的基本要求是：独善其身，礼待他人。本章所讲授的内容包括有关行路、行车、乘船、乘机以及住宿宾馆的礼仪等。

学习目标

1. 重视公共场所的各种活动与个人表现。
2. 掌握基本的公共礼仪。
3. 在公共场合里独善其身。
4. 在公共场合里礼待他人。
5. 避免在公共场合失礼于人。

公共礼仪，在此具体所指的是人们置身于公共场合时所应遵守的个人行为规范。它的基本要求是：独善其身，礼待他人。它是社交礼仪的重要组成部分之一，也是人们在交际应酬之中所应具备的基本素养。

人是社会的人。除个人生活、家庭生活之外，人们还必不可少地要置身于公共场合，参与社会生活。在此种情况下，与他人共处，彼此礼让、包容、理解、互助，也是做人的根本。公共礼仪的基本内容，就是人们在公共场合与他人共处时和睦相处、礼让包容的有关行为规范。运用公共礼仪是遵守社会公德的基本要求。

第一节 行 路

步行，指的是人们举步行走。对任何一个正常人来讲，步行无一例外地都是其活动的基本方式。即使采用其他任何交通工具，例如，汽车、火车、地铁、飞机或者自行车，步行依然必不可少。

根据社交礼仪，步行时须自尊自爱、以礼待人。步行不但有普遍通行的礼仪守则，而且在不同的条件下还有各自不同的具体要求。

一、基本的要求

步行，不管是一个人独行，还是多人同行；不管是行走于偏僻之地，还是奔走于闹市街头，都有一些基本的礼仪要求遵守。这方面的基本要求有三：

（一）始终自律

步行，对一般人而言，多数情况下是一种个人在室外所进行的活动，往往并无熟人在场。在此种缺少他人监督的时刻，讲究礼仪的人尤其需要慎重。

遵守社交礼仪，在步行时就要对自己始终自律，严格约束个人行为。具体而言，特别要做好以下几点。

1. 不吃零食

在步行时大吃大喝，不仅吃相不雅，不够卫生，不利于身体健康，更重要的是有可能给其他过往的行人造成不便，直接有碍于人。

2. 不"吞云吐雾"

香烟是一种有害个人健康的"类毒品"。在步行时吸烟，必定会污染空气，甚至还有可能烧坏别人的衣物，令人望而生畏。

3. 不乱扔废物

在步行之时，若有必要处理个人的废弃物品，应将其投入专用的垃圾箱。不要随手乱丢，不要破坏公共场合的环境卫生。

4. 不随地吐痰

步行时，若需要清嗓子、吐痰，应于旁边无人时进行。要将痰吐在纸巾里包好，然后投入垃圾箱。不要将其"自行消化"，更不能随地乱吐。直接吐入垃圾箱，也是不文明的。

5. 不过分亲密

恋人或夫妻一起步行时，不应勾肩搭背、又抱又搂、边走边吻，表现得过分亲密。将此类个人隐私当众"公演"，极不自重，而且也会令其他在旁之人感觉不自在。

6. 不尾随围观

发现街头冲突时，应予以劝阻，但切莫围观、起哄、煽风点火。对不相识的异性，不应浅薄轻浮，频频回首顾盼，更不许尾随其后。

7. 不毁坏公物

对公共场所的各种设施、物品，要自觉爱护。不要攀折树木、采折花卉、蹬踏雕塑，不要在墙壁上信手涂鸦、划痕，不要践踏绿地、草坪。爱护公物，应成为每个人主动自觉的行动。

8. 不窥视私宅

对与自己毫不相干的私人居所，不要贸然上前打扰，更不要趴在其门口、窗口、墙头偷偷观望，否则会干涉他人的活动自由。

9. 不违反交规

步行时务必要遵守交通规则：过马路要走人行横道、天桥或地下通道，必要时要看红绿灯或听从交警指挥。不要乱闯红灯，翻越隔离栏，或在马路上随意穿行。

（二）相互体谅

在步行时，对任何人，即使一位素昧平生的人，都要相互关心、相互帮助、相互照顾、相互体谅，并友好相待。

1. 热情问候

路遇熟人，通常应问候对方，至少也要以适当的方式向其打个招呼，不应对其视若不见。对其他不相识者，如正面发生接触时，也有必要首先向对方问好，然后再论其他。

2. 答复问路

有人向自己问路时，应尽力相助，有必要时还可为之带路。不要不耐烦，或不予理睬。向他人问路，则事先要用尊称，事后勿忘道谢。

3. 帮助老幼

遇到老弱病残者,或孕妇、孩子有困难时,应主动上前加以关心、帮助,不要视若不见,甚至对其讥讽或呵斥。

4. 扶正斗邪

碰上打架、斗殴、偷窃、抢劫或其他破坏公物、破坏公共秩序的行为,应挺身而出,见义勇为,与坏人坏事大胆斗争。

5. 彼此谦让

通过狭窄路段时,应请他人先行,不要争先恐后。在拥挤之处不小心碰到别人,立即要说"对不起",对方则应答以"没关系"。不要若无其事,或借题发挥、寻衅滋事。

(三)保持距离

步行多在公共场合进行,故而应当注意随时与其他人保持适当的距离。根据社交礼仪的规范:人际距离在某种情况下也是一种无声的语言。它不仅反映着人们彼此之间关系的现状,而且还体现着其中某一方,尤其是保持某一距离的主动者对另一方的态度、看法,因此对此不可马虎大意。

人与人之间的距离,大体上可以分为四种类型。步行之时,对此应正确地加以运用。

1. 私人距离

当两人相距0.5米之内时,即为私人距离。它又称亲密距离,仅适用于家人、恋人、至交之间。与一般关系者,尤其是与陌生人、异性共处时,应避免采用。

2. 交际距离

当两人相距0.5~1.5米时,即为交际距离。此种距离,主要适用于交际应酬之时。它是人们采用最多的人际距离,故又称常规距离。

3. 礼仪距离

当两人相距1.5~3米时,即为礼仪距离,亦称敬人距离。该距离主要适用于向交往对象表示特有的敬重,或适用于举行会议、庆典、仪式。

4. 公共距离

当两人相距在3米开外时,即为公共距离。它又叫作"有距离的距离",主要适用于与自己不相识的人共处。在公共场合步行时,与陌生人之间应尽量采取此种距离。

二、具体的情况

人们在步行时往往会置身于不同的处所,面临着不同的情况。在这种情况下,既要遵守上述要求，又要具体情况具体对待。

步行时的具体情况通常包括漫步、道路上行进、上下楼梯、进出电梯、出入房间、通过走廊、拥挤之处、排队等。

（一）漫步

漫步，又叫散步。它是指以随意行走为表现形式的一种休息方法。它一般不受时间、地点、速度等方面的限制。

漫步通常可分为以下两种情况：

第一，个人漫步。在个人漫步时，无须顾忌太多。只要注意安全，不"误入歧途"即可。

第二，多人漫步。多人一起漫步，尤其是与尊长、异性一起在较为正式的场合漫步时，要注意在位置的具体排列上符合礼仪。多人并排行走时，一般以右为尊，以内侧为尊；以左为卑，以外侧为卑。若并行者多于3人时，通常以居中者为尊。多人单行行走时，则大多以前为尊，以后为卑。

（二）道路上行进

在道路上行走，尤其在街头巷尾行走，以下几点尤须关注。

第一，走人行道。行走在道路上时，要自觉地选走人行道。不要走行车道，并应自觉让出专用的盲道。无人行道时，则应尽量选走路边。

第二，走在右侧。在道路上行走时，按惯例应自觉走在右侧一方，而不可逆行于左侧一方。如大家都那样做，交通将必乱无疑。偶遇无路之时，仍应行走于右侧。

第三，单行行进。在道路上行走时，宜单行行进。不要并排行走，更不允许多人携手并肩而行，否则将人为地制造路障。

第四，保持速度。在道路上行走时，应保持一定的速度。不要行动过于迟缓，阻挡身后之人。尽量不要在道路上停留、休息，或与亲朋好友进行长谈。

（三）上下楼梯

上下楼梯，大致需要注意以下六点：

第一，上下楼梯均应单行行走，不宜多人并排行走。

第二，不论上楼还是下楼，都应身靠右侧而行，即应当右上右下。将自己左侧留出来，是为了方便有紧急事务者快速通过。

第三，上下楼梯时，若为人带路，应走在前头，而不应位居被引导者之后。

第四，上下楼梯时，因大家都需要脚下留心，故不应进行交谈。站在楼梯上或楼梯转角处进行交谈，必然有碍他人通过，亦不允许。

第五，与尊者、异性一起下楼时，若其过陡，应主动行走在前，以防身后之人或有闪失。

第六，上下楼梯时，既要多注意脚下的安全，又要注意与身前、身后之人保持一定距离，以防碰撞。

除此之外，还要注意上下楼梯时的姿势、速度。不论自己事情多么急，都不应在上下楼梯时推挤他人，或坐在楼梯扶手上快速下滑。上下楼梯时快速奔跑，也不甚适当。

（四）进出电梯

进出电梯时，需要注意以下两大问题。

第一，注意安全。当电梯关门时，不要扒门，或强行挤入。在电梯人数超载时，不要心存侥幸，非挤进去不可。必要时，自己应主动退出。当电梯在升降途中因故暂停时，要耐心等候，不要冒险攀缘而出。

第二，注意顺序。与不相识者同乘电梯，进入时要讲先来后到，出来时则应由外而里依次而出，不可争先恐后。与熟人同乘电梯，尤其是与尊长、女士、客人同乘电梯时，则应视电梯类别而定：进入有人管理的电梯，应主动后进后出。进入无人管理的电梯时，则应先入后出。此举既是为了控制电梯，同样也是为了力求安全。

（五）出入房间

个人出入房间，若无他人在场，自然不宜过分拘束。若有他人在场，尤其是遇上比较正式的情况时，则应在下面几点多加留意。

第一，开关房门。不论出入房门，都应以手轻扒、轻推、轻关，绝不可以身体的其他部位代劳。例如，不能以肘推门、以脚踢门、以臀拱门、以膝顶门，也不能听任房门自由开关。

第二，注意面向。进门时，如有人已在房内，应始终面向对方，切勿反身关门、背向对方。出门时，若房内依旧有人，则在行至房门之前、开门、关门这一系列的过程中，都应尽量面向房内之人，不要以背示人。

第三，讲究顺序。在一般情况下，应请尊长、女士、来宾率先进入房间，率先走出房间，必要时应主动为之效劳，替对方开门或关门。若出入房间时恰逢他人与自己方向相反，也要出入房间，则应对其礼让。一般讲究的是：房内之人先出，房外之人后入。倘若对方为尊长、女士、来宾，亦可不遵守此例，而优先对方。

（六）通过走廊

许多房间，往往由长度、宽窄不等的走廊连接在一起。它虽有室内走廊与露天走廊之分，但所讲究的步行礼仪却基本相似。

第一，单排行进。在走廊里行进时，至多允许两人并排行走在一起。若多人一起并行，显然并不适宜，因为那样有可能阻挡别人。

第二，主动右行。那样做的话，即使有人从对面走来，也会两不相扰。若在通过仅容一人通过的走廊时遇上对面有人走来，则应面向墙壁，侧身相让，请对方先通过。若对方首先那样做了，则勿忘向其道谢。

第三，缓步而行。通过走廊时，宜步伐和缓，并悄然无声。因为走廊多连接各个房间，若快步奔走、大声喧哗、制造噪声，难免会干扰别人。

第四，循序而行。不要为了走捷径、图省事、找刺激，而去跨越某些室外的栏杆，或行走于其上。

（七）拥挤之处

在商厦、机场、车站、码头、邮局、农贸市场等处行走，难免会碰上行人如织、摩肩接踵、熙熙攘攘、人来人往的情形。在此类相对较为拥挤之处行走时，应对以下几点予以关注。

第一，不逗留过久。在此类地方，将事情处理之后，即应马上离开。千万不要没事找事干，留在这里聊天、休息、看热闹，从而使之拥挤更甚。

第二，不阻挡他人。没有万分必要，最好不要在这种场合与人拉手、挽臂、搂抱而行。携带东西时，最好抱在身前，或以一只手提拎。

第三，不手舞足蹈。由于此类地方行人太多，因此最好不要做出毫无任何必要的动作，如猛然挥手、踢腿蹬脚等，以免生出事端。

第四，不高声谈笑。在此处与人交谈，切记调低音量，能让对方听清楚即可。不要大喊大叫、大吵大笑。那种令人瞠目的表现，不但会制造噪声，而且还有存心吸引异性之嫌。

（八）排队

在公共场合，每逢许多人需要同时做某件事情，而又需要区分先后次序时，排队通常是解决问题的最好方法。排队，简单来说，就是人们按照先来后到的顺序，一个挨一个地排列成行，以便依次从事某事。在排队时，应遵守的礼仪规范有以下三条。

第一，养成排队的习惯。需要排队的时候，就要保持耐心，自觉地排队等候。不要起哄、拥挤、插队，或破坏别人排队。排队自觉与否虽系区区小节，但却能反映出人格的一个侧面。

第二，遵守排队的顺序。排队的基本顺序是：先来后到，依次而行。排队时，一定要遵守并维护这一秩序，不仅要自己做到不插队，而且还要做到不让自己的任何熟人插队。

第三，保持适当的间隔。在排队时，大家均应缓步而行，人与人之间最好要保持 0.5~1 米的间隔，至少不能一个人紧挨着另一个人，前胸贴着后背，否则会让人很不舒服，甚至会影响他人。例如，在排队打公用电话、在银行存钱、在自动提款机上取钱时，后边的人若与前边的人贴得过近，就有可能使前边的人心生戒备。

第二节 行 车

人们在来去匆匆、争分夺秒的现代生活中，往往需要驾驶或乘坐各种车辆，尤其是各种机动车辆，以求方便。驾驶或乘坐车辆，具有节省体力、方便舒适、快速省时、较为安全等多种优点，因而在可能的情况下，是可以优先考虑的。

人们可驾驶或乘坐的车辆有多种类型，下面主要介绍一下有关汽车的驾驶与乘坐轿车、公共汽车、火车等机动车辆的礼仪规范，以供参考。

一、汽车的驾驶

在当代生活里，越来越多的人钟情于汽车的驾驶。对大多数人而言，驾驶车辆外出早已并非谋生的手段，而是提高生活质量与工作效率的一大乐趣了。

驾驶汽车时，每一名驾驶者都必须牢记出行有礼、礼让三先，时时刻刻不允许忘乎所以、目中无人。在技术合格、服从管理、安全驾驶、礼让他人等四个具体方面，一定要努力表现得好上加好。

（一）技术合格

在世界各国，驾车上路均应提前取得正式的资格，并进行系统的知识学习、技术培训与正规考试。技术不合格者，绝对不准许其驾驶汽车外出。

具体而言，每一名汽车驾驶者均应一丝不苟地对待下述各点。

1. 掌握驾驶技术

掌握熟练的驾驶技术，是每一名汽车驾驶员畅行无阻的前提条件。只有在驾驶车辆的过程中找到"人车一体"的感觉，并能够逐渐对车辆的速度、位置，车辆所在的空间及其周边的各种动态、静态物体的间距了然于心，才算是车辆的真正主人。

2. 精心维护车辆

任何一名具有责任心的车辆驾驶者，都必须爱车如己，精心地对自己所驾驶的车辆进行定期或不定期的保养、检查与维护。经验证明：每一部车辆自身状况的好坏、涉及行车安全的相关部件是否齐全与有效，往往是会否发生交通事故的关键因素。

3. 取得正式资格

根据《中华人民共和国道路交通管理条例》的规定：我国的每一名机动车驾驶

者，均须经过车辆管理机关考试合格，领取驾驶证后，方可驾驶车辆。申请机动车驾驶证时，申请者在身体条件、技术掌握、交规学习、手续合法等方面，必须符合规定。此外，我国还规定：对机动车驾驶者进行定期审验。

（二）服从管理

驾驶汽车外出时，如欲高兴而出、安全而归，就必须认真遵守有关规定，虚心接受管理。

1. 遵守规定

《中华人民共和国道路交通管理条例》规定：我国的每一名机动车驾驶者，都必须自觉地遵守如下各点。

第一，驾驶车辆时，必须携带驾驶证和行驶证。

第二，不准转借、涂改或仿造驾驶证。

第三，不准将车辆交给没有驾驶证的人驾驶。

第四，不准驾驶与驾驶证准驾车型不相符合的车辆。

第五，未按规定审验或审验不合格者，不准继续驾驶车辆。

第六，饮酒之后不准驾驶车辆。

第七，不准驾驶安全设备不齐或机件失灵的车辆。

第八，不准驾驶不符合装载规定的车辆。

第九，患有妨碍安全行车的疾病或过度疲劳时，不准驾驶车辆。

第十，车门、车厢没有关好时，不准行车。

第十一，不准穿拖鞋驾驶车辆。

第十二，不准在驾驶车辆时吸烟、饮食、闲谈或有其他妨碍安全行车的行为。

2. 接受管理

在驾车行驶时，每一名驾驶者为了自己与他人的安全，为了交通的畅行无阻，都应以小我服从大我，自觉地接受管理。

第一，严格地遵守交通法则。在任何时候、任何情况下，每一名汽车驾驶者都应严格地遵守各种交通法则。此乃保证自己安全驾驶的第一准则。

第二，自觉地服从交警管理。对交通民警的指挥、检查、处罚与管理，必须予以服从。

第三，及时地了解临时状况。要及时地掌握交通管理部门就有关重大活动场所、路线所发布的有关道路交通管理通告，以便确定、调整自己的行车时间与路线。

第四，认真地进行车辆检验。依照国家的有关法规与标准，公安交通管理部门负责对机动车进行初次登记检验、核（补）发牌证、变更、转籍、过户、报废、停驶、定期检验。对驾驶机动车的交通违规、违法行为，有关部门要进行教育、处罚。

此外，每一部机动车还须定期交纳养路费、保险费。以上环节，都不可忽略。

（三）安全行驶

俗话说"安全是金"。在驾驶汽车外出时，不论为了自己还是为了他人，都必须始终牢记安全第一。

1. 树立安全意识

每一名机动车驾驶者均应认真地树立安全意识，力求有备无患。具体而言，树立所谓安全意识，就要做到"查一查""想一想""严一严""看一看""停一停""让一让"。

第一，"查一查"。开车出门前，一定要耐心细致地再次对所要驾驶的汽车进行例行检查。

第二，"想一想"。为了自己、家人与他人的安全与幸福，在驾驶车辆时，始终都要想到安全第一。

第三，"严一严"。在驾驶期间，律己务必从严。务必切记：没有休息好不要开车，吃了某些容易令人嗜睡的药品不要开车，喝了酒不要开车，情绪欠佳不要开车，打手机时尤其不要开车。

第四，"看一看"。通过陌生路段时，一定要首先看清楚路况再行驶。

第五，"停一停"。遇到红灯时、拥堵时、道路管制时，当停则停。

第六，"让一让"。万一遇到其他车辆或车辆驾驶者不遵守交通法则时，不必与之争强好胜，当让则让。

2. 采取安全措施

要真正做到安全驾驶车辆，还应当采取以下一些必要的安全措施。

第一，掌握道路特点。通过平坦道路时，不可麻痹大意。通过高速公路时，应保持合理的车速。通过坡路、窄路、胡同、隧道、坑洼、沟槽、泥泞或涉水路段时，则需要依据不同的具体情况低速、减速、限速。

第二，注意异常天气。当遭遇大风、降雨、下雪、下雾、结冰等异常天气时，应尽量减少驾车外出。万一有此必要时，要及时了解道路管制情况，并要谨慎行驶。

第三，重视夜间行车。有必要夜间行车时，要注意个人休息、人身安全、夜灯使用等问题。尤其要注意集中精力、保持警惕，因为夜间能见度差、视野变窄、光亮有限，往往易于出现问题。

第四，善处危险情况。在驾驶汽车出行时，万一遇到发生危险情况，不论自己车辆出了问题，还是前方道路或车辆发生问题，均应沉着冷静、机智勇敢、善于面对。

（四）礼让他人

行车之礼，让人第一！在任何条件下，汽车的驾驶者均应以自己的实际行动对其他人、其他车辆礼让三分。

1. 礼让其他机动车

当大家驾驶机动车行驶时，都应当具有平等意识。小车不宜欺负大车，新车不宜欺负旧车，高档车不宜欺负低档车。同样的道理，老司机不可欺负新司机，大车司机不可欺负小车司机，本地司机不可欺负外地司机。

在行驶期间，每一名汽车的驾驶者都要遵守交通法规。不要强行超车，不要动辄挤占其他车辆的车道。即使有人那么做了，不妨主动避让，让出车道，令其先行。

一旦自己的车辆与其他车辆发生事故，不要与对方吵嘴、打架，更不要制造交通拥堵，应与对方协商处理办法，或听从交通民警的处理意见。

2. 礼让非机动车与行人

对"实力"不如自己的非机动车与行人，机动车驾驶者更要认真礼让。切勿在行驶时"唯我独尊""仗势欺人"，更不可以"车匪"或"路霸"自居。

第一，礼让非机动车。对自行车、三轮车、架子车等非机动车，最好避免并行，而应与之错开行驶。

第二，礼让行人。对行人，尤其是老人、孕妇、孩子、残障人士，一定要予以照顾。该避让就要避让，该减速就要减速，该停车就要停车。遇雨雪天气时，要防止自己车辆通过时所溅起的污泥浊水弄脏行人。

第三，礼让外国贵宾。遇到外国贵宾乘坐的车辆通过时，不论当时是否进行交通管制，机动车驾驶者都应对其予以礼让。

二、轿车的乘坐

乘坐轿车，通常是讲究快节奏、高效率的人士在"行"的问题上的首要选择。乘车之时虽然短暂，但仍有保持风度、以礼待人的必要。

乘坐轿车时，应当牢记的礼仪问题主要涉及座次、举止、上下车的顺序三个具体方面。

（一）座次

在比较正规的场合，乘坐轿车时一定要分清座次的尊卑，并在自己适得其所之处就座。而在非正式场合，则不必过分拘礼。

轿车上座次的尊卑，在礼仪上来讲，主要取决于下述四个具体因素。

1. 驾驶者身份

驾驶轿车的司机，一般可分为两种人：一是主人，即轿车的拥有者；二是专职司机，即以驾车为其职业者。国内目前所见的轿车多为双排座与三排座，以下分述其驾驶者不同时，车上座次尊卑的差异。

第一，主人驾驶轿车。由主人亲自驾驶轿车（方向盘居左）时，车上前排座为上，后排座为下；以右为尊，以左为卑。

其一，在双排五人座轿车上，座位由尊而卑应当依次是：副驾驶座，后排右座，后排左座，后排中座。

其二，在双排六人座轿车上，座位由尊而卑应当依次是：前排右座，前排中座，后排右座，后排左座，后排中座。

其三，在三排七人座轿车（中排为折叠座）上，座位由尊而卑应当依次是：副驾驶座，后排右座，后排左座，后排中座，中排右座，中排左座。

其四，在三排九人座轿车上，座位由尊而卑应当依次是：前排右座，前排中座，中排右座，中排中座，中排左座，后排右座，后排中座，后排左座。

乘坐主人驾驶的轿车时，最重要的是不能令副驾驶座空着。一定要有人坐在那里，以示相伴。由先生驾驶自己的轿车时，则其夫人一般应坐在副驾驶座上。由主人驾车送其友人夫妇回家时，其友人之中的男士，一定要坐在副驾驶座上与主人相伴，而不宜形影不离地与其夫人坐在后排，否则将是失礼之举。

第二，专职司机驾驶轿车。由专职司机驾驶轿车（方向盘居左）时，通常仍讲究右尊左卑，但座次同时变化为后排为上，前排为下。

其一，在双排五人座轿车上，座位由尊而卑应当依次为：后排右座，后排左座，后排中座，副驾驶座。

其二，在双排六人座轿车上，座位由尊而卑应当依次为：后排右座，后排左座，后排中座，前排右座，前排中座。

其三，在三排七人座轿车（中排为折叠座）上，座位由尊而卑应当依次为：后排右座，后排左座，后排中座，中排右座，中排左座，副驾驶座。

其四，在三排九人座轿车上，座位由尊而卑应当依次为：中排右座，中排中座，中排左座，后排右座，后排中座，后排左座，前排右座，前排中座。

2. 轿车的类型

上述方法，主要适用于双排座、三排座轿车，对其他一些特殊类型的轿车则并不适用。

轿车，通常是指座位固定、车顶固定的各种专用客车。从这个意义上讲，它还应在双排座、三排座车之外，包括吉普车和其他多排座客车。它们座次的尊卑，各有一些不同。

第一，吉普车。吉普车，简称吉普，它是一种轻型越野客车。它大多是四座车。不论由谁驾驶，吉普车的座次由尊而卑均依次是：副驾驶座，后排右座，后排左座。

第二，多排座轿车。多排座轿车，指的是四排以及四排以上座位的大中型轿车。它不论由何人驾驶，均以前排为上，以后排为下；以右为尊，以左为卑；并以距离前门的远近，来排定其具体座次的尊卑。其前排右座，通常为随员座。

以一辆六排十七座的中型轿车（方向盘居左）为例，其座位的尊卑依次应为：第二排右座，第二排中座，第二排左座，第三排右座，第三排中座，第三排左座，第四排右座……

3. 座次的安全

从某种意义上讲，乘坐轿车理当优先考虑安全问题。客观上讲，在轿车上，后排座比前排座要安全得多。最不安全的座位，当数前排右座。最安全的座位，则当推后排左座（驾驶座之后），或是后排中座。

当主人亲自开车时，之所以确定副驾驶座为上座，既是为了表示对主人的尊重，也是为了显示与之同舟共济。由专人驾车时，副驾驶座则一般称为随员座，通常坐于此处者多为随员、译员、警卫、助理、陪同等。

有鉴于此，一般不应让女士坐于由专职司机所驾驶的轿车的前排座，孩子与尊长也不宜在此座就座。

在许多城市，出租车的副驾驶座经常不允许乘客就座。它既是为了防范歹徒抢车，也是出于安全考虑。

4. 嘉宾的意愿

通常，在正式场合乘坐轿车时，应请尊长、女士、来宾就座于上座，这是给予对方的一种礼遇。然而更为重要的是，与此同时，不要忘了尊重嘉宾本人的意愿和选择，并应将这一条放在最重要的位置。

应当强调的是：必须尊重嘉宾本人对轿车座次的选择。嘉宾坐在哪里，即应认定那里是上座。即便嘉宾不熟悉座次，坐错了地方，也轻易不要当面对其指出或予以纠正。此时，务必要讲究"主随客便"。

上面四条因素往往相互交错，在具体运用时，可根据实际情况而定。

（二）举止

与其他人一同乘坐轿车时，即应将轿车视为一处公共场所。在这个移动的公共场所里，同样有必要对个人的行为举止多加约束。具体来说，应当注意以下几个具体问题。

1. 忌争抢座位

上下轿车时，一定要井然有序、相互礼让。不要推推搡搡、拉拉扯扯，尤其是不要争抢座位，更不要为自己的同行之人抢占座位。

2. 忌动作不雅

在轿车上应注意举止，切勿与异性演出"爱情故事"，或是东倒西歪。穿短裙的女士上下车时，最好采用背入式与正出式，即上车时双腿并拢，背对车门坐下后，再收入双腿；下车时正面面对车门，双脚着地后，再移身车外。这样做的好处，是不会"走光"。若跨上跨下、爬上爬下，则姿态极不雅观。

3. 忌不讲卫生

不要在车上吸烟，或是连吃带喝、随手乱扔。不要往车外丢东西、吐痰或擤鼻涕。不要在车上脱鞋、脱袜、换衣服，或是用脚蹬踩座位，更不要将手或腿、脚伸出车窗之外。

4. 忌不顾安全

不要与驾车者交谈，以防其走神。不要让驾车者听移动电话或看书刊。协助尊长、女士、来宾上车时，可为之开门、关门、封顶。在开、关车门时，不要弄出声响、夹伤他人。在封顶时，应一手拉开车门，一手挡住车门门框上端，以防止其碰人。当自己上下车、开关门时，一定要先看后行，切勿疏忽大意、出手伤人。

（三）上下车的顺序

上下轿车的先后顺序，也有礼可循。其基本要求是：倘若条件允许，应请尊长、女士、来宾先上车，后下车。具体而言，又分为下述几种具体情况。

1. 主人亲自驾车

主人驾驶轿车时，如有可能，均应后上车、先下车，以便照顾客人上下车。

2. 分坐于前后排

乘坐由专职司机所驾驶的轿车时，坐于前排者应后上车、先下车，以便照顾坐于后排者。

3. 同坐于后一排

乘坐由专职司机所驾驶的轿车，并与其他人同坐于后一排时，应请尊长、女士、来宾从右侧车门首先上车，自己再从车后绕到左侧车门上车。下车时，则应自己首先从左侧下车，再从车后绕过去帮助对方。若车停于闹市，左侧车门不宜开启，则于右门上车时，应当里座先上、外座后上。下车时，则应外座先下、里座后下。总之，此时以方便易行为宜。

4. 乘折叠座轿车

为了上下车方便，坐在折叠座位上的人，应最后上车、最先下车。

5. 乘三排九座车

坐三排九座车时，一般是低位者先上车、后下车，高位者后上车、先下车。

6. 乘多排座轿车

乘坐多排座轿车时，通常应以距离车门的远近为序。上车时，距车门最远者先上，其他人随后由远而近依次而上。下车时，距车门最近者先下，其他人随后由近而远依次而下。

三、公共汽车的乘坐

公共汽车，通常指的是由单位或专人经营，有着固定线路和车站，供社会公众付费乘坐的多排座轿车。它又叫巴士，既有大型、中型、小型之分，又有机动、电动之别。公共汽车一般都是无轨的，在某些地方也有有轨的公共汽车。

乘坐公共汽车，应注意以下四个方面的具体问题。

（一）上下车辆

乘坐公共汽车的人平日比较多，因此务必要注意维护上下车的公共秩序，以求大家方便。只有大家方便，才真正能使个人方便。上下公共汽车时，须重视下述几点。

1. 上车依次排队

若等候公共汽车的人较多，则一定要自觉地以先来后到为顺序，排队候车，排队上车。除规定允许被照顾的老幼病残孕外，其他人概莫能外。

排队候车时，应站在站台上。不要拥入街道之上，妨碍交通。同时还要注意，队列不要排得过度拥挤。

公共汽车进站后，只有车子停稳了，方能按照排队的顺序依次上车。不要蜂拥而上、挤作一团。

上车时，要礼让他人。对行动不便的老人、孕妇、病人、残障人士以及女性和儿童，要加以帮助，不要口有微词。上不去了，应再等下一辆，不要扒门或硬挤。

2. 下车提前准备

在拥挤的公共汽车上，下车一定要提前准备。在自己目的地的前一站，就要向车门靠近。不要等车到站之后，才不慌不忙向外挤，让大家为自己一个人浪费时间。当然，一上车就等在门口，唯恐坐过站，从而使车门口过于拥堵，也不应该。

进行下车的准备时，如需他人让路，应有礼貌地先打一声招呼，如说"借光""劳驾"或"请您让一下"，不要默不作声地猛挤、猛冲，更不要发脾气或出言不逊。

3. 物品放置到位

上公共汽车后，应将随身所带的物品放到适当的位置。注意不要用它占座位、挡路，或有碍他人安全。

不要在车上吃东西。若上车前未吃完，应进行必要的处理。在车上吃东西，尤其是吃汁水多的东西，会弄脏车子或他人的衣服。携带的随身之物，也应不使之有碍于人，或有碍环境。

不要带有碍安全的物品上公共汽车。携带重、硬、尖之物或易碎品上车时，需要提醒他人留意。

雨雪天上车后，应将雨伞、雨衣放入塑料袋中，或提前抖掉身上的雨水、雪花，不要让其弄湿其他人。对已湿的物品，亦应妥善处理。

（二）购买车票

乘坐公共汽车，一定要遵守以下有关车票购买的规定事项。

1. 使用月票

使用月票者，下车前要主动出示。不要自以为胸中有数，而不理睬售票员。若售票员查票，应主动合作，不要不耐烦或出言不逊。不要使用过期月票或假月票，也不要借用他人月票。

2. 用智能卡

在一些公共汽车上，并无专人售票，而由乘客自行使用事先所购买的储值智能卡刷卡上车。使用智能卡车票时，要主动刷卡，不可蒙混过关，或只刷小数额。使用打孔车票，亦可对此参照。

3. 购买车票

需购买车票时，应积极主动。不准逃票，不能使用假票、废票，不能有意坐"过站车"。与尊长、女士一同乘车时，应主动为之购票。带小孩时，亦应按有关规定购票。

4. 无人售票

在无人售票的公共汽车上，应自动投币，不要不交车费或少交车费。坐不找零的公共汽车时，还应事先备好零钞，不得以没有零钱为由赖账。

（三）座位选择

乘坐公共汽车时，座位的选择有其特殊性，以下几点需要加以注意。

1. 对号入座

路途较长的公共汽车，一般均按座售票，并对号入座。乘坐此种车时，不要乱坐其他人的座位，并尽量不要找人换座位。

2. 自由择座

绝大多数的公共汽车不对号入座，通常讲究就座时先来后到，自由择座。坐这种车时，切勿与人争抢座位，也不要为自己人占座，更不要为此而对他人恶语相加，甚至大打出手。

3. 主动让座

与尊长、女士、来宾一同坐公共汽车时，应请其优先入座，或就座于较好的位置，比如靠前、靠窗、面向前方的位置。遇上老人、儿童、病人、残障人士、孕妇、抱孩子的人，亦应主动让出自己的座位，切勿对其熟视无睹。当他人为自己让座时，应立即道谢。

4. 留出特殊座位

在公共汽车的前门或中门附近，通常都有专门为老、弱、病、残、孕预留的特殊用座。这些座位即使空着，也不应去坐，更不能假冒身份去占用此种座位。

5. 不随处乱坐

在公共汽车上，除座位外，不宜随处乱坐。例如，窗沿、地板、扶手、发动机等处，均不宜就座。挤坐他人座位，亦为不当之举。

（四）乘车表现

乘坐公共汽车时，多无熟人在场。此时应一如既往地严于律己，约束个人的表现。

1. 不勾肩搭背

与恋人、配偶乘车时，不应表现得过于亲热，让其他人受到视觉污染，让自己被人瞧不起。

2. 不碰撞他人

若有可能，应与其他人的身体保持一定的距离。万一因为车辆摇晃或自己不小心碰撞、踩踏了别人，应立即道歉。若他人因此向自己道歉，则应大度地表示"没关系"。不要小题大做、借题发挥。任何时候，都不要用手去推、摸别人。

3. 不设置路障

不论是坐是站，均应坐有坐相、站有站相。不要把腿伸在过道上，人为地设置路障。有人通过身前时，应主动相让，不要认为事不关己、高高挂起。

4. 不影响安全

在公共汽车上切勿吸烟，也不要随手往地上或窗外乱扔废弃物。不要将头探出窗外，不要在过道上乱晃。站立时，不要忘了去扶扶手，但不要手扶门缝、窗缝。上下车时，不要起哄、硬挤、猛挤、推人、拉人。

乘坐地铁的礼仪规范与乘坐公共汽车的礼仪规范大致相仿，故不再赘述。

四、火车的乘坐

在国内,目前人们进行长途旅行时,火车往往是第一位的考虑。在此情况下,任何人都有必要学习有关乘坐火车的礼仪。

乘坐火车的礼仪,主要由上车、寻位、休息、用餐、交际、下车等几个方面的具体规范所组成。

(一)上车

上火车,通常由下述三个环节所构成。对其中每一个步骤,都不应有所忽略。

1. 持票上车

乘坐火车,均应预先购票,并持票上车。万一来不及买票,应上车时预先声明,并尽快补票。不能逃票或使用假票、废票。持月票、磁卡上火车时,也要按规定出示、验票或检票。

2. 排队上车

坐火车时,因为人多,停车时间短,故应提前到站,在候车室等候检票。检票时,要排队。进入站台后,待火车停稳,方可在指定车厢排队上车。不要拥挤,不要拒绝排队。更不应从车窗上车,或是从车顶上、车厢下攀缘、穿行。

3. 携物定量

火车对乘客所携物品的内容、数量均有所规定。不应携带违禁物品或过量物品上车。必要时,应办理托运手续。当工作人员检查行李时,应主动予以配合。

(二)就座

上火车后,即应立即寻找座位。寻找座位时,须注意以下几个具体之点。

1. 乘坐指定车次

乘坐火车,一定要乘坐车票上所指定的车次。不要不分东西、上错车次,以至"南辕北辙"。明智的做法是:上车前,应询问一下乘务员,此次列车是否是自己所要乘坐的。

2. 乘坐指定座位

车票因价格不同,而使座位有所差别。如卧铺与座席、硬座与软座、有无空调,价格便相差甚大。不要为图舒适,而"另攀高枝",去卧铺、软座、空调车厢占据本来不属于自己的座位。

3. 中途上车找座

中途上车找座时,应先以礼貌用语向他人询问,不要硬挤、硬抢、硬坐。身边有空位时,则应主动请无位者就座,不要占着不让、对他人的询问不理睬,或说假话骗走对方。

4. 让出自己座位

若发现周围有老人、儿童、病人、孕妇、残障人士无座时，应尽量挤出地方邀请其就座，或干脆让出自己的座位来，以照顾对方。

5. 座位亦有尊卑

火车上座位的尊卑，可由下述几点决定：其一，靠窗为上，靠边为下。其二，靠右为尊，靠左为卑。其三，面向前方为佳，背对前方为次。有人同行时，应为其让出上座。若座位不够，则应请其首先坐下。与不相识者一同对号就座时，则不必如此讲究。

（三）休息

坐火车的人大多行程较远，因此在火车上的绝大多数时间都是在休息。在火车上休息，应当切记下列几条具体的礼仪规范。

1. 着装文明

在车上休息，一般不应宽衣解带。若非在卧铺车上就寝，脱鞋、脱袜也不合适。不论天气多么炎热，都不要打赤膊，下装亦不应过于短小。不要当众更换衣服，或当众"袒露胸怀"、撩衣撩裙。

2. 姿势优雅

在座席车上休息，不要东倒西歪，卧倒于座席上、座席下、茶几上、行李架上或过道上。不要靠在他人身上，或把脚跷到对面的座席之上。在卧铺车上休息，通常应当头朝通道，脚朝窗户。不要与恋人、配偶共用一张铺位，不要采用不雅的姿势。不要注视他人的睡相和睡前的准备。

3. 照看孩子

带孩子的人，一定要管好孩子，不要让其随地大小便、哭哭闹闹、到处乱跑，以免影响别人的休息。不要让其乱动他人物品，或纠缠于人。

（四）用餐

在火车上用餐，必须注意以下几点具体事项。

1. 餐车用餐

去餐车上用餐，应预约或购票。若去时人数过多，应耐心排队等候。在用餐时，应节省时间，不要大吃大喝、猜拳行令。用餐完毕，即应离开，不要赖着不走，借以休息、谈天。

2. 车厢用餐

若不去餐车，则可在自己的车厢内享用自己所带的食物，或购买服务员送来的盒饭。在一般情况下，不应索要他人的东西吃。当他人请自己品尝时，应当婉言谢绝。尽量不要在车上吃气味刺鼻的食物。吃剩的东西不要扔到过道上，或投出窗外。在茶几上，不要过多地堆放自己的食物，别忘记它是大家所公用的。

3．主动禁烟

火车上通常都实行禁烟，如有此规定，一定要认真遵守，不要若无其事照样抽烟。即使未明令禁烟，也最好不要吸烟。实在忍不住时，可去过道上"解决问题"。不要因自己吸烟而污染车厢里的空气，进而引起其他乘客的反感。

（五）交际

在火车上，不与他人进行任何交往是不可能的，而且也不礼貌。与他人交际，有以下三点要求应予注意。

1．主动问候

上车之后，即应主动向邻座之人打招呼、问好。若有必要，还可对自己进行简单介绍。若对方反应一般，向其点点头，微笑一下，也是可行的。不必一厢情愿，说得过多。

2．交谈适度

与邻近的乘客交谈，要注意话题的分寸。不要瞎吹乱侃、大发牢骚，不要传播小道消息与政治谣言。当他人没有兴致或打算休息时，应适可而止。有人跟自己交谈时，应进行合作，不要置之不理。与异性交谈，则不应过多涉及个人情况。

3．相互关照

在火车上，大家尽管萍水相逢，也算有缘千里来相会，因此彼此要相互关心、相互照顾。别人的行李拿不动时，应援之以手。有人前去用餐或方便，应为之照管行李、孩子。有人晕车或病了，应多加体谅。他人帮助了自己，则要多加感谢。

（六）下车

下火车时，有以下三个具体的细节不应忽视。

1．提前准备

在到达目的地前半个小时，即应开始准备下车。不要"临阵磨枪"，手忙脚乱；更不能坐过了车，或是下车时少带了行李。

2．与人道别

在下车前，应与邻座道别。遇上乘务员，也要主动说一声"再见"。在一般情况下，与邻座道别时，没有必要主动要求与之交换地址或电话号码。

3．排队下车

下车时人若较多，应自觉排队等候。不要往前硬挤、抢行，或通过车窗下车。下车时为争一时之早晚而惹来麻烦，是得小失大的。

第三节 乘 船

客轮，在此指的是专门用以载客的机动船只。较之乘坐火车、飞机或公共汽车而言，乘坐客轮不仅舒适、安全，而且还有更大的自由活动的空间，有风景如画的湖光山色可以尽情观赏，因此乘船一直被许多人看作一件饶有情趣、富有诗情画意的事情。然而，要想使自己的乘船旅行一帆风顺，使个人生活舒畅，使同自己萍水相逢的其他乘客与自己和睦相处，就必须遵守有关的乘船礼仪。对乘坐客轮进行旅行的人来讲，具体来讲就是要注意安全、休息、交际等几个方面的问题。

一、安 全

乘船旅行，安全第一。这一条对于任何乘客都没有例外。因此，乘坐客轮时，务必要树立起安全意识。遵守安全规则，采取安全措施，竭尽一切努力，确保旅途平安。

在乘船时所必须顾及的安全问题，具体涉及以下几点。

（一）行李的准备

为了确保客轮的安全，一般规定：乘船时不得随身携带易燃品、易爆品、易腐蚀物品、枪支弹药、腐烂性物品、家畜动物，以及其他一切违禁品。为了自己和他人的健康，一定要遵守此类明文规定，不要擅自偷带此类违禁物品上船，以致危及行船安全。

有些时候，登船之前必须接受对人体和行李的安全检查。对此要积极配合，不要加以非议或拒绝。

此外，所带行李的重量要符合有关规定，坚决不要超过标准。

（二）上船与下船

上下客轮的时候，一定要注意安全问题。不要为了争时间、抢速度而有碍自己或他人的安全。

上船时，一定要按先后次序排队。可能的话，应早到一些，以便在时间上留有余地。与长者、女士、孩子一起上船时，应请其走在前面，或者以手相扶。不要加塞、乱挤，从而使其拥挤不堪，进而产生有可能危及安全的诸多问题。

下船时，要提前做好准备工作，与其他乘客要相互礼让，依次而下。与长辈、女士、孩子一起下船时，可以手相扶，或请其走在自己身后，万一有个闪失，走在前面的自己还能有所照顾。

上下船时，若不是通过舷梯，而是通过跳板或借助于小船，则切勿充英雄、装好汉、乱蹦乱跳。只有小心翼翼，才不至于变成"落汤鸡"，或影响到其他人。

（三）晕船与生病

没有船上生活经历的人，尤其是身体虚弱的人，在乘船之前一定要预备好一些治疗、应急的药品，以备急用。与此同时，在船上还应尽可能地多休息，养精蓄锐。

一旦晕船，应立即服药，并卧床休息。如果呕吐不止、身体虚脱，则应请船上的医生进行治疗。

在船上突然患病、犯病，要及时进行求治。不要得过且过，使小病变大，或大病发展到有碍生命安全。

若自己周围的人晕船、生病，要给予对方力所能及的帮助。不要对其冷眼相看，或退避三舍，勿忘"同舟共济"之古训。

（四）室外的活动

在轮船上进行室外活动时，仍须处处以安全为重，切勿心存侥幸心理，自找麻烦。

不要去不宜去的地方，例如，轮机舱、救生艇以及桅杆之上。一些没有扶手的甲板上，也最好避免上去，切勿逞英雄、充好汉。

在风浪大作或者夜深人静之时，尽量不要一个人在甲板上徘徊，免得自己在流连忘返、自我陶醉之际被风浪无情地卷入水中。此刻若失足落水，是难以被他人发现并获救的。

未经允许，不管自己水性多么好，都不要擅自下水游泳。无人之际，船行于深水区、鲨鱼出没处时，则不可"自投罗网"，自惹麻烦。

（五）紧急的事件

在乘船旅行途中，若发生了难以预料的天灾人祸，例如，火灾、沉船、撞船、触礁、劫船、台风等，应处变不惊，与其他人一道进行自救，以共渡难关。

如果需要离船，应当听从船员的指挥，并乘坐对方所安排的交通工具。不要惊惶失措，急不择路，或是夺路而逃，或是跳水逃走。

遇到此类事件，不仅要奋起自救，而且要尽心尽力地救助其他人。只有"一人为大家，大家为一人"，才有可能使大家皆保平安。同心同德，在此时不仅必要，而且必需。

二、休　息

从广义上讲，上船之后的主要时间是用作休息的。在休息的整个过程之中，有下列几个十分重要的礼仪问题不应当被忽略。

（一）寻位

在一般情况下，乘船是要对号入座的。国内客轮的舱位，大体上被分为头等舱、一等舱、二等舱、三等舱、四等舱等几种。它们大多提前售票，票价各异，对号入座，并一人一座，或一人一铺。因此，买到有座号、铺号船票的乘客，所要做的就是要对号入座。不要争抢、占据不属于自己的座席，也不要随便同不相识者调换座号或铺号。

若自己所买的是不对号的散席船票，则上船之后需要听从船员的指示、安排，前往指定之处休息。不要任意挪动，或自己选择地方。

（二）自娱

在自己所属的船舱之内，可自行安排自己的一切活动。在可能的情况下，可进行一些具有自娱性质的活动，以便使自己的船上生活过得更加充实有趣。

通常，欣赏两岸景色，观看电视电影，收听广播、录音机、MP3，阅读书刊报纸，下棋、打扑克，等等，都是可自行选择的自娱活动。与同行的亲友一起聊天、上网、散步、做游戏，也是可取的。

进行自娱活动时，注意不要妨碍他人、破坏他人的休息，或因此而给他人带来不便，否则即应立刻停止。不要只图自己高兴，而令他人反感。需要他人参与自己的自娱活动时，一定要两相情愿，不要勉强。对要求参与自己的自娱活动的人或旁观者，应表示欢迎。如有必要，在进行自娱之前，尚需征得周围之人的同意，免得影响到对方。

（三）健身

乘船的时间一长，往往会使人产生疲乏与不适。在此种情况下，有经验的乘客通常会进行一些健身运动。从某种意义上讲，此种健身其实也是一种特殊形式的休息。

在船舱内从事健身活动时，需要考虑时间、空间是否允许。不要只管自己尽兴、舒服，而不考虑其他乘客的感觉。

去健身房活动，或是去泳池游泳时，要爱惜公物、讲究公德、遵守秩序、尊重异性，不要忘乎所以、目中无人。

在甲板上晒日光浴时，着装应保持在绝大多数人所能接受的程度之内。不要过分地裸露身体，更不许一丝不挂，把甲板当作"天体浴场"。在任何时候，都不要忘记"凡人之所以贵于禽兽者，以有礼也"。

（四）卫生

不论同一客舱里有多少人，不论其他人的表现如何，在乘船的自始至终，都要自觉地维护环境卫生，保持环境整洁。切勿不讲卫生，损害环境。

与他人同住一个客舱时，一定不要吸烟。与不吸烟者同住时，更不能自得其乐地吞云吐雾。

如果因晕船而发生呕吐，千万不要直接吐在地上，而应去洗手间进行处理，或是吐在呕吐袋内。万一不小心吐到地上，应立即将其打扫干净。

对吃剩的食物、废弃的物品、果皮纸屑等，不可随手乱丢。即使将其扔到甲板上或是水中，也是很不卫生的。

客舱的空间较为狭小，因此要注意及时地漱口、洗澡，以消除体味、汗臭。患有汗脚的人，应有自知之明。尽量不要脱鞋脱袜，以防脚臭熏人。

（五）睡眠

在客舱内需要更衣时，应去洗手间内进行，最好不要当众表演。睡觉前后穿衣服、脱衣服时，也要注意回避他人的注意。当他人更衣时，应起身暂避或目视他方，不要紧盯着对方不放。

在铺位上睡觉时，一定要注意睡姿、睡相。不要衣衫不整，睡相惨不忍睹。

与其他人的铺位相对、相邻或相接时，不要让身体闯入对方的范围，最好不要面对着对方。

除家人外，不要注视、打量其他任何酣然入睡的人，对异性尤其不宜如此。

三、交　际

一般来讲，轮船行驶的时间较长。在乘船的过程中，主动或被动地与其他人进行交际的机会在所难免。进行交际时，有下述一系列的礼仪规范应当遵循。

（一）与船员的交际

乘船旅行，少不了要与船员打交道。船员对乘客而言，既是服务者，也是交际对象。对船员应该平等相处，热情友好。

船长是管理轮船的临时首长，地位极其尊贵。若无要事相求，一般不要前去打扰对方。倘若在用餐时接到船长的邀请，与他同桌用餐，那将是对方给予自己的一种荣誉。届时不仅要高兴地接受，而且还要准点到达。遇到此种机会时，着装应尽量庄重、保守，不可穿短裤、背心、泳装、睡衣、拖鞋前往。若未得到邀请，不可贸然上去坐在船长的餐桌上。女士在舞会上受到船长的邀请，亦应视为一种荣誉，不要随意谢绝。平时遇到船长，应主动向其问候。

客舱服务员平常与乘客接触最多，对其绝对不容忽视或无礼。碰上对方时，要首先向对方打招呼。对方先打了招呼，要立即回应。对方帮助了自己或为自己服务时，要进行感谢。有什么困难和要求，应尽量以友善的方式向客舱服务员提出来。但不要让对方勉为其难，不要提过高要求，更不要抢白、挖苦、抱怨对方，或是在背后对其品头论足。

对其他普通船员都要尊重。有问题请教时，态度要虚心诚恳。需要帮助时，要善解人意，不要为难对方。反映困难时，要实事求是，不要有意进行夸张。平时相遇时，不论是否与其以前见过面，都要笑容可掬地跟对方打招呼。在船上，若有船员想与自己交谈时，不应予以拒绝。在娱乐时，与船员一起玩一玩亦被允许。只是在一般情况下，不宜只身一人前往船员工作地点打扰，或是前往其住宿之处探访。在船上用餐吃鱼时，切勿将其翻身，也不要讲"沉"与"翻"字，此为船员所深忌。

（二）与其他乘客的交际

进入自己所在的客舱后，应向先到的周围之人打一个招呼。必要之时，还可对个人情况进行简单的介绍。如果对方有兴趣，则可以在大家各自安顿停当后，与之随意进行交谈。如果面对沉默寡言之人或喜欢宁静之人时，一般不宜进行打扰，不要没话找话、对对方过分关心。

在船上，到处都洋溢着宽松、愉快、休闲的气氛。在此种情况下，只要两相情愿，可以跟碰到的任何人结交朋友。同这些临时结交的朋友，可以一道去甲板上散步、看夜景、吹海风、跳舞唱歌，甚至一起用餐。但要切记给对方留下一定的个人活动的时间，不要只顾自己高兴，而与对方形影不离，使对方心生不快。

在船上与其他乘客聊天时，要多选择轻松愉快的、符合时尚的话题。对海难、劫船、台风、杀人等一类耸人听闻的话题，非议船上服务或其他乘客的话题，以及传播小道消息、政治谣言的话题，既不要主动涉及，也不要随声附和。

对异性，可以大大方方地进行适度交往。但交际的圈子应尽量扩大一些，不要弄成"我的眼里只有你"，长时间地只围着某一个人转。对对方可以表示热情，但不可热度过高，不要如影随形、长时间地相伴于左右。面对对方的友情、热情，则不必受宠若惊、自作多情。

在船上的任何地方，例如，甲板、餐厅、酒吧、影院、歌厅、舞厅、泳池、健身房、阅览室等处，碰上其他乘客，都要与之和睦共处、相互礼让。不要画地为牢、搞小圈子。

倘无邀请，一般不应前去其他乘客所住的客舱做客。在夜晚、凌晨、午休时，尤其不要那么做。对刚刚结识的乘客，也不必邀请对方前来自己所住的客舱访问。

下船之前，应与周围的其他乘客互道再见。有些时候，在到达目的地之前，船长会为全体乘客举办告别晚会。在这种晚会上，可与他人相互作别。此外，不要忘了就船上提供的各种服务，向全体船员表示郑重的感谢，并祝大家彼此平安、后会有期。

第四节 乘 机

飞机，是目前最现代化的交通工具。它的优点是快速方便、安全可靠、轻松舒适，这些都是其他交通工具所难以比拟的。在现代生活中，乘坐飞机已成为越来越多的人的选择。

乘坐飞机，必须遵守有关的乘机礼仪。唯有如此，才会使自己的旅行既饶有兴味，又不会有失身份。社交礼仪对乘坐飞机的有关规范主要涉及先期准备、登机手续与乘机表现三个具体方面。

一、先期准备

乘坐飞机，如欲确保平安、舒适、顺畅、准时地抵达目的地，必须具有一定的有关乘坐飞机的知识，并据此提前做好准备。

为乘坐飞机而提前进行的准备工作，主要包括选择航班、购买机票、打点行李等。

（一）选择航班

航班，具体所指的是飞机定期从始发地点按规定航线起飞，到达终点的运输飞行。飞行于国内航线上的航班叫作国内航班，飞行于国际航线上的航班则称为国际航班。选择自己所乘飞机的具体航班，在可能的前提下，应主要考虑如下几点。

1. 选择可以直达的航班

为了节省时间、费用，减少中转飞机所带来的人力、物力的消耗，在选择航班时，应尽量选择可以直达自己目的地的航班，而不要选择异地中转的航班，以免自找麻烦。

2. 选择白天抵达的航班

在绝大多数城市，飞机场都设在远郊区，因此应尽量挑选白天抵达目的地的航班，并在时间上为自己留下充分的余地，从而保证自己顺利到达自己要去的地方。当航班在晚上，尤其是半夜抵达目的地时，将会令人多有不便。

3. 选择安全舒适的航班

选择航班时，安全与舒适自然应当兼顾。要做到这一条，一是要选择声誉好的大航空公司的航班；二是要选择拥有大型、先进机型的航班。一般说来，大型、先进机型的客机的空间大、科技含量高，所以相对更舒适、更安全。

（二）购买机票

飞机一律按座位数售票，并预先售票。购买飞机票，可以预订，也可以临时购买。购票时，应注意的主要事项有以下几项。

1. 持证件购票

在我国，购买飞机票时，必须出示居民身份证或其他有效证件。无证件或证件不合乎要求者，不能购票。购票时，按规定还要填写《旅客订票单》。

2. 分等级购票

机票通常分为三个等级，它们的具体价格各有不同。其中，经济舱机票最便宜，头等舱机票最贵，公务舱机票的价位则居于二者之间。使它们售价不同的，主要是舒适程度，而与安全无关。在购票时，最好量力而行。目前，国内一些航空公司的机票可打折销售，有的折扣还比较大。但要注意，折扣机票通常有许多附加条件，如不准退票、不准签转等。

3. 机票有效期1年

我国的现行规定是：正常标价的机票有效期为1年。在此期限之内，一般可按规定变更旅行日期或者退票。一旦过期，机票将被视作无效。在有效期内，机票可进行变更，但以一次为限，并且必须在航班规定离站前24小时提出。

4. 机票不得转让

在机票上，均列有旅客的姓名，它按规定只供旅客本人使用，不得擅自涂改或退让他人。

5. 机票必要时需要再证实

旅客持有订妥座位的联程或回程机票，如在该联程或回程地点停留72小时以上，必须在该联程或回程航班飞机离站前两天中午12点以前，办理座位再证实手续。否则，原定座位将不予保留。

6. 退票

中国民航规定：在机票上列明的航班规定离站前24小时之前退票，收取客票价5%的手续费。在航班规定离站时间24小时之内2小时以前退票，收取客票价10%的退票费。在航班规定离站时间前2小时以内退票，收取客票价20%的退票费。在航班规定离站时间后退票，按照误机处理，收取客票价50%的退票费。误机是指旅客未按规定时间办理乘机手续，或是因其旅行证件不符合规定而未能乘机。

（三）打点行李

因飞机载重有限，故对乘客所携带的行李有明文规定。收拾行装时，对此应有所了解，并比照办理，以防届时手忙脚乱，因行李不合规定而耽误行期。有关乘客所携带行李的现行规定有以下几项。

1. 随身携带的行李

持头等舱票的旅客，每人可随身携带两件物品。持公务舱或经济舱票的旅客，每人只能随身携带一件物品。每件物品总重量不得超过5公斤，其大小则应限制在长55厘米、宽40厘米、高20厘米之内，否则不准带入机舱。

2. 免费托运的行李

乘坐飞机时，每位旅客可免费托运一定数量的行李。若将随身携带的行李重量包括在内，其免费额为：头等舱40公斤，公务舱30公斤，经济舱20公斤。超额的行李应付费托运。有可能的话，行李最好交付托运。那样做，可使自己行动方便，省时、省力、省心。

3. 托运行李的规格

交付托运的行李，每件不得超过50公斤。其大小应限制在长100厘米、宽60厘米、高40厘米以内。此外，还应包装完好、捆扎牢固、锁闭严实，并能承受一定压力。

4. 禁止托运的物品

国家规定的禁运物品、限制运输物品、危险物品以及具有异味或容易污损飞机的其他物品，均不准托运或随身携带。重要的文件资料、外交信袋、证券、货币、汇票、贵重物品、易碎易腐蚀物品，以及其他需要专人照管的物品，也不宜交付托运。枪支、弹药、刀具、利器等，不准随身携带乘机。不准随身携带登机的物品还有动物、磁性物质、可聚合物质、放射性物质等。

二、登机手续

我国民航规定：旅客必须在机票上列明的航班规定离站前90分钟到达指定机场，办理登机手续。在航班规定离站前30分钟，登机手续将停止办理。此后抵达机场者，将不能登机。

办理登机手续，既要早些抵达机场，留出充裕时间，又必须处处符合有关规定。除托运行李外，需要办理的登机手续主要有交纳机场建设费、换取登机牌、接受安全检查等几项。

（一）交纳机场建设费

每一位乘坐飞机的旅客，在登机前必须交纳机场建设费，否则不准登机。

机场建设费，是我国各地机场向所有飞机乘客普遍征收的、用以建设、维护机场的一种为国家所批准的特种附加费。其收取金额是全国统一的，乘坐国内航班的旅客，每人应交纳50元人民币。乘坐国际航班的旅客，每人则应交纳90元人民币。

在国外乘坐飞机,通常亦应交纳类似费用。它一般称作机场税。

目前,国内的机场建设费已在购买机票时一并收取,无须另行交纳。

(二) 换取登机牌

每位乘坐飞机的旅客在登上飞机之前,必须在机场内的指定之处换取登机牌,然后凭登机牌登机。直接手持机票登机是不可能的。

换取登机牌的时候,应当注意下述几个环节。

1. 所需资料

换取登机牌的时候,必须向工作人员出示机票、身份证或其他有效证件等所需资料。二者缺一不可。若购买的是电子机票,则换取登机牌时不必出示机票。换取登机牌之后,应对其加以妥善保存。若其丢失,将难以登机。应当牢记的是,切勿使用假冒或过期的身份证,也不要使用假冒的机票。

2. 确定座位

换取登机牌的实际意义有三:其一,确认乘客的身份,严防冒名顶替。其二,清点最终将要登上飞机的实际人数。其三,替乘客确定其在本等舱内的具体座位。

乘客在换取登机牌时,可根据本人的实际情况和座位的剩余情况,提出自己对座位的具体要求,它通常都会被予以满足。喜欢欣赏苍茫云海的人,可要求紧靠舷窗的座位。乐于活动的人,可要求过道两侧的座位,或是靠近紧急出口的座位。害怕晕机的人,则可要求尽可能靠前一些的座位。要求具体座位时,应诚恳、客气,切勿胡搅蛮缠、得寸进尺。

3. 托运行李

在换取登机牌的同时,可办理托运行李的手续。此处不再重复有关事项。需要强调的是,托运行李的票据一定要保存好,否则将来提取行李时就会有麻烦。

(三) 接受安全检查

为了保证国家财产和人民生命的安全,在每位乘客登上飞机之前,均须接受例行的安全检查。它的对象,是所有乘客及其随身携带的行李物品。接受安全检查时,应注意以下三点。

1. 接受技术检查

接受此种检查时,乘客必须通过特制的安全门,或接受手提式金属探测器的检查。在检查之前,应取出自己身上全部的金属制品,以保证检查的顺利进行。

2. 接受手工检查

手工检查,即旅客人身或其随身携带的行李由专门的安全检查人员进行手工触摸。进行人身检查时,通常由同性别的安检人员担任。此种检查,目前多为技术检查的辅助形式。

3. 自觉进行配合

接受例行的安全检查时，务必主动、自觉地进行合作。不要以为自己没事，拒绝配合，或是态度粗暴，表现得极不耐烦，对安全人员甚至冷嘲热讽、恶语相伤。在接受检查时若态度恶劣或胡言乱语，可能会受到处罚。

三、乘机表现

乘坐飞机期间，一定要注意约束个人行为，在严格要求自己、尊重乘务人员、善待其他乘客等诸方面合乎礼仪规范。

（一）严格要求自己

在任何情况下，严于律己、宽以待人都是做人的一种美德。乘机之时，自然也不能例外。

1. 不侵占别人的位置

上飞机后，即应在属于本人的座位上就座。不要前去高档座舱或空闲的座位抢占不属于自己的位子。坐好之后，腿、脚不要乱伸，尤其是不要伸到通道上，或是别人的座位上。不要将自己的行李放到他人的行李箱里，或是他人的座位底下。

2. 不贪占小便宜

不要贪图小便宜，顺手牵羊，偷拿不属于自己的公用物品。例如，进餐所用的刀叉、阅读用的书刊、洗手间里的卫生纸、座位底下的救生衣、座位上方的氧气面罩等，均不可取走。那样做既不讲公德，还有可能触犯法律。

3. 不乱动乱摸

对机上的一切禁用之物、禁动之处，都要"敬而远之"，不可出于好奇而乱摸、乱动，否则有可能危及飞机上全体乘客的生命安全。这一点尤为重要。

4. 不使用违禁物品

在机上切勿吸烟。此外，飞机上还禁用移动电话、激光唱机、手提电脑、调频收音机、电子游戏机以及电子玩具等有可能干扰无线电信号的物品。切勿冒天下之大不韪，因此而危害自己和他人的生命安全。

5. 不破坏环境卫生

在机上绝不能乱扔、乱吐东西。万一因晕机而呕吐，应使用专用的呕吐袋。不要当众更换衣服，不要脱去鞋袜。

（二）尊重乘务人员

登上飞机之后，即应对乘务人员平等相待。要尊重、支持、配合对方的工作，不要给对方乱出难题。

1. 回应乘务人员的问候

上下飞机时,均有机组乘务人员在机舱门口列队迎送。当对方主动打招呼、道问候时,不要置之不理,而应予以友善的回应。

2. 感谢乘务人员的服务

每逢乘务人员送来饮料、食物、报刊,或是引导方向、帮助搬放行李时,要主动向对方说"谢谢",不要熟视无睹、安之若素。当飞机安全着陆后,应鼓掌以示对全体乘务人员的感谢之意。

3. 服从乘务人员的管理

飞机升空或降落前,乘务人员都要巡视、检查每位乘客的安全带是否扣好、座位是否调好、身前小桌板是否收起、窗口的遮光板是否打开,此刻务必要服从其指挥。对其他方面正确的管理,也要无条件服从。

4. 体谅乘务人员的难处

万一遇上飞机晚点、停飞、返航或改降其他机场,应从大局着眼,勿拿乘务人员出气。尤其是不要骂人、打人、侮辱人,更不要动辄聚众闹事,甚至拦截飞机起飞,或是飞机降落后拒绝下飞机。不要因为细枝末节,而向乘务人员大发脾气,或使用武力。

5. 减少乘务人员的麻烦

乘务人员的工作十分辛苦,因此要尽量少给他们增加麻烦。不要动不动就摁呼叫按钮,让他们跑来跑去。不要跟漂亮的空中小姐插科打诨、动手动脚,不自尊自重。对乘务人员信口开河、危言耸听,以劫机或携带违禁物品相威胁,则会惹火烧身、自讨苦吃。

(三)善待其他乘客

在飞机上,与其他旅客应和睦相处,友好相待。不要妄自尊大、目中无人。

1. 不要不守秩序

在上下飞机,以及使用卫生间时,假如人数较多,应自觉排队等候。不要不守秩序,不讲先来后到。下飞机之后领取本人行李时,也要注意此点。使用公用物品时,要尽量快一些,以方便后来者。

2. 不要高声谈笑

在飞机飞行期间,尤其是在飞机夜间飞行,或身边有人休息时,切勿喋喋不休、高谈阔论,从而影响其他乘客的休息。

3. 不要吓唬别人

与周围之人交谈片刻是允许的,但不要谈论有关劫机、撞机、坠机一类的不幸事件。不要对飞机的性能与飞行水准信口开河,从而增加其他人的心理压力,制造恐慌。

4. 不要令人不适

不要在飞机上反复打量、窥视其他乘客。对外国人以及女士，尤其不应当那样做。此种失礼的做法，往往会无意之中令对方感到不适。没事情时，不要到处乱走瞎逛。

5. 不要摇摇晃晃

在座位上休息时，不要晃动不止。摇摇晃晃，自己可能自得其乐，他人却因此受到妨碍。不要把椅背调得太朝后，从而使身后之人活动不便。不要把身前的小桌板反复收放，让身前之人由此大受"牵连"。

第五节　宾　馆

宾馆，又叫饭店、酒店，是指规模较大、设备较好、档次较高的旅馆。不论去宾馆访友、娱乐、用餐，还是去宾馆办公、住宿，都必须遵守宾馆所通行的特殊礼仪。

从广义上讲，宾馆属于公共场所，因为它拥有较大的公众活动的空间。从狭义上讲，宾馆亦属私人居所，因为每间客房仅供其住宿者专用，他人概莫能入。宾馆礼仪，实际上就是对客人在宾馆之内的这两种不同的活动空间的具体要求和行为规范。

一、客房休息

客房，是宾馆的基本组成细胞，是指供客人付费享用的、主要用作休息的房间。客人在客房内休息时，虽然拥有极大的个人自由，无须在意外人的反应，但依然不能忘乎所以、随心所欲。

（一）人际关系

客人在客房这一私人空间之内休息，仍须面临种种特殊的人际关系。它主要包括客人有可能与之相处或接触的宾馆服务员、同屋室友、来访客人、周围邻居，等等。在处理与这些人的人际关系时，应勿忘敬人为先、克己自律。

1. 服务人员

进入客房的前前后后，会遇到形形色色的宾馆服务人员。对对方应注意平等相待，处处尊重其人格。

出入宾馆大门时，经常会遇到门童、保安人员。当门童为自己开启大门，或向自己问好时,要表示感谢,或予以回应。保安人员因职责所在,往往会对每位进出宾馆的人士倍加关注。碰上对方打量或者盘问自己时,要进行合作,不应怒目而视、口有微词,或拒绝进行合作。

在总服务台登记客房或咨询问题时,不必低声下气、战战兢兢,但也不要趾高气扬、咄咄逼人。届时应出示完备的证件,并表现得友好而有耐心。若要求住某间客房或换房时,应以协商的方式与对方相互通融。

搭乘有人服务的电梯时,应口齿清晰地报出自己欲去的楼层,并随后道一声"谢谢"。不要自己下手去操作,无视对方的存在。

当行李员到自己房间送行李或取行李时,应对其表示谢意,不要对对方不屑一顾、不搭不理,或提出过高要求。

当客房服务员进入客房打扫卫生、送开水、报刊时,应表示欢迎,并且道谢。在走廊里遇到了客房服务员,尤其是对方首先向自己打招呼时,应向对方问好。

打总机人工接转电话时,要记住向接线员问好或者道谢。不要口气粗暴、吼声如雷,不要忘记使用礼貌用语。

万一客房之内个别设备出现故障,应表现大度。当维修工人出现后,要得理让人,不要刁难对方,或是小题大做。

需要送餐服务时,可打电话通知餐厅。当自己所订的餐饮送到后,不要吹毛求疵、求全责备。

2. 同屋室友

有些时候,有可能与家人、同事同住于一间客房之内。与他人同住一间客房时,不仅要符合有关规定,而且还要注意相互适应、相互理解。切勿以我为尊、目中无人。

第一,与配偶一起住宿时,要相互关心、相互爱护,不要打打闹闹、无事生非。

第二,带小孩一起住宿时,要对其严加管束。不要听任其自由行动,免得损坏宾馆设施或造成自伤。不要在客房内打孩子,或任其大哭大叫,更不要让他跑出房门、东跑西窜。

第三,与长辈一起住宿,对对方要多加照顾,使用客房设备、用具时,应请长辈优先。在作息时间上,应以长辈的个人习惯为准。

第四,与同事一起住宿,最重要的是要互谅互让、尊重对方。有事要彼此商量,作息时间应大体保持一致。

万一因特殊原因而与不相识者或不大熟悉的人同住一室,要主动与对方打招呼、相互关心,不可视若路人。但也不必倾心相交、乱侃胡吹。特别要注意,不要因自己的原因而妨碍对方休息。

若非配偶、家人，与其他异性同住于一间客房有悖伦理道德，故应严禁。

3. 来访客人

所租客房倘若不是公司、企业用作办公之用，一般不提倡在客房之内会晤来访的客人。若有必要，宾馆大堂与咖啡厅都是接待访客的最佳之处。当然，在一般情况下，偶尔在客房之内见一见来访的客人，也是允许的。但以下几个戒条，则万万不要忽略。

第一，在客房之内，接待的客人数目不宜过多。若数量太多、人声鼎沸，会破坏宾馆的肃静，影响他人。

第二，在客房之内，待客的时间不宜过久，否则大家彼此疲劳，而且还会让外人产生误会。

第三，不要让来访的客人在客房之内留宿，或使用客房内的各项设备。此种占小便宜的做法，是宾馆不许可的。

第四，最好不要在客房内接待普通关系的异性客人。万一确有必要，最好不要关闭房门，时间也不要长于半小时，以防误会于人。

第五，不要邀请刚刚结识的人前往自己所住的房间做客。不要"大意失荆州"，因此造成不必要的麻烦或损失。

第六，不要请来历不清、态度暧昧的人到自己房间玩，尤其是夜间切勿这么做。在客房内，不要让按摩师、美容师、美发师上门服务。

4. 周围邻居

进出自己客房之际，碰上周围的邻居，可向对方先打一下招呼。若对方向自己打了招呼，应予回应。一旦与对方相识，此后再见面时，应优先问候对方。

周围邻居万一因故求助于自己，如有条件，应尽力相助。不要事不关己，高高挂起，懒于相助。

一般没有必要请刚认识的周围邻居来自己的客房里做客，自己也不宜前去打搅。有必要前去时，需要先按门铃，不要推门而入，一定要得到允许再入内。夜晚10点之后，早上8点之前，一般不应前去打扰。午休时刻，也不要登门拜访对方。在拜访对方时，若已先有他人在座，应改时再去。不要主动介入，免得有碍主人的交际。

经过周围邻居的客房时，不要乱加窥视。对不认识人的房间，更不能那么做。

（二）享受服务

住宿宾馆，自然主要是为了能够享受它所提供的高档次的服务。若要充分享受宾馆为客人所提供的常规服务，其前提是必须对其有一定程度的了解。要想做到这一点，一是要进行学习；二是要不懂就问。千万不要自以为是、不懂装懂、硬充内行，从而贻笑大方。

在一般情况下，享受宾馆为其客人所提供的常规性服务时，需要具体注意如下几点。

1. 遵守规章

每一家宾馆为严格管理，都制定有自己的规章、制度。入住宾馆以后，一定要首先了解这些事关个人利益的规章、制度，并认真、自觉地加以遵守。例如，在宾馆客房内做饭、聚赌、吸毒、嫖娼，都是被严禁的。

2. 阅读介绍

在客房之内，大多备有客人须知、业务介绍等各种资料。入住以后，一定要对此详细阅读，以便全面地了解宾馆为客人所提供的各项业务，并酌情享用。不懂得这一条，往往会使自己在宾馆里举步维艰。

3. 爱护设备

对宾馆所提供的各种设备，都要倍加爱护，不要有意损坏。若无意之中损坏了，要主动声明，并进行赔偿。对宾馆提供给客人使用的物品，要尽力加以节约。不要在离开宾馆时偷带不准带走的物品。

4. 注意安全

在每间宾馆正门背后，通常都张贴着宾馆内部构造示意图。一定要抽出时间对此有所了解，并熟记应急通道的具体位置，以供发生紧急情况时逃生之用。

万一在住宿期间遭遇突发事件，一定要服从宾馆工作人员的安排，不要东躲西藏、乱冲乱撞、自行其是。

5. 存放财物

在一般情况之下，不应将贵重物品、现金、有价证券存放于客房之内。许多宾馆大多有为住宿的客人免费提供存放物品的业务。一定要在入住之后，将自己的贵重物品交予宾馆方面代为存放，不要因为怕麻烦而造成财物损失。

一旦发现个人物品丢失或被盗，应尽快通知宾馆保卫部或公关部门，请对方协助查找。

6. 不耻下问

不论遇到任何疑问、难题，客人都可以向客房服务员、房务中心、总服务台或公共关系部门咨询或求助，对方将会鼎力相助，尽一切可能为客人排忧解难。完全可以毫不夸张地说：只要客人不耻下问，其绝大多数的疑问、难题，都会迎刃而解。

7. 利用电话

宾馆的每间客房里，通常都有电话。利用电话，将会对自己帮助极大。不论有事找客房服务员、房务中心、总服务台，还是公关部，都不必亲自前去，打一个电话即可。需要早点起床，或是被提醒某件事情，都可以告知宾馆电话总机自己的姓名、房间号和具体的要求，对方届时一定会进行电话提示。当总服务台有自己的信件、留言时，总服务台将通过电话进行及时的通知。

8. 避免打扰

进入客房后，一般均应立即关闭房门。进行休息时，还须拴上保险栓或保险链。若自己希望安安静静地多休息一下，不想被宾馆工作人员所打扰，可在门外把手上悬挂专用的"请勿打扰"告示牌，或者开启"请勿打扰"指示灯。

若离开房间时，则应取下此牌或关闭此灯。必要时，还须在门外把手上悬挂"请打扫房间"的告示牌，或开启"请打扫房间"的指示灯，以便客房服务员进行工作。

9. 衣物洗涤

住宿宾馆之后，如需洗涤衣物，最好交付洗衣房代劳。具体做法是：将衣物装入专用的洗衣袋放在客房内，或交给客房服务员。若需要快洗，不仅需要事先说明，而且还要多付费用。

通常不允许在客房内洗衣服。即便自己洗了一些衣服，也不许挂在窗外、屋内、走廊上，或晒到阳台上去，而只许晾在浴室里边。

10. 预约预订

需要购买某物、递发信件、购买演出票，可请总服务台代为预约。需要预订出租车、机票、船票、车票时，也可以请其代办。

（三）保持卫生

入住客房之后，理应自觉保持卫生。此举不仅对自己有益无害，而且也是对客房服务员辛勤工作的一种尊重。保持客房卫生，主要应该注意的事项有以下几项。

1. 放好个人物品

客房，好比客人临时的家一样。在此处，个人物品一定要分类摆放、定点摆放。这样用起来方便，看起来也舒服。

大件物品最好放壁橱里，小件物品则最好放在抽屉内。尽量不要将小件物品，如钱包、钢笔、手表、手机、电子记事簿等，乱扔在桌子上，或放在枕头下面、毛毯之中。否则，它可能会被客房服务员当作无用物品而扔掉。

2. 维持房间整洁

休息之后，应将被子、毛毯叠好，并摆放整齐。脱衣休息时，衣服、鞋袜亦应分别放好，不要信手乱抛、乱丢。

在客房内吃水果、糖果、点心之后，不要将果皮纸屑乱扔一地。最好将其装入果盘，或倒入垃圾桶内。

3. 注意浴室卫生

在浴室内洗脸、洗澡时，要采取必要的措施，如使用防水帘，减少水量，等等，以防止地上水流成河。洗脸、洗澡之后，要将水放掉，不要留待客房服务员前来处理。

大小便之后，一定要立即放水冲洗干净。不要不拘小节、对此不管不顾。

4. 防止空气污染

在客房内，尤其是在使用空调的客房内，最好不要吸烟。即使吸烟，也要避免乱弹烟灰、乱扔烟头，搞得地上肮脏无比，甚至烧毁地毯。

不要在室内吃气味难闻的食物、水果，不要存放腐败的食物、水果。

衣服要勤换，身体要勤洗。不要让衣味、体味浓重混杂，令人窒息难忍。

5. 禁止开火做饭

宾馆一般都不准客人在客房之内自行开火做饭。需要用餐的话，既可以请餐厅派人前来送餐，也可以自己前往餐厅用餐。

之所以禁止客人在客房内开火做饭，主要是因其有碍环境卫生。而在使用电炉、电热杯等工具做饭时，还有可能会使电路超过正常负荷，从而可能造成短路，引发火灾。

二、内部活动

在现代化宾馆之内，有许多娱乐、餐饮、购物、通信、办公设施。因此，不仅住宿于宾馆的客人有地方可去，而且非住宿者往往也会到此会友、娱乐、消闲。不论是谁，在宾馆内部活动时，都应遵守下述几条具体的礼仪规范。

（一）着装

在宾馆内部活动时，着装既要与周围的环境相协调，又要文明得体、不失身份。在这方面，对住宿者与非住宿者的具体要求稍有不同。

1. 住宿者

住宿者在客房之内活动时，着装可相对自由一些。即使穿睡衣，也被允许。但无论如何，住宿者不许身着睡衣、内衣、拖鞋之类的室内装出现在宾馆的公用、共享空间之内。至于光着膀子出行，则更在禁止之列。

2. 非住宿者

对外来之人，在着装方面总的要求是：着装文明，力戒衣冠不整。具体而言，宾馆不欢迎衣衫不整者、不修边幅者入内。穿背心、短裤、拖鞋的男士，穿泳装、三点式、睡衣的女士，均会被禁止入内。

(二)活动

在宾馆之内活动,既要不超出规定的活动范围,又要注意使自己的行为举止不妨碍别人。

1. 禁区

在宾馆内部活动的主要范围,对一般人而言,主要是宾馆所划定的公用、共享空间,例如,大堂、花园和餐饮、娱乐、购物、通信场所。这些地方,一般人均可遵照指路牌的引导畅行无阻。

非公用、共享的内部空间以及危险之处,例如,公司企业的办公室、其他客人的客房、宾馆服务人员的休息室、配电室、楼顶等处,均是一般客人的活动禁区。除有必要外,不宜前去。

2. 行进

在宾馆内部行进时,要保持一定的正常速度,并要显得落落大方、不忙不慌。若无特殊原因,不要在宾馆内狂奔乱跑、四处乱窜,免得让人觉得形迹可疑。

不要尾随其他人,在无人之处尤其要注意这一点。单身的女士最好不要长时间独自一人在宾馆内的公共场所,尤其是大堂等处久久停留,那样做往往会被人误解。

行进的时候,尽量不要有意无意弄出声响。穿硬底鞋的人,穿钉有金属鞋跟、鞋掌的人,对此更应切记。

3. 交谈

在宾馆之内的走廊、电梯、楼梯等处,除打招呼之外,不适合逗留过久,不宜在此与人交谈。若打算与他人在客房之外、宾馆之内找个地方好好聊一聊的话,最佳的地点有大堂、咖啡屋或酒吧。在娱乐场所虽允许交谈,但其氛围仍是不适合深谈的。

在大堂、咖啡屋、酒吧与其他人交谈时,应注意调低音量。不要大吵大闹、大说大笑,从而影响其他人。一边与熟人交谈,一边窥视陌生人,也很不合适。

(三)用餐

在宾馆之内,通常都设有专供客人使用的餐厅。高档的宾馆里,餐厅通常还不止一个。除餐厅之外,咖啡屋、酒吧,也可以向客人提供餐饮。在宾馆之内用餐时,应注意以下几点。

1. 耐心等候

有些热门的餐厅,因其名声在外,往往宾客如云。要想前去用餐的话,最好提前打电话预订座位。如果临时决定前去的话,碰上人多,则要遵守先来后到的顺序,耐心地排队等候。不要以任何理由去搞特殊化。

进入有空座的餐厅,应在引位员的指定之处就座。有特殊要求的话,可向其提出,但不应与其他人争座、抢座。

酒吧里的座位往往不甚讲究。与其他人可以同坐一桌。但就座前,先要征得对方同意。

2. 尊重侍者

在点菜、用餐、要饮料时,对侍者的态度应平等、和蔼。不要拿腔拿调,有意显得高人一等。当对方是年轻女性时,讲话要文明得体,不要调侃、取笑对方,或是纠缠、麻烦对方。为难、捉弄或过分支使对方,则会显得心态不好。

若对菜肴、酒水有要求、有意见,可向侍者提出,但不宜要求过高。当自己的要求难以满足时,要保持克制,不要怒发冲冠,不要辱骂侍者。

3. 严禁酗酒

在餐厅、酒吧内饮酒,应注意控制酒量,不要毫无节制地酗酒,更不能在那里大发酒疯。

不要在饮酒时与人猜拳行令、大声喧哗、有意招摇,更不能借此机会聚众赌博。

(四)娱乐

设施完善的大宾馆内,经常会设有歌厅、舞厅、氧吧、泳池、球厅、桑拿浴等娱乐、健身场所。在此地进行娱乐,亦须遵守礼仪。

1. 打扮

在宾馆之内娱乐、健身时,没有任何必要穿着打扮得像是前去办公、赴宴,不然自己不舒服,别人看着也不顺眼。总的说来,在娱乐、健身时的打扮,只要行动方便、便于娱乐、吻合环境,即为得体。

有两点应当强调:其一,有所限制。娱乐、健身场合的着装只适用于娱乐、健身,切勿穿着它去其他地方招摇过市。其二,切勿怪异。娱乐、健身时的打扮不要过于怪异,例如,女士不要化艳妆,不宜穿黑皮短裙、黑色网眼丝袜;男士不要打扮得不男不女,或者像朋克及"暴走族"一样。那些行头,往往会让人觉得其着装者身份可疑。

2. 合作

在娱乐、健身时,有时需要与他人共同使用某种设施,有时则需要与其他人进行合作。

使用某种设施时,不要一人独霸。若他人打算加入共用时,应表示欢迎。若打算与他人共用时,不要一厢情愿,而应首先礼貌地征得对方的同意。需要与其他人合作时,发出的邀请要彬彬有礼,不要勉强对方。若他人邀请自己合作时,有可能的话,则最好不要拒绝。万一打算拒绝,要先讲"对不起",并说明理由,让对方有台阶可下。

3. 异性

在娱乐、健身场所，邀请异性合作无可厚非。但对对方必须尊重，不可调戏、逗弄、侮辱。

男士对女士要有绅士风度，要多加优待与关照。但是，对初次相识者要保持适当的距离。不可以一见如故，不宜口无遮拦、讲下流话、开黄色玩笑，不能动手动脚。

女士对男士也要保持适当的距离，不可利用男士对自己的照顾而发嗲撒娇、耍贫耍赖。不要花初次相识者的钱，或索要其财物。贪占此种小便宜，往往注定要吃大亏。

（五）购物

在宾馆里，大多设有商品柜台，供客人选购。一些大型、高档的宾馆里，还设有商场、超市和著名品牌的专卖店。在此类地方购物时，有下列四点注意事项。

1. 存包

进入自选的超级市场购物，如要求存包，则应自觉遵守。没有必要的话，不要携带其他商品进入自选商场，省得没事找事、生出麻烦。

2. 挑选

挑选商品时，不要漫无目标地随手乱指。不要过分苛刻、百挑不厌。对未选定的商品，不要乱动、乱用、乱抠、乱摸，以免造成损坏。

3. 付款

在付款时，要当面与售货员做到货、钱两清。接过找回的钱款，一定要进行清点。宾馆内的商品大多较贵，付款前要看清楚，不要届时捉襟见肘、当众出丑。

4. 退货

购买商品之后，应保留发票，以供退、换商品之用。在退、换商品时，理由要充分、说明要客气。不要因此指责售货员，或是冤枉对方。

（六）办公

前往公司、企业设在宾馆内的办公地点洽谈公务时，应遵守必要的礼仪规范。它与一般性的私人拜会，毕竟有很大的不同。

1. 预约

前去此处洽谈公务，一般应提前进行电话预约，以便对方有时间接待，并为此早做准备。不要不约而至、充当打扰对方工作的不速之客。

2. 守时

拜会的时间一经约定，就必须严格遵守。通常，应正点抵达，或稍晚两三分钟到达。不要迟到太久、提前到达，更不能私自取消约定，而又不通知对方。

3. 通报

到达约定地点后,应采用适当的方法,例如,打电话、按门铃、请秘书转达或递名片等,向被拜访者通报自己的到来,令其有所准备。不要不打任何招呼,推门就进。

4. 自觉

此类办公地点一般不大,因此不宜久留,一般性的拜访不应超过半个小时。不要在其室内乱逛。若无必要,则最好不要上门打扰。

本章小结

本章所讲授的是公共礼仪。它在此指的是人们置身于公共场合时所应遵守的个人行为规范。它的基本要求是:独善其身,礼待他人。运用公共礼仪,是遵守社会公德的基本要求之一。

本章第一节讲授的是有关行路的礼仪。它具体涉及人们在公共场合步行时的各个方面。

本章第二节讲授的是有关行车的礼仪。它具体涉及驾驶汽车与乘坐轿车、公共汽车、火车等。

本章第三节讲授的是有关乘船的礼仪。它具体涉及乘坐客轮时的安全、休息、交际等。

本章第四节讲授的是有关乘机的礼仪。它具体涉及先期准备、登机手续、乘机表现等。

本章第五节讲授的是有关住宿宾馆的礼仪。它具体涉及客房内的休息与宾馆内的活动等。

练 习 题

一 名词解释

1. 公共礼仪
2. 公共场所
3. 交际距离
4. 礼仪距离
5. 公共距离

二 要点简答

1. 散步时应注意哪些规则？
2. 驾车时应如何善待行人？
3. 双排座轿车的座次应怎样确定？
4. 乘坐火车时如何以礼待人？
5. 乘飞机时应讲究哪些礼仪？
6. 住宿宾馆时应讲究哪些礼仪？

参考书目

1. 李斌著 《国际礼仪与交际礼节》，北京：世界知识出版社，1982年版。
2. 迟振航等编著 《英美习俗与社交礼节》，沈阳：辽宁人民出版社，1985年版。
3. 谭敏等编著 《国际社交礼仪》，北京：中信出版社，1990年版。
4. 邢颖等编著 《社交与礼仪》，北京：民族出版社，1993年版。
5. 余云华著 《中国传统交际礼仪》，成都：四川人民出版社，1993年版。
6. 谷敏等著 《社交礼仪》，北京：中国农业出版社，1994年版。
7. 张和平主编 《社交礼仪》，北京：中国商业出版社，1994年版。
8. 亢淑芬主编 《交际礼仪》，北京：中国国际广播出版社，1995年版。
9. 何春晖等编著 《现代社交礼仪》，杭州大学出版社，1995年版。
10. 李天民著 《社交礼仪指南》，北京：团结出版社，1995年版。
11. 李柠主编 《礼仪修养》，北京：高等教育出版社，1996年版。
12. 崔小娟主编 《现代礼仪》，上海人民出版社，1997年版。
13. 宋金成等编著 《现代社交礼仪教程》，济南：山东大学出版社，1997年版。
14. 周光明等编著 《现代交际礼仪》，重庆大学出版社，1998年版。
15. 胡正奎主编 《现代社交礼仪》，长沙：湖南人民出版社，1999年版。
16. 陈冠颖著 《现代社交礼仪(生活篇)》，广州：广东人民出版社，2002年版。
17. 彭林选编 《中华传统礼仪》，北京：燕山出版社，2004年版。
18. 陈红编著 《国际交往实用礼仪》，北京：清华大学出版社，2004年版。
19. 金正昆编著 《社交礼仪》，北京大学出版社，2005年版。
20. [俄]弗·马特维也夫著 《怎样使你彬彬有礼》，上海人民出版社，1989年版。
21. [美]罗·阿克斯特尔编著 《礼仪与禁忌》，上海译文出版社，1998年版。
22. [美]保·福塞尔 《格调》，北京：中国社会科学出版社，1998年版。
23. [日]中岛孝志著 《人际交往的33条铁则》，北京：知识出版社，1999年版。

后　记

近年来，我曾多次在中央电视台、东方电视台、沈阳电视台、中央教育电视台、山东教育电视台、中央人民广播电台、北京人民广播电台等广播电视媒体上举办有关现代礼仪的系列讲座。与此同时，我也先后为公务员、经理人、外事人员、大学生、中专生乃至少年儿童编写过专门的礼仪教材。2003年春，有人建议我：不妨尝试着把二者结合起来，撰写一套教材，借助于我国发达的广播电视媒体，向广大公众普及、推广现代礼仪。经过我近三年的努力，于是有了这套专门为全国广播电视大学的同学们所编写的教材。

在我看来，礼仪，乃是人际沟通的技巧。礼者，敬人也。它要求：在人际交往中既要尊重别人，也要尊重自己。习礼，必须明确待人接物之时尊重为本。仪者，规也。它要求：在人际交往中，尊己与敬人皆须借助于规范化的表现形式。习仪，则必须明确尊己与敬人皆应善于表达。简言之，礼仪的宗旨即：尊重为本，善于表达。

在课堂讲授礼仪时，我平时所津津乐道的是我国古代先哲荀子所说的一句话："礼者，养也。"我一向认为：礼仪不仅是人际交往的艺术，而且也是每一名现代人立足于社会时所应具备的基本教养。不闻孔子尝言"不学礼，无以立"？！对每一名现代人而言，学习与运用礼仪，可使自己赢得社会的广泛的尊重；学习与运用礼仪，可使自己更好地向交往对象表达尊重之意；学习与运用礼仪，可提升自己与他人进行合作的能力；学习与运用礼仪，可使自己在人际交往中成为受大家欢迎的人。

本套为我国广播电视大学学生所专门编写的现代礼仪教材，历时近三年，共分为《社交礼仪概论》《商务礼仪概论》《国际礼仪概论》《教师礼仪概论》四册。其主要区别如下。

《社交礼仪概论》，主要讲授基础的交际礼仪规范，以各类学生为其适用对象。

《商务礼仪概论》，主要讲授商界的基本礼仪规范，以经贸类学生为其适用对象。

《国际礼仪概论》，主要讲授国际交往的常用礼仪规范，以涉外类学生为其适用对象。

《教师礼仪概论》，则主要讲授当代人民教师所须掌握的职业礼仪规范，以师范类学生以及广大教师为其适用对象。

考虑到本套教材不仅以广大广播电视大学学生为适用对象，而且还要借助于广播电视媒体进行教学，因此在其具体编写过程中，我努力追求规范性、针对性、简约性与技巧性兼具，以求真正可以为我国当代的广大广播电视大学的同学们服务。

　　在本套教材编写过程中，中央广播电视大学与北京大学出版社的领导均多次给予指导；许多专家、学者也提出了不少有益的意见与建议，从而令其增色不少。在此，一并表达我由衷的谢意！

　　作为国内第一套广播电视大学所使用的礼仪教材，本套教材难免多有不足。有人说过：广播与电视都是一种"令人遗憾的艺术"，因为它们都"一成不变"。好在教材却是可以不断修改、与时俱进、精益求精的。因此，恳请广大师生将使用本套教材的意见与建议及时回馈于我，以便令其日臻完善。谢谢！

作者

2006年6月6日